权威·前沿·原创

皮书系列为
"十二五""十三五"国家重点图书出版规划项目

城市创新竞争力蓝皮书

BLUE BOOK OF CITY
INNOVATION COMPETITIVENESS

中国城市创新竞争力发展报告
(2018)

REPORT ON CITY INNOVATION COMPETITIVENESS
IN CHINA (2018)

主　　编／王瑞军　李建平　李闽榕
执行主编／施筱勇　黄茂兴

社会科学文献出版社
SOCIAL SCIENCES ACADEMIC PRESS（CHINA）

图书在版编目（CIP）数据

中国城市创新竞争力发展报告.2018／王瑞军，李
建平，李闽榕主编. -- 北京：社会科学文献出版社，
2018.6（2018.8 重印）

（城市创新竞争力蓝皮书）

ISBN 978 - 7 - 5201 - 2857 - 5

Ⅰ.①中… Ⅱ.①王… ②李… ③李… Ⅲ.①城市 -
竞争力 - 研究报告 - 中国 - 2018 Ⅳ.①F299.21

中国版本图书馆 CIP 数据核字（2018）第 119146 号

城市创新竞争力蓝皮书

中国城市创新竞争力发展报告（2018）

主　　编／王瑞军　李建平　李闽榕
执行主编／施筱勇　黄茂兴

出 版 人／谢寿光
项目统筹／王　绯
责任编辑／曹长香

出　　版／社会科学文献出版社·社会政法分社（010）59367156
　　　　　地址：北京市北三环中路甲 29 号院华龙大厦　邮编：100029
　　　　　网址：www. ssap. com. cn
发　　行／市场营销中心（010）59367081　59367018
印　　装／三河市龙林印务有限公司

规　　格／开本：787mm×1092mm　1/16
　　　　　印张：18　字数：270 千字
版　　次／2018 年 6 月第 1 版　2018 年 8 月第 2 次印刷
书　　号／ISBN 978 - 7 - 5201 - 2857 - 5
定　　价／89.00 元

皮书序列号／PSN B - 2018 - 723 - 1/1

中央组织部首批青年拔尖人才支持计划（组厅字〔2013〕33 号）2017年资助的阶段性研究成果

中央组织部第 2 批"万人计划"哲学社会科学领军人才（组厅字〔2016〕37 号）2017 年资助的阶段性研究成果

中宣部全国文化名家暨"四个一批"人才工程（中宣办发〔2015〕49号）2017 年资助的阶段性研究成果

2016 年教育部哲学社会科学研究重大课题（项目编号：16JZD028）的阶段性研究成果

国家社科基金重点项目（项目编号：16AGJ004）的阶段性研究成果

福建省首批哲学社会科学领军人才、福建省高校领军人才支持计划2017 年阶段性研究成果

城市创新竞争力蓝皮书
编著人员名单

主　　编	王瑞军	李建平	李闽榕	
执行主编	施筱勇	黄茂兴		
编写组人员	施筱勇	黄茂兴	李军军	曹伟晓	林寿富
	杨　耀	叶　琪	赵在绪	王珍珍	刘维佳
	陈洪昭	陈伟雄	唐　杰	黄新焕	易小丽
	郑　蔚	周利梅	张宝英	兰筱琳	李师源
	夏　琼				

主要编撰者简介

王瑞军 工学博士、研究员,2014 年 12 月至 2017 年 9 月任科技部科技评估中心主任,联合国科技发展促进委员会(UNCSTD)第 20 届主席,入选国家百千万人才工程,被授予"有突出贡献中青年专家"荣誉称号。

王瑞军曾经从事国家科技重大专项以及国家科技计划、项目、机构、经费和政策环境的评估与管理工作。曾在国家交通部、中国海事局、科技部机关和事业单位等多部门工作。多年从事科技创新管理与发展战略研究,是国家"十三五"科技创新规划及包括重大专项、国家科技合作等若干专项规划的核心编制专家,曾负责研究制定国家"十二五"科学和技术发展规划、"十二五"国家自主创新能力建设规划以及有关专项规划;曾参与国家中长期科技发展规划纲要、"十一五"科技发展规划及计划体系、有关交通规划和技术政策体系,以及海事发展战略的研究起草工作。主持或参与承担国家级科研项目 40 余项,发表论文 30 多篇,参与编制、撰写报告和论著十余部。多次主持联合国相关会议,发表主旨演讲,多次应联合国及相关国际组织邀请担任咨询和评估专家。目前,王瑞军在广东省从事科技创新管理工作。

李建平 男,1946 年出生于福建莆田,浙江温州人。曾任福建师范大学政治教育系副主任、主任,经济法律学院院长,副校长、校长。现任全国经济综合竞争力研究中心福建师范大学分中心主任、中国特色社会主义政治经济学研究中心(福建师范大学)主任,教授,博士生导师,福建师范大学理论经济学一级学科博士点和博士后科研流动站学术带头人,福建省特色重点建设学科与福建省重点建设学科理论经济学的学科负责人。兼任福建省人民政府经济顾问、中国《资本论》研究会副会长、中国经济规律研究会副会长、全国马克思主义经济学说史研究会副会长、全国历史唯物主义研究会副会长等社会职务。长期从事马克思主义经济思想发展史、《资本论》和社会主义市场经济、经济学方法论、区域经济发展等问题研究，已发表学术论文100多篇，撰写、主编学术著作、教材70多部。科研成果获得教育部第六届、第七届社科优秀成果二等奖1项、三等奖1项，八次获得福建省哲学社会科学优秀成果一等奖，两次获得二等奖，还获得全国第七届"五个一工程"优秀理论文章奖，其专著《〈资本论〉第一卷辩证法探索》获世界政治经济学学会颁发的第七届"21世纪世界政治经济学杰出成果奖"。福建省优秀专家，享受国务院特殊津贴专家，国家有突出贡献中青年专家，2009年被评为福建省第二届杰出人民教师。

李闽榕 男，1955年6月生，山西安泽人，经济学博士。中智科学技术评价研究中心理事长、主任，福建师范大学兼职教授、博士生导师，中国区域经济学会副理事长，原福建省新闻出版广电局党组书记、副局长。

主要从事宏观经济、区域经济竞争力、科技创新与评价、现代物流等理论和实践问题研究，已出版著作《中国省域经济综合竞争力比较研究》《中国省域农业竞争力发展报告No.1（2011）》《世界创新竞争力发展报告(2001~2012》《二十国集团（G20）国家创新竞争力发展报告》《金砖国家综合创新竞争力发展报告（2017）》等著作40多部，并在《人民日报》《求是》《经济日报》《管理世界》等国家级和省级以上报纸杂志上发表学术论文240多篇；先后主持完成和正在主持国家社科基金"中国省域经济综合竞争力评价与预测研究""实验经济学的理论与方法在区域经济中的应用研究"，国家科技部软科学课题"效益GDP核算体系的构建和对省域经济评价应用的研究"和多项省级重大研究课题。

科研成果曾荣获新疆维吾尔自治区第二届、第三届社会科学优秀成果三等奖，以及福建省科技进步一等奖（排名第三）、福建省第七届至第十届社会科学优秀成果一等奖、福建省第六届社会科学优秀成果二等奖、福建省第七届社会科学优秀成果三等奖等十多项省部级奖励（含合作）。2015年以来先后获奖的科研成果有：《世界创新竞争力发展报告（2001~2012）》于2015年荣获教育部第七届高等学校科学研究优秀成果奖三等奖，《"十二五"中期中国省域经济综合竞争力发展报告》荣获国务院发展研究中心2015年度中国发展研究奖三等奖，《全球环境竞争力报告（2013）》于2016年荣获福建省人民政府颁发的福建省第十一届社会科学优秀成果奖一等奖，《中国省域经济综合竞争力发展报告》多次荣获中国社会科学院皮书评奖委员会颁发的优秀皮书一等奖。

施筱勇 国家科技评估中心创新战略评估与研究管理部负责人、副研究员，主要从事科技创新领域和发展领域的评估与研究工作。2013~2014年，被科技部选派至经济合作与发展组织（OECD）巴黎总部工作1年，担任科技创新政策分析专家。主持国家级科研和评估项目近10项、省部级项目20余项，主持或作为核心成员参与国家科技重大专项、科技创新规划、国家自然科学基金资助与管理绩效、"863"计划、国际科技合作计划等的评估及相关研究，以及政策、计划、重大项目等的评估与研究工作，开展了联合国开发计划署（UNDP）发展结果评估、世界银行国际金融组织贷款项目绩效评价研究项目、荷兰ORET/MILIEV计划（中国）联合评估等项目，撰写了中国首个《国际金融组织贷款项目绩效评价操作指南》。多次应邀在联合国科技促进发展委员会、OECD全球科学论坛、OECD技术与创新政策大会、美国评估协会年会（2012）、全球国家评估能力大会等国际会议上做报告。作为国内首位受邀专家对OECD开展的马来西亚国家创新政策评估进行同行评议，担任OECD知识共享的政策及影响评价项目、竞争性资助项目等的指导委员会专家。撰写评估和研究报告近50篇、英文报告20篇，发表论文18篇，出版论著8部。

黄茂兴 男，1976年生，福建莆田人。教授、博士生导师。现为福建师范大学经济学院院长、福建师范大学福建自贸区综合研究院院长、中国

（福建）生态文明建设研究院执行院长、全国经济综合竞争力研究中心福建师范大学分中心常务副主任、二十国集团（G20）联合研究中心常务副主任、福建省人才发展研究中心执行主任。兼任中国数量经济学会副理事长、中国特色社会主义政治经济学论坛副主席、中国区域经济学会常务理事等。主要从事技术经济、区域经济、竞争力问题研究，主持教育部重大招标课题、国家社科基金重点项目等国家、部厅级课题60多项；出版《技术选择与产业结构升级》《论技术选择与经济增长》等著作50多部，在《经济研究》《管理世界》等权威刊物发表论文160多篇，科研成果分别荣获教育部第六届、第七届社科优秀成果二等奖1项、三等奖1项（合作），福建省第七届至第十一届社会科学优秀成果一等奖7项（含合作）、二等奖3项等20多项省部级科研奖励。入选"国家首批'万人计划'青年拔尖人才""国家第2批'万人计划'哲学社会科学领军人才""中宣部全国文化名家暨'四个一批'人才""人社部国家百千万人才工程国家级人选""教育部新世纪优秀人才""福建省高校领军人才""福建省首批哲学社会科学领军人才"等多项人才奖励计划。2015年荣获人社部授予的"国家有突出贡献的中青年专家"和教育部授予的"全国师德标兵"荣誉称号，2016年荣获中国环境科学学会第十届"青年科技奖"，2016年获评为"国务院特殊津贴专家"，并荣获2014年团中央授予的第18届"中国青年五四奖章"提名奖等多项荣誉称号。他带领的科研团队2014年被人社部、教育部评为"全国教育系统先进集体"。2018年1月当选为十三届全国人大代表。

摘　要

　　城市是人类发展进程中伟大的创新成果，在时间维度上承载着人类文明的历史进程，在空间维度上吸引着资源要素的聚集。作为区域构成的基本单元，城市是区域经济发展中最活跃的主体，是提升区域竞争力的核心载体。从古老的城邦到现代化的都市，从规模扩张、机械治理到创新驱动、智慧引领，城市的转型与蜕变是人类永无止境创新探索的智慧呈现，孕育着推动城市发展的巨大潜能，为区域竞争力提升注入了强劲动力。对于城市未来发展而言，最具价值的不是资源的获取，而是创新，中国社会科学院与联合国人居署共同发布的《全球城市竞争力报告》显示，科技创新中心城市与新兴经济体中心城市开始打破固有全球城市格局，进入最具竞争力城市行列。城市创新正不断改变着城市发展的模式，书写着人类美好生活的新篇章，围绕城市创新开展竞争使区域创新网络各个节点更加活跃，互动性增强，也是创新规律和城市发展规律的必然指向。

　　本书以中国274个城市作为研究对象，着重探讨了2015年各个城市的创新竞争力发展水平、变化特征和内在动因，从而为推动各城市提升创新竞争力提供有价值的理论指导和实践对策。全书主要内容共三大部分。第一部分为理论与方法，全面阐述城市创新竞争力研究的重要意义、主要内容、技术路线，并根据城市创新竞争力的特点构建了城市创新竞争力指标评价体系和数学模型，形成了比较完整的城市创新竞争力分析框架。第二部分为总报告，旨在从总体上评价分析2015年中国274个城市创新竞争力的发展状况，揭示各城市创新竞争力的优劣势和变化特征，提出增强城市创新竞争力的基本路径、方法和对策，为各城市加快提升创新竞争力提供有价值的分析依据。第三部分为分报告，通过对中国直辖市、副省级城市、区域城市的创新竞争力进行全面深入、科学的比较分析和评价，揭示不同类型和发展水平的城市创新竞争力的特点及其相对差异，为各城市提升创新竞争力提供实证依据。附录部分为 274 个城市创新竞争力各级指标的评价分值和排名情况，以备读者查询。

关键词：城市　创新　竞争力

Abstract

The city is a great innovation achievement in the process of human development, carrying the human civilization in the time dimension, and attracting the gathering of resource elements in the space dimension. As the basic unit of regional composition, the city is the most active subject in regional economic development and the core carrier of enhancing regional competitiveness. From the ancient city-states to the modern metropolis, from the scale expansion and the mechanical management to the innovation-driven and the wisdom-led, the transformation of the city is the expression of human endless innovative and exploratory wisdom, which gives birth to the great potential to promote the development of the city and provides strong impetus to the regional competition Power. For the city's future development, the most valuable is not the acquisition of resources, but innovation. The Chinese Academy of Social Sciences and United Nations Human Settlements Programme (UN-HABITAT) jointly released "Global Competitiveness of Cities Report". The results show that the technological innovation centers and the central cities of emerging economies begin to break the inherent global urban pattern and enter the most competitive cities. Urban innovation is constantly changing the pattern of urban development, writing a new chapter in the good life of human beings, and competing around urban innovation to make all nodes in the regional innovation network more active and more interactive, and is the inevitable point of the law of innovation and the law of urban development.

This book use 274 cities in China as the object of study and probe the development level, change characteristics and inner motivation of innovative competitiveness of all cities in 2015, so as to provide valuable theoretical and practical solutions for every city to promote innovation competitiveness. This book is shape of three main parts. The first part is the theory and method, which expounds the significance, main content and technical route of urban innovation competitiveness research in an all-round way and the urban cities innovation competitiveness evaluation index system and the mathematics model of urban innovation competitiveness according to the characteristics of urban innovation competitive, forming a relatively comprehensive urban innovation competitive analysis framework. The second part is the total report to analyze evaluation of 274 cities, revealing the strengths and weakness of each city's innovation competition and providing the basic paths and strategies of enhancing the competition level. It will provide valuable analysis basis for cities to speed up innovation competition. The third part is sub-reports, whose purpose is to reveal the characteristics and differences of urban innovation competitiveness with different types and levels of development through in-depth and scientific comparative analysis and evaluation of the innovation competitiveness of municipalities, sub-provincial cities and regional cities in China and provide empirical basis for the cities to enhance their innovative competitiveness. The book finally appendixes the urban innovation competitive evaluation score and ranking list for readers to inquire.

Keywords: City; Innovation; Competitiveness

前　言

科技是国家强盛之基，创新是民族进步之魂。工业革命以来，世界发生了多次科技革命，推动社会生产力大大提升，使世界经济快速发展，人类文明发展程度得以明显提升。当前，发达国家正在利用技术优势维持国际经济竞争的先行地位，发展中国家特别是新兴经济体国家也在加紧抢抓机遇，争取把握在全球创新中的主动权。创新不仅是少数国家、少数行业和企业的行动，而是几乎囊括全世界所有国家或地区，广泛渗透到全部行业和领域，创新竞争已经拓展为一个国家或地区的整体战略，创新已经上升为一个国家或地区的核心竞争力。

党中央、国务院高度重视科技创新，党的十八大作出了实施创新驱动发展战略的重大部署，强调科技创新是提高社会生产力和增强综合国力的战略支撑，必须摆在国家发展全局的核心位置。党的十九大再次明确提出，我国要"加快建设创新型国家"，"到2035年，我国经济实力、科技实力将大幅跃升，跻身创新型国家前列"，把创新作为我国到21世纪中叶建成富强民主文明和谐美丽的社会主义现代化强国的重要手段。

城市是区域经济社会发展的中心，是国家经济产出最重要的单元，是各类创新要素和资源的集聚地，城市的发展对区域和国家发展全局影响重大。我国正处在城市化加快推进过程中，城市将成为我国未来区域经济发展的主体，区域经济竞争更多地表现为城市竞争，而城市竞争的关键在于其创新能力。城市是中国区域经济的重要一环，提升城市创新竞争力是我国推进创新型国家建设的必由之路。加快推进创新型城市建设，对于提升城市竞争力、加快经济发展方式转变、建设创新型国家意义重大。

城市创新竞争力研究就是为回应这种形势发展需求而产生的，它与创新问题研究是一脉相承的，创新问题百年来的研究成果为开展城市创新竞争力研究提供了前提和基础。当然，城市创新竞争力研究是将创新与竞争力有机结合起来，突破单一创新问题研究的局限，从经济学、管理学、统计学、计量经济学、人文地理学、运筹学、社会学等多学科、多维度对城市创新竞争力问题进行深入探讨，突出对城市创新能力问题的深度探索，催生崭新的经济模式、发展模式和生活方式。可以说，开展城市创新竞争力研究既是对创新能力和竞争力理论的进一步深化与提升，又符合当前国内科技创新的变革趋势，具有重要的理论和现实意义。

在这项课题研究过程中，我们紧密跟踪经济学、管理学、计量经济学、统计学等多学科的前沿研究成果，深入分析城市创新竞争力的发展水平、变化特征、内在动因及未来趋势，并根据课题组所构建的指标体系及数学模型，对全国 274 个城市的创新竞争力进行全面深入、科学的比较分析和评价，并对直辖市、副省级城市和区域城市作了专题研究，深刻揭示不同类型和发展水平的城市创新竞争力的特点及其相对差异，明确各自内部的竞争优势和薄弱环节，追踪研究城市创新竞争力的演化轨迹和提升路径，为各城市提升创新竞争力提供有价值的理论指导和实践对策。

全书主要内容共三大部分，基本框架如下。第一部分"理论与方法"，主要分析城市创新竞争力研究的理论和现实意义，探讨了城市创新竞争力的构成要素和主要特征，奠定了城市创新竞争力评价的理论基础。在充分吸收和发展的基础上，构建了中国城市创新竞争力评价指标体系，并设计了评价的数学模型。

第二部分"总报告"，即中国城市创新竞争力总体评价与比较分析报告。总报告是对 2015 年 274 个城市创新竞争力进行评价分析，根据课题组所构建的 1 个一级指标、5 个二级指标、31 个三级指标组成的评价体系，在进行综合分析的基础上，对中国各城市创新竞争力的变化态势进行评价分析，分析评价期内城市创新竞争力的主要特征和变化趋势，提出增强中国城市创新竞争力的基本思路和政策建议，为中国各城市加快提升创新竞争力提供有价值的决策分析依据。

　　第三部分"分报告"，即分别对中国直辖市、副省级城市、区域城市的创新竞争力进行评价分析。对不同类型的城市创新竞争力进行全面深入、科学的比较分析和评价，深刻揭示不同类型和发展水平的城市创新竞争力的特点及其相对差异，明确各自内部的竞争优势和薄弱环节，追踪研究各城市创新竞争力的演化轨迹和提升路径。

　　附录部分列出了 274 个城市创新竞争力的一级指标、5 个二级指标得分和排名情况，为读者进行定量化分析提供参考依据。

　　本书是在借鉴国内外前期研究成果的基础上，综合吸收了经济学、管理学、统计学、计量经济学、人文地理学等多学科的理论知识与分析方法，力图在城市创新竞争力的理论、方法研究和实践评价上尝试做一些创新和突破。当然，这是一项跨越多个学科的研究课题，受到知识结构、研究能力和占有资料有限等主客观因素的制约，在一些方面的认识和研究仍然不够深入和全面，还有许多需要深入研究的问题未及研究。有鉴于此，我们将继续深化研究，不断完善理论体系和分析方法，使城市创新竞争力评价更加科学、更加完善，欢迎各位读者批评指正。

作者

2017 年 12 月

目　录

Ⅰ　理论与方法

Ⅱ　总报告

Ⅲ　分报告

Ⅵ　附录

皮书数据库阅读**使用指南**

CONTENTS

I   Theory and Methodology

II   General Report

III   Sub Reports

Ⅵ　Appendix

理论与方法

Theory and Methodology

B.1
城市创新竞争力研究的理论与现实意义

自熊彼特于1912年在《经济发展理论》一书中首次提出"创新"概念以来，以创新来解释经济发展的"创新理论"被奉为圭臬，对世界各国的科技与创新政策产生了深远的影响。创新是经济可持续增长的动力已成为全人类的共识。纵观人类发展的历史，每一次科技进步与创新都极大地推动了社会生产力的飞跃，改变着世界的竞争格局。城市是经济社会发展的重要载体，是参与全球市场竞争的主体。一个城市能否在激烈的全球市场竞争中占据优势，决定性因素在于其自身是否具有较强的竞争力，而获取竞争优势的关键又在于城市是否具备较强的创新竞争力。尤其是后金融危机时代，新一轮科技革命和产业变革方兴未艾，科技创新更是日益成为经济社会发展的重要推动力量。当前，发达国家正利用已有的科技创新优势占据全球创新领域的制高点，并出台一系列的创新战略来维持竞争优势；发展中国家特别是新兴国家也在抢抓新科技革命的机遇，加快推动实施创新驱动战略，争取把握全球创新竞争的主动权。从目前城市创新竞争力的实际状况来看，发达国家的创新城市发展仍然具有绝对的优势。

据全球创新数据机构 2ThinKnow 发布的 2016～2017 年度城市创新指数，全球创新城市排行前 25 位均为发达国家的城市，其中美国的纽约、硅谷（旧金山—圣何塞）、波士顿、洛杉矶等 9 个城市进入全球创新城市 25 强①。未来，发展中国家的城市要想在全球竞争中获取持续竞争优势，必然需要通过提升创新竞争力来实现。而在全球范围内，城市发展要应对人口膨胀、交通拥堵、环境恶化、资源短缺的重大挑战，也需要通过实施创新驱动发展战略，加快推进创新型城市建设，促进城市可持续发展。因此，未来城市创新竞争力将成为城市竞争力乃至国家竞争力最为关键的环节，中国的城市创新竞争力亟待进一步提升，尤其是要通过打造世界级的创新型城市来提升中国城市的国际影响力。开展城市创新竞争力研究既是对城市经济学理论、竞争力理论和创新理论的完善，也是顺应城市竞争发展态势、促进城市创新竞争力提升的需要，具有重要的理论意义和现实意义。

一 城市创新竞争力研究的理论意义

（一）有助于进一步丰富城市经济学理论研究的内涵

20 世纪以来，特别是第二次世界大战后，城市发展突飞猛进，城市规模不断扩大，城市化的浪潮席卷全球，世界各国都日益关注城市的发展，着力于提升城市竞争力，以求更好地融入全球城市竞争。尤其是在经济全球化时代，城市之间的竞争日趋激烈，城市对于经济的影响和掌控能力越来越强。在此背景下，对城市经济学理论的研究也取得了较快发展，并逐步构建起较为系统的城市经济学理论研究体系。在城市的产生、发展和城市现代化过程中，创新要素贯穿始终并发挥着越来越突出的作用，成为城市综合竞争力的关键所在。依靠科技、知识、人才、文化、体制等创新要素驱动城市发

① http：//www. innovation - cities. com/innovation - cities - index - 2016 - 2017 - global/9774.

展，建设创新型城市成为世界各国的共同战略选择。城市创新能力决定着一个城市的"文明样式"和"竞争范式"，是城市可持续发展的核心要素和关键变量。因此，如何加快创新驱动城市发展、建设创新型城市已成为城市经济学理论研究的重要内容。城市创新竞争力研究把城市的"创新因子"提取出来进行深入研究，探索城市创新发展的规律和城市创新竞争力的影响因素，有利于进一步丰富城市经济学理论研究的内涵。

（二）有助于进一步拓展竞争力理论研究的领域

竞争和竞争力的理论和思想由来已久，古希腊哲学家亚里士多德在《政治学》一书中最早提出"竞争"这一概念，从亚当·斯密以其《国富论》为经济学奠基开始，对竞争力相关理论的研究更是从未停止过，积累了丰富的研究成果。竞争力研究涉及国际贸易、区域经济学、产业经济学、经济地理学、管理学、统计学等多学科、多领域，既包括宏观层次的国际竞争力、国家竞争力等，也包括中观层次的产业竞争力、区域竞争力等，还包括微观层次的企业竞争力等，这些都是学术界对竞争力理论探索不断深化的成果，由此构建起比较完善的竞争力理论研究框架体系。当前，竞争力理论仍然是学术界研究的热点领域，研究内容不断丰富、研究领域继续扩展、研究方法持续优化、理论体系日趋完善。城市创新竞争力研究是一个新的课题，是对中观层次的区域竞争力研究的进一步拓展和延伸，开辟了城市竞争力研究的新领域。研究城市创新竞争力，充分挖掘城市创新竞争力的内涵特征、影响要素、表现形式等内容，构建较为完整的城市创新竞争力理论研究框架和指标评价体系，探讨提升城市创新竞争力的路径方法，对于进一步拓展竞争力理论研究领域具有重要意义。

（三）有助于进一步深化创新系统理论研究的内容

自从英国学者弗里曼于1987年提出创新系统的概念以来，创新系统理论得到学术界的广泛重视和深入研究。从国家创新系统到区域创新系统，再到产业创新系统、部门创新系统、企业创新系统等，构成了创新系统研究的不同层次，都是创新系统理论的演进与发展。其中，城市创新系统是区域创新系统的重要组成部分，越来越成为学术界研究的重点领域。城市创新系统是指在以城市为中心的区域内，各种创新要素以及协调各要素之间关系的制度和政策在创新过程中相互依存、相互作用而形成的社会经济系统①。构建城市创新系统的根本目标在于提高城市创新能力、增强区域竞争优势，转变城市经济发展方式，推动城市与区域经济增长。实现这一目标的途径则是通过营造城市良好的创新环境，优化创新资源配置效率，提高科技创新成果转化效益，促进城市的产业创新集聚发展。城市创新竞争力研究基于创新系统理论，充分考虑影响城市创新系统运行效率的各种创新要素投入、创新产出、创新基础、创新环境、创新可持续性等因素，构建城市创新竞争力指标评价体系，对城市创新能力进行客观评价和定量分析，有助于深化对城市创新系统的量化研究，增强城市创新系统理论研究的应用性。

二　城市创新竞争力研究的现实意义

（一）城市创新竞争力研究是加快实施创新驱动发展战略、建设创新型国家的现实需要

历史经验表明，创新是民族进步和国家兴旺的不竭动力。在全球新一轮科技革命加速推进的背景下，实施创新驱动发展战略已是大势所趋。立足全局，放眼全球，党的十八大报告提出实施创新驱动发展战略，强调科技创新是提高社会生产力和综合国力的战略支撑，必须摆在国家发展全局的核心位置。《国民经济和社会发展第十三个五年规划纲要》提出："深入实施创新驱动发展战略。把发展基点放在创新上……塑造更多依靠创新驱动、更多发挥先发优势的引领型发展。"十九大报告进一步提出，要加快建设创新型国家，强调"创新是引领发展的第一动力，是建设现代化经济体系的战略支

---

① 赵黎明、冷晓明等：《城市创新系统》，天津大学出版社，2002。

撑"，实现高质量发展离不开创新。城市是国家经济增长的重心和基点，是贯彻实施国家创新驱动发展战略的重要主体，创新型城市是建设创新型国家的重要支柱，研究城市创新竞争力对于加快转变城市经济发展方式、推动城市供给侧结构性改革、建设创新型城市和创新型国家具有积极的现实意义。2016 年 5 月印发的《国家创新驱动发展战略纲要》提出，要"打造区域创新示范引领高地"，建设创新型城市，增强创新发展的辐射带动功能，充分说明了创新型城市建设在推动实施创新驱动发展战略中的重要作用。因此，开展城市创新竞争力研究，聚焦城市创新目标，整合城市创新资源，优化城市创新布局，构建城市创新生态，推动城市创新能力和竞争力整体提升，有利于加快实施创新驱动发展战略，更好地建设创新型国家。

（二）城市创新竞争力研究是增强城市自主创新能力、提升城市核心竞争力的必然要求

当今时代，城市之间的竞争日趋激烈，城市竞争力尤其是核心竞争力的高低直接决定着一个城市在竞争中的地位优劣。打造城市核心竞争力，获取城市发展的竞争优势，必须要凝练城市的发展特色，形成独一无二、不可复制的城市基因，而创新是彰显城市特色、提升城市核心竞争力、实现城市可持续发展的关键。因此，如何提升城市创新竞争力，增强城市自主创新能力，成为各个城市更好地参与竞争需要思考的重要问题。城市创新竞争力研究紧紧围绕城市创新这一主题，深入探讨城市创新的内涵和影响要素，比较分析和评价各个城市创新竞争力的表现，有利于引导城市优化竞争格局，促进城市加快创新发展，提升自主创新能力，依靠创新构筑新的竞争优势，加快推进供给侧结构性改革，实现城市发展转型升级，最终提升城市核心竞争力。

（三）城市创新竞争力研究是制定城市创新发展战略和提升科学决策水平的重要依据

建设创新型城市，提升城市创新能力，需要进行宏观的战略规划和科学决策，既要做好顶层设计，也要推进决策落实。城市创新竞争力研究的又一现实意义在于，在构建城市创新竞争力理论框架和进行实证分析的过程中，更加深刻地认识和把握城市创新的内涵与特征以及提升城市创新竞争力的内在过程及其规律，从而有助于决策者更好地制定城市创新发展战略，提出合理的城市创新能力建设策略，提升科学决策水平。因此可以说，城市创新竞争力评价研究是构建高效的城市创新系统和制定城市创新战略的先决条件，通过不同城市创新竞争力的评价和比较分析，有助于决策者明确城市创新发展所具备的优势条件，同时能够及时发现存在的问题和短板，在此基础上立足各个城市的市情，有针对性地制定创新政策和应对措施，科学选择创新路径，加快培育竞争新优势，从而有效提高城市创新竞争力。

（四）城市创新竞争力研究是国内外企业选择投资城市的参考指南

城市的发展离不开对外开放和招商引资，而企业在选择投资城市时，一个重要的参考标准在于城市是否具有良好的营商环境。营造城市的创新氛围，吸引高端人才集聚和知名企业入驻，形成产业集群和规模效应，成为城市发展的核心战略。当前，全社会已经形成"大众创业、万众创新"的生动局面，哪个城市能够抓住这一新机遇打造创新创业新优势，必然会在激烈的投资争夺战中抢占先机，拔得头筹。创新能力越高的城市，其创新体系相对比较完善，人才、资金、技术等创新要素的整合效率越高，产学研联系更加紧密，科技成果转化效率也就越高，企业作为创新主体的积极性越高，这必然更加有利于吸引国内外企业尤其是高新技术企业选择该城市进行投资。例如，深圳、杭州、广州、苏州、南京、厦门等城市的创新竞争力较强，因而成为国内外企业选择投资的热门城市。因此，通过城市创新竞争力研究，能够对城市的创新能力进行客观公正的评价和比较，由此判断城市是否具备良好的营商环境，从而为国内外企业选择投资城市提供重要的参考指南。

B.2
城市创新竞争力的构成要素与主要特征

城市创新竞争力是由城市竞争力引申出来的一个概念。目前学术界还未对城市创新竞争力进行权威的界定，但城市竞争力、城市创新系统和城市创新能力等概念及其相关理论是理解城市创新竞争力内涵、开展城市创新竞争力研究的重要基础。城市创新竞争力是一个城市在全球范围内对创新资源和要素的吸引力、整合力，对创新空间的扩张力和竞争市场的争夺力，以及对其他城市和地区的影响力、带动力、辐射力。城市创新竞争力由一系列相关的要素构成，并且具有其内在的特征。

一 城市创新竞争力的构成要素

从竞争力的具体表现来看，城市创新竞争力反映的是一个城市在创新方面的内在能力、外在动力和发展潜力，受到诸多因素的综合影响。因此，构建城市创新竞争力理论模型和评价体系，首先要全面把握和深入分析城市创新竞争力的构成要素，理解各个构成要素包含的主要内容。尽管目前对城市创新竞争力研究的文献还比较少，但城市创新能力、区域创新竞争力、创新型城市竞争力等与城市创新竞争力相关的文献研究已经比较多，并且都从各自的研究视角分析城市创新能力或区域创新竞争力的构成要素，对于探讨城市创新竞争力的构成要素具有一定的参考价值。澳大利亚2ThinkNow创新研究机构将影响城市创新的要素概括为文化资产、人力基础设施和网络化市场等几个方面[1]。原中国科技促进发展研究中心（现为中国科学技术发展战略

---

[1] 《全球创新城市比拼，北京上海跻身35强》，标准排名网，http://www.biaozhun007.com/articles/d07934b973e2dfbe.html。

研究院）在"区域创新创业能力与活力评估研究"项目中提出，从知识创造、知识流动、企业技术创新能力、创新环境和创新的经济绩效五个方面评价区域创新能力，并进行了科学的理论分析，较早形成了比较权威的区域创新能力评价指标体系[①]。范柏乃等学者提出了"城市技术创新能力"的概念，并将其分解为技术创新投入能力、技术创新配置能力、技术创新支撑能力、技术创新管理能力与技术创新产出能力，作为城市技术创新能力系统的五个构成要素[②]。朱海就认为，区域创新能力是由网络的创新能力、企业的创新能力和创新环境三个部分组成，并且强调了非 R&D 指标的重要性[③]。邹燕结合分类测评和结构分析，提出城市综合创新能力的构成要素为知识创新能力、技术和产业创新能力、创新环境支撑能力三个模块[④]。陶雪飞认为，城市科技创新体系综合能力是城市创新体系中所有要素和行为主体有机组合的总体能力，这一能力主要通过城市创新体系的协调、整合能力体现出来，并提出影响城市科技创新体系综合能力的两大因素是科技创新能力和新技术产业化能力，基于这样的理论认识，构建了包含技术创新体系能力、知识创新体系能力、多元化创新投入体系能力、政府科技管理体系能力、创新服务体系能力"五位一体"的城市科技创新能力支撑体系[⑤]。谢玲等学者提出了创新型城市竞争力集成评价模型，将创新投入、创新基础能力、创新效益、创新环境作为主要影响要素，构建创新型城市竞争力评价指标体系[⑥]。李健、屠启宇基于全球创新网络的视角研究城市创新竞争

[①] 中国科技发展战略研究小组：《2002 年中国区域创新能力评价》，《科学与科学技术管理》2003 年第 4 期。
[②] 范柏乃、单世涛、陆长生：《城市技术创新能力评价指标筛选方法研究》，《科学学研究》2002 年第 6 期。
[③] 朱海就：《区域创新能力评估的指标体系研究》，《科研管理》2004 年第 3 期。
[④] 邹燕：《创新型城市评价指标体系与国内重点城市创新能力结构研究》，《管理评论》2012 年第 6 期。
[⑤] 陶雪飞：《城市科技创新综合能力评价指标体系及实证研究》，《经济地理》2013 年第 10 期。
[⑥] 谢玲、顾新、肖进：《四川省创新型城市竞争力集成评价及结构解析》，《世界科技研究与发展》2017 年第 4 期。

力，将全球创新网络分解为全球科技网络、全球知识网络以及全球创新服务网络三个层次，并构建了基于三层子网络的节点城市创新竞争力评价指标体系①。

在借鉴已有研究成果的基础上，本报告结合城市创新竞争力的内涵特征及其研究的系统性要求，从影响城市创新的基础、环境、投入、产出、可持续性等因素着手，构建包含创新基础竞争力、创新环境竞争力、创新投入竞争力、创新产出竞争力、创新可持续发展竞争力等五个二级指标的城市创新竞争力指标评价体系。

（一）创新基础竞争力

创新基础竞争力是构成城市创新竞争力的基础要素，反映城市创新发展的经济社会基础状况。一般来说，在经济社会发展的初级阶段，依靠土地、资源、劳动力等生产要素投入的要素驱动经济增长模式以及依靠持续的高投资和高资本积累的投资驱动经济增长模式能够形成强大的动力，推动经济社会发展。一旦经济社会发展到较高阶段，要素驱动和投资驱动的发展模式就难以为继，依靠科技创新和技术变革的创新驱动发展模式就成为推动经济社会持续健康发展的必然选择。因此，一个城市的经济社会发展水平越高，开展科技创新的条件就越充分，其对创新活动的需求越强烈，在科技创新投入、推动科技成果转化应用等方面有坚实的经济基础作为保障，也就越有利于提升城市的创新竞争力。创新基础竞争力一方面考察城市的经济社会发展基础和水平对城市创新能力的支撑和推动作用，另一方面也体现了一个城市对推进创新驱动发展战略和提升创新能力的内在需求，由此构成了城市创新竞争力评价的基础要素。创新基础竞争力主要由反映经济社会发展水平的GDP、人均GDP、财政收入、人均财政收入、外商直接投资、金融存款余额等基础指标来表征。

---

① 李健、屠启宇：《全球创新网络视角下的国际城市创新竞争力地理格局》，《社会科学》2016 年第 9 期。

（二）创新环境竞争力

创新环境竞争力是构成城市创新竞争力的重要驱动力和催化剂，反映了一个城市推动创新发展所具备的环境条件及其表现出来的比较优势。创新竞争力的强弱不仅取决于创新要素投入和创新产出的效率，而且取决于创新环境。当前，我国科研人员总量位居全球第一，但总体创新竞争力却并不强，究其原因，创新环境不够优越是其中的一个重要制约因素。创新环境是创新过程中影响创新主体开展创新活动的各种外部因素的总和，包括关于创新的战略规划和政策体系，影响创新的市场环境、信息技术环境、产业发展环境，社会对创新活动的态度等。创新离不开良好的环境，一个城市的创新环境优劣好坏，直接影响着其能否较好地聚集创新资源要素、挖掘科技创新潜能、推动创新成果转化、提升科技创新绩效，从而决定了城市创新竞争力的高低。由于城市创新的战略规划和政策体系、社会对创新活动的态度等因素难以用客观指标来体现，创新环境竞争力主要由千人因特网用户数、千人手机用户数、国家高新技术园区数、国家高新技术企业数、高等院校数、电子政务发展指数等基础指标反映。

（三）创新投入竞争力

创新投入竞争力是构成城市创新竞争力的重要内容。创新投入是一个城市在开发新技术、新产品等创新活动方面的投入，是形成创新竞争力的物质基础，资金和人才是开展创新活动的核心要素，因此创新投入主要是指在研发创新上的资金投入和人才投入，是提升城市创新竞争力的有效保障，是评价一个城市创新竞争力的关键指标。发达国家的城市创新竞争力较强，与其在创新方面的高投入是密切相关的。创新资源投入的规模、强度、结构等因素很大程度上决定着创新产出的多寡和创新效率的高低。当前，为提升城市创新竞争力，在激烈的科技创新竞争中获取优势，世界各国都强调要高度重视科技创新，加大创新投入保障，尤其是引导企业加大创新投入，突出企业创新主体地位，形成创新发展的强大合力。创新投入竞争力主要包括 R&D

经费支出总额、R&D 经费支出占 GDP 比重、人均 R&D 经费支出、R&D 人员、研发人员占从业人员比重等基础指标。

（四）创新产出竞争力

创新产出竞争力是城市创新竞争力的实现载体部分，或者说是城市创新竞争力的具体呈现。创新产出是一个城市的科技创新成果和创新效益，也是评价一个城市科技创新能力的重要指标，反映了开展创新活动的执行能力。创新产出离不开创新投入，但创新投入并不一定带来创新产出，创新投入还需要通过复杂的过程转化成创新产出，而创新产出与创新投入的比例关系实际上反映的就是创新效率。因此，创新产出的高低影响着创新效率，从而决定着城市的创新竞争力。创新产出是城市经济社会可持续发展的动力来源，创新产出通过成果转化推动社会进步和经济增长。当然，还应该强调的是，创新产出不应该只追求数量，更应该注重创新产出的质量和效益，这才是提升创新竞争力的关键。专利授权数、高新技术产业产值、全社会劳动生产率、高技术产品出口总额、高技术产品出口比重、注册商标数、单位工业产值污染排放量等基础指标是衡量城市创新产出竞争力的重要指标。

（五）创新可持续发展竞争力

创新可持续发展竞争力是城市创新竞争力长期发展的持续动力和潜能，也是构成城市创新竞争力的一个重要方面。在激烈的市场竞争中，能否保证城市创新的持续性，提升城市的持续创新能力，对巩固和提高城市创新竞争力至关重要。而源源不断的教育投入、人才培养以及相对稳定的科技 R&D 人才增长和 R&D 经费增长是获取城市持续创新能力的必要条件。因此，为更全面地评价城市创新竞争力，创新可持续发展竞争力着眼于城市创新的长远发展和潜力挖掘，强调人力资本积累和要素永续增长对城市创新竞争力的重要作用。在城市创新竞争力评价体系中，创新可持续发展竞争力主要由公共教育支出总额、公共教育支出占 GDP 比重、人均公共教育支出额、R&D 人员增长率、R&D 经费增长率、城镇居民人均可支配收入等基础指标体现。

创新基础竞争力、创新环境竞争力、创新投入竞争力、创新产出竞争力、创新可持续发展竞争力是相互作用、相互联系的有机整体，共同构成了城市创新竞争力的基本要素。创新基础竞争力、创新环境竞争力反映城市开展创新活动所对应的经济社会发展基础和环境条件，是城市创新竞争力的基础和保障，离开创新活动所需要的基础和保障，任何创新也就无从谈起。而具备了一定的基础条件，通过政策法规、创新制度、创新机制、创新氛围等推动和强化创新活动，其过程和效果最终通过创新投入竞争力和创新产出竞争力得到反馈。此外，城市创新竞争力的提升是一个长期的过程，其竞争优势不仅反映在创新基础、创新环境、创新投入、创新产出等方面，还体现在创新的潜在能力和持续推进能力，这就要通过创新可持续发展竞争力来反映。因此，在创新基础竞争力、创新环境竞争力、创新投入竞争力、创新产出竞争力、创新可持续发展竞争力协调发展的基础上，推动城市创新竞争力的提升，最终达到提高劳动生产率、促进经济发展方式转变和供给侧结构性改革的目的，实现城市经济社会更好更快发展和增进人民福祉。

二　城市创新竞争力的主要特征

（一）城市创新竞争力是各种创新因素综合作用的结果，具有系统性特征

城市是国家创新战略和创新活动的重要实施单元和主体区域，城市创新系统本身就是经济社会系统的一个重要范畴。城市创新系统由城市的各种创新资源要素和创新环境要素等构成，通过对城市创新资源和要素的整合和优化配置，改善城市创新系统，促进城市创新能力的提高，从而实现城市的技术进步和经济社会的可持续发展。有研究从人才架构、技术架构、产业架构、制度架构和社会架构五大维度来测度城市创新系统的创新能力[①]。与已

---

① 张仲梁、邢景丽：《城市科技创新能力的核心内涵和测度问题研究》，《科学学与科学技术管理》2013 年第 9 期。

有研究类似，本报告提出的城市创新竞争力是城市创新系统中创新基础、创新环境、创新投入、创新产出、创新可持续性等各种创新因素综合作用的结果，是包含不同创新子要素的有机整体，因此具有系统性特征。不同城市的创新子要素、子系统的相互作用效果决定了城市创新竞争力的强弱。因此，一个城市要想提高创新竞争力，就必须从系统的角度出发，始终把握城市创新系统的整体特性和功能，对城市创新系统的各个子系统进行有效的协调配置，达到"1 + 1 > 2"的效果。

（二）城市创新竞争力是对城市创新能力的横向与纵向比较，具有相对性特征

竞争力是一种相对指标，必须通过相应主体的竞争和比较才能表现出来。城市创新竞争力也是一个相对的概念，城市创新竞争力的高低强弱需要通过不同城市的横向比较和同一城市的纵向比较来体现。一方面，城市创新竞争力强调城市之间的横向比较，通过在同一时间维度上对不同城市竞争力进行横向比较才能体现城市创新竞争力的大小。另一方面，随着时间的推移和创新因素、创新条件、创新系统等的不断改变，同一城市在不同发展阶段所体现出来的创新竞争力水平也各不相同，因此纵向比较能够反映一个城市创新竞争力变化发展的相对趋势，并进一步判断各个创新影响要素的变化情况。

（三）城市创新竞争力是一个长期积累和持续作用的过程，具有稳定性特征

城市创新竞争力是城市的核心竞争力，是增强城市竞争力的原动力，对提升城市竞争力具有根本性作用。科技创新是厚积薄发的过程，需要长时间的积累，一个城市的创新竞争优势也是多种创新因素长期积累、不断深化和综合作用的结果。城市创新竞争力越强，越能在激烈的全球城市竞争中长久保持优势，因为城市创新竞争力具有相对稳定性，城市创新能力是需要长期积累和各种创新要素持续作用的结果，由创新竞争力带来的城市竞争优势在

短期内是难以被其他城市超越的。发达国家的城市创新竞争力之所以能够在较长一个时期处于世界前列,正是由于发达国家一直注重科技创新,为城市创新发展营造良好的环境,使得城市创新竞争力能够长期保持较高水平,发展中国家的城市在短期内难以赶超。而中国创新竞争力较强的城市长期集中在东部沿海发达地区。

(四)城市创新竞争力处于变化发展的过程中,具有动态性特征

竞争力是动态发展的,城市创新竞争力作为城市竞争力的一个重要组成部分,也不是一成不变的。尽管从短期来看,城市创新竞争力具有相对稳定性,不会出现较大幅度的波动,但从长期来看,城市创新竞争力处于动态发展的过程中。在经济社会发展过程中,各种因素总是处于不断的发展变化之中,影响城市创新竞争力的相关要素也会发生变动,导致城市创新竞争力的排位也会发生变化。此外,一个城市在不同的发展阶段,决定其创新竞争力的主要因素也会发生变化,城市创新竞争力也反映了一个城市适应、集成和重构创新资源要素以跟上环境变化要求的能力。因此城市创新竞争力是一个短期相对稳定、长期动态发展的开放系统,这就决定了提高城市创新竞争力是一项长期性的任务。

(五)城市创新竞争力受全球创新资源和创新网络影响,具有开放性特征

城市是一个开放的系统,城市创新竞争力同样具有开放性特征,尤其是在经济全球化和知识经济时代,知识、技术、信息、人才等创新资源和要素能够在全球范围内实现自由流通和共享,极大地缩短了城市及其创新主体之间的空间距离,为城市充分利用全球创新资源、共享全球创新网络提供了十分有利的条件,这也成为影响城市创新竞争力的重要方面。因此,城市创新竞争力应体现一个城市对全球创新资源和创新网络的吸收和利用程度。城市作为一个创新系统,其内部的企业、高校、科研机构等创新主体是否具有开放意识,是否能够融入全球创新体系,与国内外同类的

企业、高校、科研机构等加强合作创新和交互学习，同时积极参与全球创新资源竞争，直接关系到城市创新竞争力的高低。城市创新竞争力的开放性特征要求城市要尽可能营造良好的创新环境，制定政策鼓励创新主体更好地将"走出去"和"引进来"结合起来，充分利用全球创新资源，提升城市创新竞争力。

B.3
城市创新竞争力评价体系和评价方法

城市创新竞争力涵盖多方面的内容，为客观公正地评价城市创新竞争力水平、全面掌握城市创新竞争力的各个方面及内在机理，需要对城市创新竞争力进行综合评价和比较分析，这要求建立一套能够客观、准确地反映城市创新竞争力的指标体系，并能运用科学、合理的数学评价模型对其进行评估、分析。当前，我国正在深入实施创新驱动发展战略，创新无处不在，每个城市都有其产业、企业等各类部门，都具有各自不同的创新要素，包括资本、技术、人才以及信息、贸易、财政、金融等等，都已经成为影响城市创新竞争力的重要因素。这些要素是维系城市竞争优势的基础和源泉，同时城市创新竞争力也受到基础、环境、管理、制度等各方面因素的影响，具有独特的内在作用机理，因此城市创新竞争力指标体系需要能够反映这些复杂的关系。本部分拟基于城市创新竞争力的内在作用机理，从城市的创新能力、状况和水平等方面出发，努力探索建立一套内容丰富、逻辑合理、视野开阔、具有科学性和前瞻性的城市创新竞争力评价指标体系及评价模型。

一　城市创新竞争力指标体系的特点和建立原则

本报告将对全国274个城市的创新竞争力进行综合评价，通过评价和比较分析可以及时发现制约和影响各城市创新竞争力水平的主要指标、薄弱环节及其根源所在，从而提出相应的对策措施，为各城市提升创新竞争力水平提供决策依据和参考。要对城市创新竞争力进行定量评价，最重要的一个环节就是要建立一套能够客观、准确地反映城市创新竞争力水平的评价指标体系，以及一个科学、合理的数学评价模型，这是对城市创新竞争力进行综合评价、分析和研究的基础和关键。而构建科学的城市创新竞争力指标体系及评价模型必须遵循创新竞争力的内在作用机理，并遵循一定原则才能建立起来。

科技创新涉及的内容非常广泛，需要统筹考虑各方面的影响因素，而且各方面因素之间的关系非常复杂，对城市创新竞争力进行系统的综合评价分析不是一件容易的事，必须建立一套科学合理的评价指标体系。而建立评价指标体系必须要遵循一定的原则，以保证指标体系中的指标具备科学性、典型性、代表性和系统性，必须是统一整体的一部分，同时相互之间又存在有机联系，绝不是一些指标的简单组合。从竞争力评价体系构建的一般性和城市创新竞争力的特殊性来看，构建城市创新竞争力评价指标体系要遵循以下几项原则。

（一）系统性和层次性相结合的原则

创新是一个复杂的系统，包括很多方面内容，如经济、环境、科技、资本和人才等等，而且各方面内容相互联系，有机结合在一起，共同发挥作用。因此，创新竞争力指标体系也应该是一个有机的整体，要能全面、科学、准确地描述、反映整个创新系统的水平和特征，应该遵循系统性原则。

同时，构建城市创新竞争力评价指标体系还应遵循层次性原则。从人们认识复杂系统问题的方法角度来看，需要将复杂的总系统分解为多个层次、多个子系统，由全局到局部、由抽象到具体、由表及里逐步深入，即采用分层递阶方法，遵循层次性原则。创新系统作为一个总系统，也是包括多个层次的子系统，这些子系统共同影响创新竞争力水平的高低，并将评价目标与指标连成一个有机整体。

系统性与层次性相结合的原则就是既考虑复杂系统的特征，又能将该系统分成几个层次，以便于各自进行分析，使各评价指标表达不同层次评价指标的从属关系和相互作用。上层指标是下层指标的综合，指导下层指标的构建，下层指标是上层指标的分解，从而构成一个有序、系统的层次结构，也便于理论分析和实践应用。

（二）完备性和独立性相结合的原则

创新竞争力指标体系作为一个有机整体，所选择的指标及模型要尽可能从各个不同角度、全面完整地反映各个城市整个创新系统的全部特征和综合状况。为实现这一目标，在选择指标时，要根据数据可得性，尽可能多地选择指标，从不同层面反映竞争力特性，要能够反映创新系统各层面的主要信息，力求指标体系的完备性。但同时还要注意，指标选择又不能求多求全，经济社会领域的各种指标是相互关联的，也就是说，各指标之间是有相关性的，各指标体现的信息都有一定的重复性，在设计指标体系时要尽量避免重复或者信息相互包含量比较大的指标。所以，指标体系中的各个指标要有一定的独立性，包含相同信息的，要选择最有代表性、被大家普遍接受的指标。总之，完备性和独立性相结合就是以尽可能精简的指标体现系统的整体状况。

（三）一般性和可比性相结合的原则

创新竞争力指标体系中的指标应该能够为大多数人所理解和接受，要具有一般性，能够充分反映城市的特征，可以真实、准确、直接反映城市创新竞争力的状况。特别是尽量选择国家统计体系中的常用指标，而不是过于生僻、统计口径不清晰的指标，避免理解偏差。由于城市创新竞争力评价是对全国200多个地级市进行评价比较，指标体系要能适应全国不同地区的不同城市，必定要考虑指标的可比性，确保指标能够在时间和空间上进行比较。特别是要确保城市之间指标能够进行比较，保证创新竞争力得到全面正确的评价，也便于利用评价结果对创新竞争力进行指标优劣势分析。

（四）科学性和可操作性相结合的原则

在构建创新竞争力指标体系的过程中，选择的具体指标应该建立在充分认识、科学研究创新系统的基础上，要能够科学、客观地反映创新竞争力的内涵、要求、内在作用关系和现实状况，同时要反映城市的特点，逻辑严谨，经得起质疑、推敲和论证，经得起事实和历史的检验。

在满足科学性的基础上，又要注意指标体系的可操作性。所选取的指标应该概念明确，尽可能采用通用的名称、概念，并避免内容的相互交叉和重复。指标的统计口径要一致，数据也要容易采集，有权威、可靠的数据来源，保障综合评价结果的客观性。虽然可能某些指标能较好反映创新竞争力的某个方面，但如果没有客观数据支撑，也不能纳入指标体系。

（五）动态性和稳定性相结合的原则

创新系统是一个历史的、动态的、连续的、发展的系统，创新本身就是一个不断求新求变的过程，创新竞争力从长期来看也是动态变化的。同时，由于创新具有时滞性，一个城市的创新竞争力在某个时段上是静态的，具有一定的稳定性。但在很多时候又是动态变化的，创新竞争力指标体系必须要反映创新系统的动态特点，必须要反映创新系统的发展、变化，特别是其发展潜力及对未来发展变化的影响。

二 城市创新竞争力指标体系的建立

本报告在构建城市创新竞争力评价指标体系的过程中，参考了大量有关科技竞争力、创新能力等方面的文献，也参照了罗伯特·哈金斯协会的《世界知识竞争力指数》、世界经济论坛（WEF）的《全球竞争力报告》、瑞士洛桑国际管理学院（IMD）的《世界竞争力年鉴》以及全国经济综合竞争力研究中心福建师范大学分中心的《二十国集团（G20）国家创新竞争力发展报告》。在此基础上，根据本报告对城市创新竞争力的定义，构建了包含 1 个一级指标、5 个二级指标、31 个三级指标的城市创新竞争力指标体系。

（一）构建创新竞争力评价指标体系的基本思路

本报告根据城市创新竞争力的定义、内涵和内在作用机理，遵循构建指标体系的基本原则，运用系统论、控制论的基本原理，采取自上而下、逐层分解的方法，把指标体系分为系统层、要素层和基础层三个层次（分别为一级、二级、三级指标），构建了一套分类别、多要素、多层次的创新竞争力指标体系（见图 3-1）。

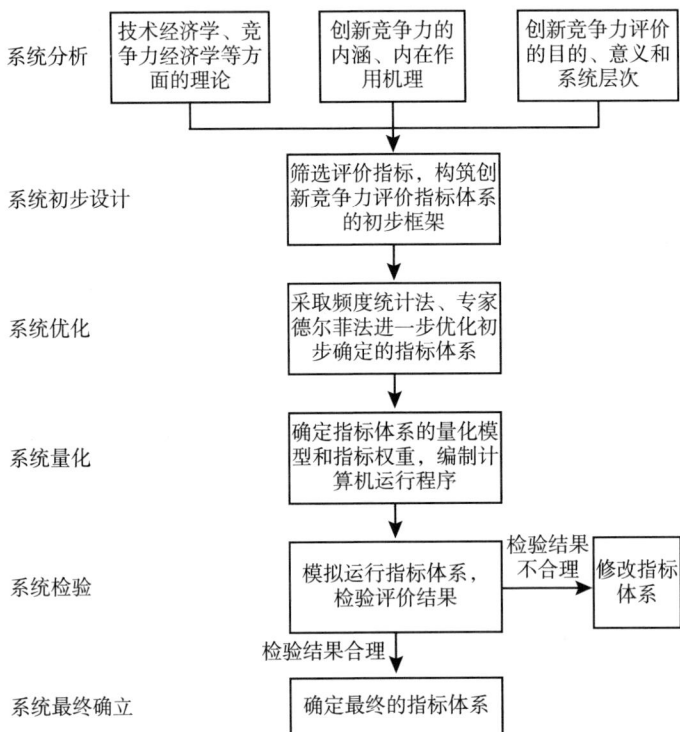

系统分析
- 技术经济学、竞争力经济学等方面的理论
- 创新竞争力的内涵、内在作用机理
- 创新竞争力评价的目的、意义和系统层次

系统初步设计
- 筛选评价指标，构筑创新竞争力评价指标体系的初步框架

系统优化
- 采取频度统计法、专家德尔菲法进一步优化初步确定的指标体系

系统量化
- 确定指标体系的量化模型和指标权重，编制计算机运行程序

系统检验
- 模拟运行指标体系，检验评价结果 — 检验结果不合理 → 修改指标体系

系统最终确立
- 检验结果合理 → 确定最终的指标体系

图 3-1 创新竞争力评价指标体系构建思路

第一，基于技术经济学、竞争力经济学、城市经济学等方面的理论，根据城市创新竞争力的内涵、内在作用机理，明确创新竞争力评价的目的、意义和系统层次，吸收已有的关于科技竞争力、创新能力、城市竞争力等评价指标的精华，深入分析和比较对照，并考虑指标数据的可获得性，选出有代表性、有针对性、可操作的评价指标，构建城市创新竞争力评价指标体系的分析框架和层次，并确定各级指标的内涵和测量方法。

第二，采取频度统计法、专家德尔菲法进一步优化评价指标体系，确保指标的科学性和客观性。具体来说，对目前有关科技创新能力、科技创新竞争力等研究的报告、论文进行频度统计，根据各二级指标的内涵，选择那些使用频度较高的指标。这些指标的特征能够体现城市创新竞争力的内涵，并且数据在现有统计体系中可以获得。在此基础上，邀请科技创新领域的相关专家学者组成专家工作组，对评价指标体系进行反复的讨论、增删和改进。

第三，根据上一步确立的指标体系，确定量化的数学模型和各具体指标的权重，明确各具体指标的量化方法和数量计算方法，以及各个指标涉及的具体过程，编制计算机运行程序。

第四，输入部分城市的指标数据模拟系统运行，检验运行结果。如果检验结果合理，则最终确定创新竞争力的评价指标体系；如果检验结果不合理，课题组进一步修改指标体系，修改后再进行系统模拟运行。

（二）系统层和要素层指标的选定

创新竞争力评价指标体系中系统层指标（即一级指标）只有 1 个，也就是城市创新竞争力（A1）。这是评价一个城市创新竞争力的综合性、系统性的指标，涵盖整个创新系统的各个方面，起到总纲的作用，总体反映城市的创新竞争力水平，也是整个指标体系所需评判的总目标。

系统层之下是要素层，这一层指标主要由影响创新系统的各个要素构成，反映了各个要素对整个创新系统的支撑作用。根据创新竞争力的内涵、内在作用机理，要素层主要从创新竞争力的主要构成部分——创新基础、创新环境、创新投入、创新产出、创新可持续发展五个方面来设置指标，共设立了二级指标 5 个，构成了创新竞争力的基本内容和主要框架（见图 3 - 2）。

（1）创新基础竞争力（B1）。创新基础竞争力是城市创新竞争力最根本的基石和有效保障。创新基础是反映城市经济发展水平、科技创新能力以及技术转化应用的主要因素，也是影响城市创新竞争力的重要因素。创新基础

```
          ┌─────────────────┐
          │  A1创新竞争力    │
          └────────┬────────┘
    ┌────────┬─────┼─────┬────────┐
┌───┴──┐┌───┴──┐┌─┴────┐┌┴─────┐┌─┴────────┐
│ B1   ││ B2   ││ B3   ││ B4   ││ B5       │
│ 创新 ││ 创新 ││ 创新 ││ 创新 ││ 创新可持 │
│ 基础 ││ 环境 ││ 投入 ││ 产出 ││ 续发展竞 │
│ 竞争 ││ 竞争 ││ 竞争 ││ 竞争 ││ 争力     │
│ 力   ││ 力   ││ 力   ││ 力   ││          │
└──────┘└──────┘└──────┘└──────┘└──────────┘
```

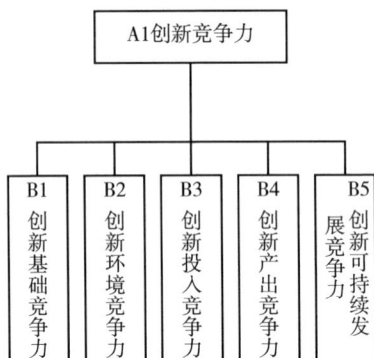

图 3 - 2　创新竞争力评价指标体系一级和二级指标

竞争力一方面考察城市经济社会发展基础对创新能力的推动作用，另一方面则考察城市创新能力的内在需求。创新基础竞争力既反映一个城市经济与金融发展的基础和水平，又体现城市的创新发展需求，还体现城市对创新能力提升的重视程度，是城市创新竞争力提升的重要基础，也是衡量创新竞争力水平高低的基础性指标。主要包括衡量经济总量、经济发展水平、财政收入和金融发展水平的指标。

（2）创新环境竞争力（B2）。创新环境竞争力是城市创新竞争力形成的基础环境，也是城市创新竞争力的必要条件。良好的创新环境不仅能够有效聚集和优化配置各类创新资源，提高创新资源的利用效率，而且能够培育出具有较强竞争力的创新主体，同时优越的创新环境又能促进创新成果的市场化，进而提高创新绩效、积蓄创新成长能力。因此，良好的创新环境是创新能力提升的重要保障。主要包括衡量信息发展、高新技术发展、高校发展规模和政府服务水平等方面的指标。

（3）创新投入竞争力（B3）。创新投入竞争力是城市创新竞争力形成的最基本驱动力，也是城市创新能力的源泉，没有创新资源的投入，创新竞争力就失去物质基础。创新资源投入的规模、质量和结构优化程度直接决定着创新产出的多少和创新效率的高低，只有必要的创新投入保障，才有可能获得预期的创新产出，推动创新活动的顺利开展。创新投入竞争力是城市创新竞争力形成的必要保障，综合体现了城市在创新投入方面所具备的能力，是衡量创新竞争力高低的核心指标。主要包括衡量研发经费投入和研发人力投入方面的指标。

（4）创新产出竞争力（B4）。创新产出竞争力是城市创新竞争力的直观表现，创新产出的结果和质量直接体现了创新能力的高低，体现了创新活动的开展和执行情况。因此，创新产出竞争力综合反映了城市创新活动的执行效率，是提升城市创新竞争力的主要目标，也是衡量城市创新竞争力高低的重要指标。主要包括衡量科技产出、高新技术产业和企业发展水平方面的指标，也包括环境影响方面的指标。

（5）创新可持续发展竞争力（B5）。创新可持续发展竞争力是城市创新竞争力稳定发展和有效延续的重要体现，反映城市创新发展的长期潜力。创新可持续发展竞争力既包括创新对城市生产生活的影响，也包括城市对创新行为或活动的影响，既包括城市创新能力的现状评价，也包括创新发展的潜在影响。在创新活动的直接推动下，创新可持续发展竞争力不仅影响了当前的创新竞争力，还会通过发展、延续等效应影响后续的创新竞争力，从而产生更为深远的影响。主要包括衡量教育投入水平、研发投入增长和收入水平方面的指标。

（三）基础层指标的选定

城市创新竞争力评价指标体系由系统层、要素层、基础层三层指标构成，这三层指标分别对应为一级指标、二级指标、三级指标。要素层指标是影响创新系统的主要因素，由各个要素的内涵、特点决定，根据创新基础、创新环境、创新投入、创新产出、创新可持续发展五个要素的内涵、构成及特点，进一步细分各要素，设立基础层指标。基础层指标由可直接度量的指标构成，是要素层指标的直接衡量因素，也是整个创新竞争力指标体系的最基本层面和操作层面，整个指标体系的评价都落实在这个层面上。根据三级指标的范围界定，共选取了三级指标 31 个，作为每个要素层的基础层指标（见表 3 - 1）。

表 3-1　城市创新竞争力评价指标体系及数据来源

一级指标	二级指标（5个）	三级指标（31个）	指标解释	数据来源
城市创新竞争力	创新基础竞争力（6个）	GDP	国内生产总值	《中国城市统计年鉴（2016）》各省统计年鉴
		人均 GDP	人均国内生产总值	《中国城市统计年鉴（2016）》各省统计年鉴
		财政收入	一般公共预算收入	《中国城市统计年鉴（2016）》各省统计年鉴
		人均财政收入	财政收入/常住人口	《中国城市统计年鉴（2016）》
		外商直接投资	外商直接投资数据来源于商务部	《中国城市统计年鉴（2016）》
		金融存款余额	央行根据金融机构基层单位全面填报汇总的存款余额	《中国城市统计年鉴（2016）》各省统计年鉴
	创新环境竞争力（6个）	千人因特网用户数	因特网用户数量/千人	《中国城市统计年鉴（2016）》
		千人手机用户数	移动手机用户数/千人	《中国城市统计年鉴（2016）》
		国家高新技术园区数	经国务院批准认定	科技部火炬中心*
		国家高新技术企业数	经科技部认定	各省相关统计
		高等院校数	大专以上高等院校	《中国城市统计年鉴（2016）》
		电子政务发展指数	综合评价指数	2016 年中国城市电子政务发展水平调查报告
	创新投入竞争力（6个）	R&D 经费支出总额		《中国城市统计年鉴（2016）》各省相关统计
		R&D 经费支出占GDP 比重	R&D 经费支出/GDP	
		人均 R&D 经费支出	经费支出/R&D 人员数	
		R&D 人员	从事研发工作人员	各省统计年鉴
		研发人员占从业人员比重	R&D 人员/从业人员	各省统计年鉴
		财政科技支出占一般预算支出比重	一般公共预算支出中科技支出/一般公共预算支出	各省统计年鉴

续表

一级指标	二级指标（5个）	三级指标（31个）	指标解释	数据来源
城市创新竞争力	创新产出竞争力（7个）	专利授权数		各省统计年鉴
		高新技术产业产值		各省统计年鉴
		高技术产品出口总额		各省统计年鉴
		高技术产品出口比重	高技术产品出口额/出口总额	各省统计年鉴
		全社会劳动生产率	GDP/从业人员	根据其他指标计算
		注册商标数		国家商标局
		单位工业产值污染排放量	单位工业产值烟尘排放量、单位工业产值废水排放量、单位工业产值二氧化硫排放量三个指标得分综合	《中国城市统计年鉴（2016）》
	创新可持续发展竞争力（6个）	公共教育支出总额	一般公共预算支出中的教育支出	《中国城市统计年鉴（2016）》
		公共教育支出占GDP比重	一般公共预算支出中的教育支出/GDP	《中国城市统计年鉴（2016）》
		人均公共教育支出额	一般公共预算支出中的教育支出/常住人口	根据其他指标计算
		R&D人员增长率		根据其他指标计算
		R&D经费增长率		根据其他指标计算
		城镇居民人均可支配收入		各省统计年鉴

注：* 科技部火炬中心，http：//www.chinatorch.gov.cn/gxq/index.shtml。

（四）数据来源

城市创新竞争力评价指标体系的系统层和要素层属于合成性的间接指标，三级指标属于客观性指标，在指标体系中居于基础性地位，在评价过程中收集国家统计体系发布的指标数据，为各城市创新竞争力提供评价的基础，各指标的具体数据来源见表3-1。指标体系中有31个基础指标，部分指标是由其他指标测算得到，如人均财政收入、人均R&D经费、R&D人员增长率等，其他指标都需要有客观数据基础。

三　城市创新竞争力评价模型的建立

在构建城市创新竞争力指标体系基础上，本报告分三个步骤来构建创新竞争力评价模型：首先，对评价指标进行无量纲化处理；其次，确定评价指标的权重；最后，建立数学评价模型。

（一）指标的无量纲化处理

由于评价指标体系中基础层指标（三级指标）反映不同的内容，各指标的计量单位和量纲有很大差异，往往数值相差也较大，因此不能直接进行合并计算，必须先对各指标进行无量纲化处理，将其变换为无量纲的指数化数值或分值后，才能进行综合计算。综合评价过程中的无量纲化方法比较多，本报告采用竞争力评价中比较通行的方法，即功效系数方法，用以对各指标进行无量纲化处理。

当指标为正向指标（指标值增加对创新竞争力有积极影响）时，第 i 个指标的无量纲化值 X_i 为：

$$X_i = \frac{x_i - x_{\min}}{x_{\max} - x_{\min}} \times 100$$

当指标为逆向指标（指标值增加对创新竞争力有消极影响）时，第 i 个指标的无量纲化值 X_i 为：

$$X_i = \frac{x_{\max} - x_i}{x_{\max} - x_{\min}} \times 100$$

其中，X_i 代表第 i 个指标无量纲化处理后所得值，简称第 i 个指标的无量纲化值；x_i 为该指标的原始值，$x_{\max}$ 和 $x_{\min}$ 分别代表进行比较的同个指标中的最大原始值和最小原始值。

经过无量纲化处理以后，每个指标的数值都在 0~100，并且极性一致，具有可比性。

（二）指标权重的确定

指标权重是不同指标在指标体系中对评价目标所起作用的大小程度。指标权重值的确定直接影响创新竞争力综合评价的结果，权重值的变动可能引起被评价对象排位的改变。所以，科学、合理地确定创新竞争力指标体系中各指标的权重，是进行综合评价的关键问题。考虑到城市创新竞争力评价的特殊性，本报告采用国际上竞争力评价中通行的平均权重方法来确定各指标的权重。也就是说，在要素层，每个二级指标的权重都是一样的，均为0.2，而在基础层，每个三级指标的权重也是一样的，这在一定程度上避免了非等权重确定的主观性影响。

（三）创新竞争力模型

根据各个指标的无量纲化得分及其权重，构建线性组合模型，用以计算城市创新竞争力综合得分。评价分值越高，说明该城市的创新竞争力越强。具体创新竞争力模型为：

$$Y_i = \sum w_{ij} Y_{ij}$$
$$Y = \sum w_i Y_i$$

上式中，Y 为城市创新竞争力的综合评价分值，Y_i 为第 i 个要素指标的评价分值，Y_{ij} 为第 i 要素第 j 项基础指标无量纲化后的得分值，w_{ij} 为该基础指标的权重。根据创新竞争力评价模型，可以对各个城市的创新竞争力进行综合评价，根据得到的创新竞争力综合评价分值就可以对所有参与评价的城市创新竞争力进行排序、比较和分析。

四 城市创新竞争力的判定方法

（一）创新竞争力评价时段和范围的界定

在进行城市创新竞争力评价时，受各种因素的制约，不可能对所有城市、任何时间段内的创新竞争力进行评价，根据研究的需要以及数据资料的可获得性，需要对评价时段和范围进行界定。

1. 评价时段

评价时段为 2015 年（其中，专利数为 2016 年）。对于部分无法获得数据的，用 2014 年的数据进行替代。

2. 城市评价范围

目前，除港澳台以外，我国大陆地区共有 4 个直辖市和 300 多个地级市，包括 27 个省、自治区的省会城市，以及 15 个副省级城市，当然，这其中有所交叉，部分省会城市属于副省级城市，但又有些非省会城市属于副省级城市。考虑到行政管辖关系，本报告主要评价地级市，但仍然把直辖市和省会城市、副省级城市纳入评价对象。同时，考虑到数据可获得性，由于部分城市统计资料比较缺乏，特别是有关科技创新投入、科技创新产出的指标严重缺失，部分城市没能纳入评价范围。最终，确定了 274 个城市作为本报告的创新竞争力评价范围。

3. 区域评价范围

在综合评价结果的基础上，将 274 个城市按照所处的地理位置分为四大区域对创新竞争力进行简要评价、分析和研究，四大区域分别为东部地区、中部地区、西部地区和东北地区。

（二）指标的排位区段和优劣势的判定

根据已确定的指标体系和综合评价结果，对城市创新竞争力的各级指标进行评价和比较分析。为方便对分析结果进行评价，设定了按排位区段的划分标准，根据一个城市的创新竞争力综合排名，划定其归属范围。将排在第 1～50 位的城市定为第一梯队，第 51～100 位为第二梯队，第 101～150 位为第三梯队，第 151～200 位为第四梯队，第 201～274 位为第五梯队。

B.4
城市创新竞争力研究的
主要内容及创新点

一 城市创新竞争力研究的主要内容

本书在对城市创新竞争力的内涵和特征进行科学界定的基础上,构建了有别于其他类似研究的城市创新竞争力指标体系及数学模型,对全国274个城市的创新竞争力进行全面深入、科学的比较分析和评价,并对直辖市、副省级城市和区域城市做了专题研究,深刻揭示了不同类型和发展水平的城市在创新竞争力方面的总体表现、主要特点及其相对差异,在比较分析的基础上明确不同城市内部的竞争优势和薄弱环节,追踪研究城市创新竞争力的演化轨迹和提升路径,为不同城市提升创新竞争力提供比较科学合理的理论指导和实践对策。

全书的主要内容分为三大部分。第一部分是城市创新竞争力研究的理论与方法。这是课题研究的立论依据和基础,主要分析城市创新竞争力研究的理论和现实意义,探讨了城市创新竞争力的构成要素和主要特征,奠定了城市创新竞争力评价的理论基础。在充分吸收借鉴和创新发展已有相关研究成果的基础上,较为系统地构建了中国城市创新竞争力评价指标体系,并设计了评价的数学模型。

第二部分是总报告,即中国城市创新竞争力总体评价与比较分析报告。总报告对2015年274个城市的创新竞争力进行评价分析,根据课题组所构建的1个一级指标、5个二级指标、31个三级指标组成的评价体系,在综合分析的基础上,从构成城市创新竞争力的五个方面对中国各城市创新竞争力的变化态势进行评价分析,在此基础上总结评价期内城市创新竞争力的主要特征和变化趋势，提出增强中国城市创新竞争力的基本思路和政策建议，为中国各城市加快提升创新竞争力提供有价值的决策分析依据。

第三部分是分报告，即从不同角度分别对中国直辖市、副省级城市、地级市的创新竞争力进行评价分析。在总报告分析的基础上，进一步对不同类型的城市创新竞争力进行全面深入、科学的比较分析和评价，深刻揭示不同类型和发展水平的城市创新竞争力的特点及其相对差异，明确各自内部的竞争优势和薄弱环节，追踪研究各城市创新竞争力的演化轨迹和提升路径，为政府决策提供参考依据。

附录部分列出了 274 个城市创新竞争力的一级指标、5 个二级指标得分和排名情况，为读者进行定量化分析提供参考依据。

二 城市创新竞争力研究的创新点

本书在借鉴国内外城市创新相关研究成果的基础上，综合吸收了经济学、管理学、统计学、计量经济学、人文地理学等多学科的理论知识与分析方法，力图在城市创新竞争力的理论、方法和评价研究上取得一些创新和突破，进一步丰富竞争力研究的内容。本报告的主要创新点如下。

首先，对城市创新竞争力的内涵和特征进行了系统梳理。本报告认为，城市创新竞争力是一个城市在全球范围内对创新资源和要素的吸引力、整合力，对创新空间的扩张力和竞争市场的争夺力，以及对其他城市和地区的影响力、带动力、辐射力。在此基础上总结出城市创新竞争力具有系统性、相对性、稳定性、动态性、开放性等特征，构成城市创新竞争力研究的理论基础。

其次，构建了较为系统科学的城市创新竞争力指标评价体系。本报告根据城市创新竞争力的定义、内涵和内在作用机理，遵循构建指标体系的基本原则，运用系统论、控制论的基本原理，采取自上而下、逐层分解的方法，把指标体系分为系统层、要素层和基础层三个层次（分别为 1 个一级指标、5 个二级指标、31 个三级指标），构建了一套分类别、多要素、多层次的城市创新竞争力指标体系，对 274 个城市的创新竞争力进行评价分析。

最后，对城市创新竞争力分析的视角具有一定的创新性。本报告分别对中国直辖市、副省级城市、区域城市等不同类型的城市创新竞争力进行全面深入、科学系统的比较分析和评价，深刻揭示不同类型和发展水平的城市创新竞争力的特点及其相对差异，这也是本报告区别于其他城市竞争力类报告的创新之处。

总 报 告

General Report

B.5
中国城市创新竞争力总体
评价与比较分析

党的十九大报告指出，创新是引领发展的第一动力，是建设现代化经济体系的战略支撑。当前我国正大力实施创新驱动发展战略，加快推进创新型国家建设，这对于增强我国经济的创新力和竞争力具有重要作用。本报告首次选取我国274个城市作为分析样本，对2015年城市创新竞争力以及各区域创新竞争力的分布与排名情况进行深入分析，从中探寻城市创新竞争力的发展变化、影响因素及其未来趋势，为各城市提升创新能力和竞争力提供有益的分析依据。

一 中国城市创新竞争力总体评价

（一）中国城市创新竞争力的评价结果

根据中国城市创新竞争力评价指标体系和数学模型，课题组对2015年中国城市创新竞争力进行了评价分析。表 5 - 1 列出了 2015 年各城市创新竞争力的排位和得分情况。

1. 城市创新竞争力综合排名

由表 5 - 1 可知，2015 年城市创新竞争力排在第 1～10 位的城市依次为北京、上海、深圳、天津、广州、苏州、杭州、西安、宁波、武汉，排在第 11～20 位的城市依次为长沙、无锡、南京、青岛、重庆、成都、绍兴、东莞、佛山、常州，排在第 21～30 位的城市依次为珠海、厦门、郑州、合肥、济南、沈阳、长春、嘉兴、金华、大连，排在最后 10 位的城市依次为梅州、运城、定西、阜新、普洱、忻州、固原、临沧、河池、平凉。

2. 城市创新竞争力综合得分情况

2015 年城市创新竞争力的最高得分为 70.0 分，最低得分为 6.4 分。从各城市创新竞争力得分分布情况来看，城市创新竞争力得分呈阶梯状分布。2015 年，只有 3 个城市的得分超过 50 分，即北京、上海、深圳，其余城市均低于 50 分；其中，有 4 个城市介于 40～50 分，15 个城市介于 30～40 分（含 30 分），53 个城市介于 20～30 分（含 20 分），182 个城市介于 10～20 分（含 10 分），17 个城市低于 10 分。大部分城市的得分均低于 20 分，比重达到 72.6%，可见中国城市创新竞争力的整体水平较低。此外，城市创新竞争力得分的标准差为 8.3，比较小，因此，整体来看，各城市的创新竞争力得分差距不大，尤其是排名比较接近的城市得分差距很小，但排名差距大的城市，得分差距可能很大，如排在第一位的北京和最末位的平凉的差距非常大。

创新竞争力得分较高的城市主要分布在东部发达地区，在排名前 50 位（第一梯队）的城市中，有 34 个城市处于东部地区，比重达到 68.0%；在排名前 30 位的城市中，有 20 个城市处于东部地区，比重达到 66.7%；在排名前 10 位的城市中，有 8 个城市处于东部地区，比重达到 80.0%。而创新竞争力得分较低的城市基本处于中西部地区。这反映了东部城市长期以来经济社会发展基础较好，创新投入、创新人才资源、创新制度环境、创新效

表 5－1 2015 年城市创新竞争力一级、二级指标得分和排名情况

城市	创新竞争力 排名	得分	创新基础竞争力 排名	得分	创新环境竞争力 排名	得分	创新投入竞争力 排名	得分	创新产出竞争力 排名	得分	创新可持续发展竞争力 排名	得分
北京	1	70.0	2	82.4	1	68.0	1	82.6	2	61.9	1	54.9
上海	2	60.5	1	88.5	4	52.4	3	56.1	4	55.2	2	50.5
深圳	3	57.6	3	66.1	8	44.6	2	61.5	1	73.8	3	42.1
天津	4	46.4	4	62.2	11	41.8	6	49.5	16	42.6	6	36.0
广州	5	44.4	5	47.1	2	58.8	18	36.6	7	46.4	11	32.8
苏州	6	44.4	6	46.6	6	45.4	11	38.7	3	57.4	9	33.8
杭州	7	42.2	7	43.1	3	52.4	7	48.2	88	33.7	10	33.5
西安	8	38.0	27	22.6	7	45.1	4	54.3	13	43.9	29	24.2
宁波	9	37.2	11	35.9	12	40.6	9	40.9	110	32.3	5	36.3
武汉	10	36.7	9	37.9	5	48.6	20	33.9	23	41.1	43	22.1
长沙	11	36.2	15	31.5	27	34.2	12	37.9	5	52.1	26	25.2
无锡	12	36.0	12	34.6	18	36.5	25	32.0	6	49.8	21	27.1
南京	13	35.1	10	36.2	14	37.9	16	36.7	61	35.7	14	28.9
青岛	14	33.6	13	34.0	26	34.3	19	34.3	49	36.7	16	28.7
重庆	15	32.9	8	38.6	15	36.9	76	17.3	47	36.8	8	34.7
成都	16	32.7	14	33.0	10	42.7	48	23.2	21	41.4	38	23.1
绍兴	17	32.0	35	20.1	30	33.9	5	54.2	235	23.2	15	28.7
东莞	18	31.0	26	22.6	36	30.6	32	29.1	44	37.1	7	35.6
佛山	19	30.2	20	26.4	35	31.9	27	31.1	66	35.4	24	26.2
常州	20	30.2	21	25.3	25	34.7	29	29.8	48	36.7	28	24.3

续表

指标\城市	创新竞争力		创新基础竞争力		创新环境竞争力		创新投入竞争力		创新产出竞争力		创新可持续发展竞争力	
	排名	得分	排名	得分	排名	得分	排名	得分	排名	得分	排名	得分
珠海	21	30.0	16	28.7	29	34.0	21	33.5	205	25.2	17	28.6
厦门	22	30.0	19	26.7	22	36.0	31	29.6	202	25.7	12	32.1
郑州	23	29.8	18	27.1	20	36.4	56	21.2	11	44.0	53	20.1
合肥	24	29.4	30	20.8	24	35.4	13	37.8	84	33.9	65	19.2
济南	25	29.4	23	23.2	9	43.2	28	29.9	191	26.6	33	24.0
沈阳	26	28.3	25	22.8	23	35.5	43	24.6	31	38.8	60	19.5
长春	27	28.2	41	18.6	13	38.3	42	25.4	25	40.8	81	17.9
嘉兴	28	26.5	33	20.4	46	26.5	24	32.2	196	26.1	20	27.2
金华	29	26.4	61	14.3	41	28.6	14	37.4	208	25.0	22	26.8
大连	30	26.4	17	27.6	43	28.1	45	24.3	100	33.0	67	19.0
中山	31	26.3	38	19.1	38	29.5	33	29.0	166	28.6	25	25.4
南通	32	26.2	24	23.1	48	25.8	47	23.3	59	35.8	37	23.2
烟台	33	26.1	28	22.6	75	22.0	35	28.6	43	37.3	52	20.2
昆明	34	26.1	44	18.0	31	33.1	58	20.9	62	35.7	40	22.8
福州	35	25.9	34	20.4	28	34.2	59	20.8	93	33.4	46	20.8
镇江	36	25.8	29	22.4	70	22.3	40	25.6	74	34.7	31	24.1
威海	37	25.8	31	20.7	40	29.1	38	27.3	167	28.5	36	23.4
芜湖	38	25.7	52	15.7	58	24.0	8	44.2	174	28.0	106	16.5

续表

城市\指标	创新竞争力		创新基础竞争力		创新环境竞争力		创新投入竞争力		创新产出竞争力		创新可持续发展竞争力	
	排名	得分	排名	得分	排名	得分	排名	得分	排名	得分	排名	得分
潍坊	39	25.3	56	14.9	57	24.4	39	26.5	26	40.7	56	19.9
哈尔滨	40	25.2	72	12.8	19	36.5	69	18.7	24	40.9	96	17.0
台州	41	25.0	73	12.7	73	22.2	10	39.5	204	25.2	27	25.1
温州	42	24.7	68	13.4	33	32.1	53	22.2	173	28.0	18	27.9
淄博	43	24.7	43	18.0	55	24.7	44	24.3	53	36.3	50	20.3
舟山	44	24.6	40	18.6	21	36.0	52	22.5	258	18.6	19	27.5
湖州	45	24.1	59	14.6	52	25.1	22	32.9	222	24.0	30	24.1
东营	46	23.6	74	12.7	77	21.8	34	28.7	117	32.0	39	22.8
太原	47	23.2	58	14.8	16	36.6	41	25.6	194	26.4	199	12.5
惠州	48	23.1	53	15.4	54	24.9	63	20.5	69	35.2	59	19.5
呼和浩特	49	22.8	36	19.4	60	23.8	66	19.8	164	28.6	42	22.2
洛阳	50	22.6	71	12.9	62	23.7	65	19.9	28	39.6	98	16.9
宜昌	51	22.5	45	17.4	50	25.3	78	17.2	109	32.4	48	20.4
扬州	52	22.3	39	18.8	113	18.6	64	20.1	71	34.9	66	19.0
泰州	53	22.1	48	17.0	91	20.7	71	18.5	77	34.5	58	19.6
包头	54	22.0	75	12.1	100	19.7	36	28.2	193	26.5	35	23.6
泉州	55	21.9	47	17.1	45	26.8	88	15.1	150	29.7	47	20.6
乌鲁木齐	56	21.8	42	18.1	44	27.6	60	20.7	231	23.6	69	18.9

续表

城市	创新竞争力		创新基础竞争力		创新环境竞争力		创新投入竞争力		创新产出竞争力		创新可持续发展竞争力	
	排名	得分	排名	得分	排名	得分	排名	得分	排名	得分	排名	得分
绵阳	57	21.8	179	5.9	69	22.4	17	36.6	160	28.8	129	15.1
徐州	58	21.7	49	16.5	85	21.0	91	14.9	32	38.7	83	17.5
鄂尔多斯	59	21.6	22	25.0	138	16.4	95	14.0	158	28.9	34	23.7
廊坊	60	21.6	70	13.2	80	21.5	173	5.8	9	44.5	41	22.8
乌海	61	21.4	32	20.7	93	20.4	115	11.0	67	35.2	57	19.7
石家庄	62	21.4	66	13.6	34	31.9	96	13.5	148	29.9	80	17.9
襄阳	63	21.3	65	13.6	90	20.7	15	37.2	165	28.6	273	6.5
盐城	64	21.1	54	15.1	98	19.8	81	16.6	73	34.8	63	19.4
海口	65	21.0	99	9.7	42	28.6	61	20.7	113	32.2	156	13.7
唐山	66	21.0	46	17.3	78	21.8	111	11.4	55	36.2	75	18.1
马鞍山	67	20.9	55	15.1	160	15.2	30	29.7	209	25.0	61	19.5
兰州	68	20.9	80	11.4	49	25.4	72	17.7	111	32.3	84	17.5
南昌	69	20.7	37	19.2	17	36.6	113	11.4	219	24.1	203	12.3
衢州	70	20.6	123	8.3	53	25.0	26	31.6	247	21.8	105	16.5
龙岩	71	20.5	83	11.2	51	25.1	79	17.1	90	33.6	123	15.3
嘉峪关	72	20.4	62	14.2	59	23.9	46	23.7	215	24.3	113	15.7
蚌埠	73	20.3	135	7.7	122	17.2	37	28.1	107	32.5	110	16.0
秦安	74	20.0	85	10.8	96	19.9	57	21.0	103	32.8	121	15.4

续表

城市\指标	创新竞争力 排名	创新竞争力 得分	创新基础竞争力 排名	创新基础竞争力 得分	创新环境竞争力 排名	创新环境竞争力 得分	创新投入竞争力 排名	创新投入竞争力 得分	创新产出竞争力 排名	创新产出竞争力 得分	创新可持续发展竞争力 排名	创新可持续发展竞争力 得分
铜陵	75	20.0	112	8.9	268	8.1	23	32.4	98	33.1	90	17.4
济宁	76	19.6	77	12.0	94	20.1	80	16.9	118	31.9	94	17.2
柳州	77	19.5	96	10.0	89	20.8	100	13.1	65	35.5	78	18.0
连云港	78	19.5	79	11.7	61	23.8	103	12.6	92	33.5	111	15.7
临沂	79	19.3	117	8.5	87	20.9	90	14.9	87	33.7	76	18.1
北海	80	19.2	139	7.6	65	22.9	217	3.7	10	44.3	86	17.4
贵阳	81	19.1	51	16.2	32	32.7	123	10.3	216	24.3	206	12.2
新余	82	19.0	57	14.9	104	19.4	102	12.9	102	32.9	132	15.0
银川	83	19.0	64	13.8	37	30.3	121	10.4	184	27.0	165	13.4
株洲	84	18.8	67	13.6	74	22.2	70	18.5	239	22.9	95	17.1
吉林	85	18.7	131	8.0	68	22.4	148	8.1	22	41.3	161	13.6
鹰潭	86	18.5	88	10.6	127	16.7	54	22.1	147	30.0	178	13.0
郴州	87	18.4	98	9.8	72	22.3	146	8.1	76	34.6	89	17.4
宣城	88	18.4	130	8.0	172	14.3	67	19.5	72	34.9	122	15.4
南宁	89	18.3	81	11.4	47	26.4	157	7.4	89	33.6	181	12.9
江门	90	18.3	91	10.4	64	23.2	74	17.4	236	23.1	88	17.4
岳阳	91	18.2	82	11.3	128	16.7	97	13.4	46	37.0	184	12.9
滨州	92	18.2	78	11.8	150	15.8	49	23.0	228	23.7	99	16.9

续表

城市	创新竞争力 排名	创新竞争力 得分	创新基础竞争力 排名	创新基础竞争力 得分	创新环境竞争力 排名	创新环境竞争力 得分	创新投入竞争力 排名	创新投入竞争力 得分	创新产出竞争力 排名	创新产出竞争力 得分	创新可持续发展竞争力 排名	创新可持续发展竞争力 得分
营口	93	18.2	94	10.0	115	18.2	131	9.2	18	42.2	226	11.2
许昌	94	18.1	111	8.9	186	13.8	89	15.1	27	40.1	190	12.7
桂林	95	18.1	144	7.3	105	19.2	139	8.5	33	38.3	91	17.3
丽水	96	18.1	127	8.1	111	18.6	62	20.5	207	25.1	77	18.1
防城港	97	18.0	87	10.7	185	13.8	135	9.1	183	27.1	13	29.5
沧州	98	18.0	108	9.1	213	12.6	231	3.1	8	45.3	55	19.9
湘潭	99	18.0	76	12.1	66	22.9	99	13.1	137	30.6	227	11.1
宝鸡	100	17.9	150	7.0	103	19.4	114	11.3	38	37.4	147	14.3
荆门	101	17.9	141	7.3	84	21.0	51	22.5	145	30.0	264	8.5
咸宁	102	17.8	162	6.4	129	16.6	83	16.0	35	37.8	205	12.3
聊城	103	17.5	126	8.2	183	13.9	87	15.7	42	37.3	198	12.5
三门峡	104	17.5	101	9.6	123	17.0	132	9.2	45	37.0	140	14.5
德州	105	17.3	113	8.8	146	15.9	92	14.8	60	35.8	222	11.4
通辽	106	17.3	102	9.6	145	16.0	204	4.4	19	42.0	137	14.6
玉溪	107	17.3	103	9.5	152	15.7	169	6.1	56	36.1	68	18.9
德阳	108	17.2	148	7.1	151	15.7	77	17.2	91	33.5	188	12.7
莆田	109	17.2	100	9.7	39	29.3	116	10.9	252	20.6	114	15.7
莱芜	110	17.2	142	7.3	142	16.1	55	21.8	206	25.1	115	15.7

续表

城市	创新竞争力		创新基础竞争力		创新环境竞争力		创新投入竞争力		创新产出竞争力		创新可持续发展竞争力	
	排名	得分	排名	得分	排名	得分	排名	得分	排名	得分	排名	得分
淮安	111	17.2	63	14.0	135	16.4	105	12.3	198	25.9	87	17.4
滁州	112	17.2	152	6.9	231	11.6	68	19.3	75	34.7	166	13.4
咸阳	113	17.1	160	6.6	56	24.4	220	3.6	63	35.6	126	15.2
枣庄	114	17.0	109	9.1	79	21.8	118	10.7	149	29.9	155	13.8
三明	115	17.0	90	10.4	71	22.3	106	12.2	185	26.9	176	13.2
益阳	116	16.9	214	4.4	86	20.9	140	8.5	121	31.7	71	18.8
赤峰	117	16.8	155	6.8	147	15.9	223	3.5	34	37.9	54	20.0
本溪	118	16.7	105	9.4	81	21.5	108	11.6	125	31.6	251	9.2
南平	119	16.6	132	7.9	106	19.1	119	10.7	112	32.3	173	13.2
日照	120	16.6	93	10.1	170	14.3	109	11.5	119	31.8	124	15.3
新乡	121	16.6	154	6.8	63	23.5	82	16.1	244	22.2	148	14.2
黄石	122	16.4	124	8.3	110	18.6	75	17.3	225	23.8	149	14.1
漳州	123	16.4	86	10.7	83	21.1	98	13.3	229	23.7	170	13.3
乌兰察布	124	16.4	176	6.0	121	17.5	240	2.4	41	37.3	72	18.8
衡阳	125	16.4	136	7.7	102	19.6	158	7.1	142	30.3	92	17.2
遵义	126	16.4	153	6.9	178	14.0	187	5.1	29	39.3	101	16.6
常德	127	16.3	118	8.5	156	15.5	129	9.3	58	35.9	211	12.1
榆林	128	16.2	50	16.3	116	17.9	262	1.6	50	36.5	256	8.9

中国城市创新竞争力总体评价与比较分析

续表

城市\指标	创新竞争力		创新基础竞争力		创新环境竞争力		创新投入竞争力		创新产出竞争力		创新可持续发展竞争力	
	排名	得分	排名	得分	排名	得分	排名	得分	排名	得分	排名	得分
随州	129	16.2	204	4.7	166	14.7	94	14.3	15	42.7	274	4.7
黄山	130	16.2	146	7.2	168	14.5	93	14.5	123	31.7	175	13.2
鞍山	131	16.2	89	10.6	92	20.5	152	7.6	97	33.2	252	9.0
宁德	132	16.2	119	8.4	112	18.6	143	8.4	105	32.7	189	12.7
盘锦	133	16.1	60	14.4	211	12.7	149	7.8	129	31.3	141	14.4
金昌	134	16.1	129	8.1	164	14.9	50	22.8	254	19.7	131	15.0
安阳	135	16.0	165	6.3	76	21.9	136	9.0	120	31.7	224	11.3
延安	136	16.0	69	13.2	240	11.3	207	4.2	79	34.4	97	16.9
辽阳	137	16.0	115	8.6	133	16.6	160	7.1	30	39.0	262	8.6
四平	138	15.9	133	7.8	209	12.7	252	2.0	14	43.8	168	13.3
保定	139	15.9	157	6.6	155	15.5	130	9.2	86	33.8	144	14.4
攀枝花	140	15.9	84	10.9	125	16.9	112	11.4	224	23.9	107	16.3
宿迁	141	15.9	106	9.3	199	13.2	124	10.1	135	30.9	112	15.7
邯郸	142	15.7	140	7.4	206	13.0	166	6.4	70	35.1	104	16.6
锦州	143	15.7	161	6.4	99	19.7	165	6.5	51	36.4	250	9.4
南阳	144	15.7	177	6.0	88	20.8	127	10.0	182	27.1	142	14.4
玉林	145	15.6	230	3.9	255	9.8	230	3.1	40	37.4	32	24.1
肇庆	146	15.6	104	9.4	118	17.8	107	12.2	221	24.0	138	14.6

续表

城市	创新竞争力 排名	创新竞争力 得分	创新基础竞争力 排名	创新基础竞争力 得分	创新环境竞争力 排名	创新环境竞争力 得分	创新投入竞争力 排名	创新投入竞争力 得分	创新产出竞争力 排名	创新产出竞争力 得分	创新可持续发展竞争力 排名	创新可持续发展竞争力 得分
荆州	147	15.5	209	4.5	126	16.8	85	15.8	96	33.2	268	7.3
梧州	148	15.4	184	5.7	232	11.6	213	4.0	17	42.2	158	13.7
萍乡	149	15.4	110	9.0	221	12.0	156	7.4	169	28.4	51	20.2
呼伦贝尔	150	15.4	97	9.9	109	18.6	212	4.0	156	29.2	125	15.2
承德	151	15.4	166	6.2	117	17.8	228	3.2	54	36.2	162	13.5
自贡	152	15.4	196	5.3	108	18.9	151	7.7	83	34.2	233	10.7
焦作	153	15.3	107	9.3	169	14.5	84	15.9	217	24.2	182	12.9
钦州	154	15.3	229	3.9	250	10.4	203	4.4	37	37.4	49	20.3
辽源	155	15.2	178	5.9	197	13.3	226	3.2	20	42.0	221	11.4
巴彦淖尔	156	15.1	128	8.1	139	16.4	200	4.5	52	36.3	238	10.4
景德镇	157	15.1	116	8.6	154	15.5	101	12.9	200	25.9	191	12.7
铜仁	158	15.1	252	3.3	237	11.4	247	2.2	114	32.2	23	26.4
池州	159	15.1	122	8.4	203	13.1	122	10.4	132	31.2	202	12.4
鄂州	160	15.1	92	10.2	130	16.6	134	9.1	115	32.1	267	7.3
安康	161	15.0	253	3.2	171	14.3	268	1.2	36	37.7	73	18.6
黄冈	162	15.0	220	4.2	210	12.7	73	17.7	131	31.2	255	8.9
平顶山	163	14.9	180	5.9	137	16.4	117	10.8	157	29.2	208	12.2
通化	164	14.9	125	8.2	107	18.9	159	7.1	189	26.6	159	13.6

续表

城市	创新竞争力 排名	得分	创新基础竞争力 排名	得分	创新环境竞争力 排名	得分	创新投入竞争力 排名	得分	创新产出竞争力 排名	得分	创新可持续发展竞争力 排名	得分
九江	165	14.9	95	10.0	173	14.3	180	5.4	155	29.3	119	15.4
松原	166	14.8	195	5.3	239	11.4	251	2.0	12	44.0	219	11.5
六盘水	167	14.8	137	7.7	205	13.0	236	2.7	130	31.2	64	19.4
西宁	168	14.8	121	8.4	67	22.4	164	6.6	210	24.7	216	11.8
菏泽	169	14.8	186	5.7	202	13.1	133	9.2	85	33.9	213	12.0
韶关	170	14.7	171	6.1	101	19.6	128	9.7	211	24.6	171	13.3
乐山	171	14.6	169	6.2	82	21.3	205	4.4	163	28.7	196	12.6
十堰	172	14.6	167	6.2	120	17.5	110	11.5	146	30.0	265	8.0
泸州	173	14.5	188	5.6	97	19.9	196	4.6	177	27.7	134	14.9
白山	174	14.3	120	8.4	192	13.5	259	1.6	64	35.6	200	12.5
阳江	175	14.3	147	7.1	175	14.1	182	5.4	104	32.7	212	12.1
渭南	176	14.3	234	3.8	132	16.6	147	8.1	151	29.7	172	13.2
开封	177	14.3	172	6.1	252	10.3	126	10.0	101	32.9	215	11.9
邢台	178	14.2	199	5.1	131	16.6	210	4.1	106	32.7	187	12.8
吉安	179	14.2	173	6.1	226	11.8	153	7.5	161	28.7	100	16.8
安庆	180	14.2	197	5.2	242	11.2	120	10.6	134	31.0	180	13.0
赣州	181	14.1	159	6.6	181	13.9	162	6.7	187	26.9	103	16.6
酒泉	182	14.1	156	6.7	243	11.1	154	7.5	116	32.0	179	13.0

续表

城市\指标	创新竞争力		创新基础竞争力		创新环境竞争力		创新投入竞争力		创新产出竞争力		创新可持续发展竞争力	
	排名	得分	排名	得分	排名	得分	排名	得分	排名	得分	排名	得分
安顺	183	14.0	215	4.4	201	13.2	125	10.0	153	29.7	186	12.8
曲靖	184	14.0	247	3.5	264	8.8	184	5.3	269	14.8	4	37.5
百色	185	13.9	231	3.9	251	10.3	245	2.3	81	34.2	70	18.8
潮州	186	13.9	218	4.3	177	14.0	144	8.4	122	31.7	229	11.0
衡水	187	13.9	213	4.4	196	13.3	221	3.6	57	36.0	209	12.2
崇左	188	13.8	207	4.6	180	13.9	229	3.2	39	37.4	241	10.1
庆阳	189	13.7	205	4.6	256	9.6	191	4.8	80	34.2	127	15.2
石嘴山	190	13.7	145	7.2	159	15.2	186	5.2	154	29.4	225	11.3
漯河	191	13.7	170	6.1	261	9.1	176	5.7	82	34.2	177	13.1
张掖	192	13.6	245	3.6	182	13.9	155	7.5	226	23.8	62	19.5
宜春	193	13.5	151	6.9	253	10.2	141	8.4	175	27.9	150	14.1
抚州	194	13.4	194	5.3	157	15.4	181	5.4	201	25.7	130	15.1
宜宾	195	13.3	187	5.7	143	16.1	138	8.9	230	23.6	204	12.3
武威	196	13.3	264	2.4	247	10.8	177	5.7	144	30.0	85	17.5
淮北	197	13.3	191	5.5	245	11.0	104	12.4	197	26.0	220	11.5
商丘	198	13.2	219	4.3	214	12.5	189	5.0	127	31.5	183	12.9
抚顺	199	13.2	114	8.7	207	12.8	172	6.0	126	31.6	269	6.8
内江	200	13.2	226	4.1	176	14.1	208	4.2	180	27.4	108	16.1

续表

城市\指标	创新竞争力 排名	创新竞争力 得分	创新基础竞争力 排名	创新基础竞争力 得分	创新环境竞争力 排名	创新环境竞争力 得分	创新投入竞争力 排名	创新投入竞争力 得分	创新产出竞争力 排名	创新产出竞争力 得分	创新可持续发展竞争力 排名	创新可持续发展竞争力 得分
周口	201	13.1	221	4.2	241	11.2	218	3.6	94	33.4	174	13.2
雅安	202	13.1	227	4.0	153	15.7	163	6.6	143	30.1	253	9.0
濮阳	203	13.1	183	5.8	134	16.6	145	8.2	238	23.1	218	11.6
白城	204	13.0	208	4.5	179	14.0	265	1.3	108	32.5	185	12.8
清远	205	13.0	189	5.6	236	11.5	190	4.9	171	28.3	136	14.8
汕头	206	13.0	174	6.0	162	15.0	161	6.7	234	23.2	152	14.0
邵阳	207	13.0	249	3.5	260	9.2	175	5.8	159	28.9	82	17.7
驻马店	208	13.0	212	4.4	238	11.4	211	4.0	136	30.9	151	14.1
云浮	209	12.9	224	4.1	148	15.9	150	7.7	186	26.9	243	10.0
晋城	210	12.9	138	7.7	188	13.7	142	8.4	241	22.8	214	11.9
孝感	211	12.9	193	5.4	114	18.4	137	8.9	237	23.1	263	8.6
阜阳	212	12.8	256	2.9	246	10.9	178	5.7	141	30.4	146	14.3
铜川	213	12.8	181	5.9	161	15.0	243	2.4	176	27.8	192	12.7
朔州	214	12.7	143	7.3	195	13.4	246	2.3	133	31.0	249	9.6
茂名	215	12.6	158	6.6	193	13.5	179	5.4	218	24.1	160	13.6
广安	216	12.6	222	4.1	190	13.6	264	1.3	68	35.2	259	8.8
大同	217	12.6	198	5.2	174	14.2	167	6.4	242	22.6	143	14.4
亳州	218	12.5	254	3.2	204	13.0	194	4.7	168	28.4	167	13.3

续表

城市\指标	创新竞争力 排名	创新竞争力 得分	创新基础竞争力 排名	创新基础竞争力 得分	创新环境竞争力 排名	创新环境竞争力 得分	创新投入竞争力 排名	创新投入竞争力 得分	创新产出竞争力 排名	创新产出竞争力 得分	创新可持续发展竞争力 排名	创新可持续发展竞争力 得分
资阳	219	12.5	201	4.9	218	12.2	258	1.8	95	33.3	239	10.4
湛江	220	12.5	185	5.7	124	16.9	215	3.8	243	22.4	157	13.7
上饶	221	12.5	164	6.3	244	11.1	209	4.1	170	28.3	197	12.6
张家口	222	12.5	182	5.8	217	12.4	238	2.5	138	30.6	228	11.0
永州	223	12.4	206	4.6	254	10.1	214	3.8	162	28.7	133	15.0
贺州	224	12.4	255	3.1	259	9.5	242	2.4	78	34.4	193	12.7
鹤壁	225	12.4	149	7.0	189	13.7	198	4.6	246	21.8	135	14.9
商洛	226	12.3	258	2.9	229	11.7	249	2.1	128	31.3	163	13.4
娄底	227	12.3	203	4.7	187	13.7	171	6.0	188	26.9	240	10.2
信阳	228	12.3	200	5.0	200	13.2	224	3.4	214	24.3	118	15.5
秦皇岛	229	12.3	134	7.7	141	16.2	183	5.4	262	17.6	145	14.4
长治	230	12.2	175	6.0	95	20.0	170	6.1	260	18.3	236	10.5
丽江	231	12.0	242	3.7	273	6.1	234	2.8	199	25.9	45	21.7
遂宁	232	12.0	248	3.5	191	13.6	237	2.6	124	31.7	260	8.7
贵港	233	12.0	266	2.2	262	9.1	257	1.8	99	33.0	154	13.9
怀化	234	11.9	217	4.3	198	13.2	232	2.9	192	26.5	195	12.6
六安	235	11.9	232	3.9	167	14.6	188	5.0	251	20.8	128	15.2
淮南	236	11.9	225	4.1	266	8.5	86	15.7	259	18.4	194	12.7

续表

城市\指标	创新竞争力		创新基础竞争力		创新环境竞争力		创新投入竞争力		创新产出竞争力		创新可持续发展竞争力	
	排名	得分	排名	得分	排名	得分	排名	得分	排名	得分	排名	得分
吴忠	237	11.8	211	4.5	233	11.5	216	3.7	140	30.5	261	8.7
宿州	238	11.7	237	3.8	163	15.0	227	3.2	250	21.3	120	15.4
达州	239	11.7	246	3.6	223	12.0	256	1.9	203	25.5	116	15.6
汕尾	240	11.7	262	2.6	257	9.6	174	5.8	181	27.2	164	13.4
中卫	241	11.7	238	3.7	234	11.5	206	4.4	179	27.5	223	11.4
河源	242	11.7	233	3.9	140	16.3	201	4.5	220	24.0	246	9.7
天水	243	11.6	268	1.9	224	11.9	193	4.8	152	29.7	244	9.8
白银	244	11.6	251	3.3	144	16.0	185	5.2	233	23.3	242	10.1
毕节	245	11.6	244	3.6	165	14.9	266	1.3	248	21.5	102	16.6
眉山	246	11.5	192	5.4	219	12.2	250	2.1	139	30.6	266	7.4
晋中	247	11.5	190	5.6	136	16.4	219	3.6	255	19.4	201	12.4
南充	248	11.4	243	3.6	194	13.4	254	1.9	172	28.2	248	9.6
揭阳	249	11.3	210	4.5	227	11.8	202	4.5	227	23.7	210	12.1
张家界	250	11.3	216	4.3	184	13.9	270	1.1	257	19.2	79	18.0
广元	251	11.3	261	2.8	158	15.3	255	1.9	178	27.6	257	8.9
丹东	252	11.3	168	6.2	222	12.0	199	4.5	212	24.6	254	9.0
保山	253	10.8	257	2.9	270	8.0	248	2.2	256	19.2	44	21.8
来宾	254	10.5	260	2.8	267	8.2	235	2.7	249	21.4	93	17.2
昭通	255	10.3	273	1.3	271	6.8	273	0.9	195	26.4	109	16.0
陇南	256	10.1	269	1.9	220	12.2	274	0.7	245	22.2	169	13.3
吕梁	257	10.0	202	4.7	248	10.8	241	2.4	264	16.6	117	15.5

续表

城市\指标	创新竞争力		创新基础竞争力		创新环境竞争力		创新投入竞争力		创新产出竞争力		创新可持续发展竞争力	
	排名	得分	排名	得分	排名	得分	排名	得分	排名	得分	排名	得分
阳泉	258	9.8	163	6.3	119	17.6	225	3.2	272	12.4	247	9.7
巴中	259	9.8	272	1.4	225	11.9	272	0.9	232	23.5	230	11.0
葫芦岛	260	9.6	228	3.9	263	9.0	253	1.9	190	26.6	272	6.6
朝阳	261	9.6	235	3.8	269	8.0	197	4.6	240	22.8	258	8.8
汉中	262	9.6	236	3.8	216	12.4	168	6.4	267	15.0	237	10.4
临汾	263	9.5	223	4.1	212	12.6	239	2.4	261	17.9	235	10.7
铁岭	264	9.5	240	3.7	249	10.7	244	2.3	223	23.9	271	6.6
梅州	265	9.4	241	3.7	208	12.7	222	3.5	263	17.5	245	9.8
运城	266	9.3	259	2.8	215	12.5	195	4.7	265	15.9	234	10.7
定西	267	9.3	274	0.7	258	9.5	271	1.0	213	24.5	232	10.7
阜新	268	9.2	239	3.7	149	15.8	192	4.8	268	15.0	270	6.7
普洱	269	9.1	263	2.4	274	6.1	233	2.8	253	20.4	153	14.0
忻州	270	8.9	250	3.4	228	11.7	263	1.5	266	15.6	207	12.2
固原	271	8.4	270	1.8	230	11.7	269	1.1	271	12.8	139	14.5
临沧	272	8.3	265	2.2	272	6.2	261	1.6	270	13.1	74	18.5
河池	273	6.8	271	1.6	265	8.7	260	1.6	273	10.3	217	11.7
平凉	274	6.4	267	2.0	235	11.5	267	1.2	274	6.3	231	10.9
最高分	—	70.0	—	88.5	—	68.0	—	82.6	—	73.8	—	54.9
最低分	—	6.4	—	0.7	—	6.1	—	0.7	—	6.3	—	4.7
平均分	—	18.1	—	11.1	—	19.3	—	13.2	—	30.6	—	16.3
标准差	—	8.3	—	11.3	—	9.6	—	12.5	—	8.2	—	6.9

益等方面优势明显，而西部城市在这些方面还比较弱，与东部城市存在较大差距，需要花大力气来改变这种状况，不断提升创新竞争力。

为了更加直观地比较分析各城市的创新竞争力，我们将2015年各城市创新竞争力得分通过图5-1来显示。由图5-1可以看出，高于（或等于）平均分的城市有96个，仅占总数的35.0%。整体来看，排名比较接近的各城市的创新竞争力得分差距不大，但排名差距较大的城市，其得分差距也很大。例如，排在最末位的平凉的创新竞争力得分仅为6.4分，比最高分北京低63.6分，比平均分低11.7分。

（二）城市创新竞争力要素得分及贡献率

表5-1列出了2015年城市创新竞争力下属二级指标的评价结果，展示了城市创新竞争力5个二级指标的得分和排名情况。

2015年，5个二级指标中，创新投入竞争力的标准差最高，达到12.5，表明各城市在创新投入上的差异是导致创新竞争力差异的最主要因素。此外，创新基础竞争力和创新环境竞争力的标准差也比较大，分别达到11.3和9.6，它们也是导致各城市创新竞争力差异的重要因素。而创新产出竞争力、创新可持续发展竞争力的标准差相对较小，其中创新可持续发展竞争力的标准差最小，仅为6.9，表明创新可持续发展竞争力对各城市创新竞争力差异的影响最小。总的来看，各城市创新竞争力差异的主要原因是各城市在创新投入竞争力、创新基础竞争力和创新环境竞争力三个方面存在较大差距。当然，创新产出竞争力、创新可持续发展竞争力也有一定的作用，只是影响相对较小。因此，创新竞争力得分较低的城市，尤其需要加强创新投入竞争力、创新基础竞争力和创新环境竞争力三个方面，以不断缩小与其他城市的差距。

为更好地分析各二级指标对一级指标的贡献和作用，将各二级指标的得分与其权重相乘，折算为反映在一级指标上的得分，然后除以一级指标总得分，则可得到各二级指标的贡献率，这样可以更加直观地看出每个二级指标对一级指标的贡献大小（见图5-2）。

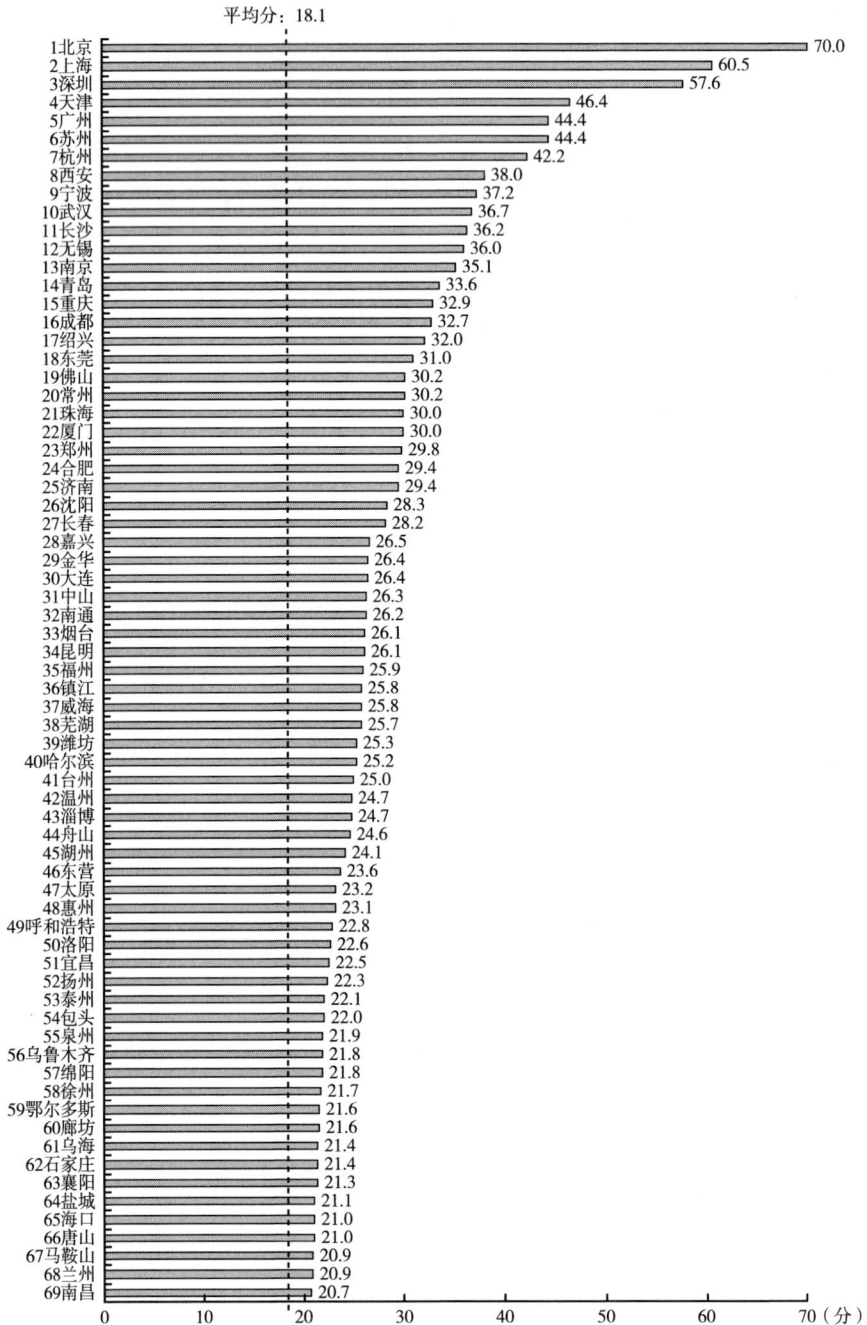

平均分：18.1

排名	城市	分数
1	北京	70.0
2	上海	60.5
3	深圳	57.6
4	天津	46.4
5	广州	44.4
6	苏州	44.4
7	杭州	42.2
8	西安	38.0
9	宁波	37.2
10	武汉	36.7
11	长沙	36.2
12	无锡	36.0
13	南京	35.1
14	青岛	33.6
15	重庆	32.9
16	成都	32.7
17	绍兴	32.0
18	东莞	31.0
19	佛山	30.2
20	常州	30.2
21	珠海	30.0
22	厦门	30.0
23	郑州	29.8
24	合肥	29.4
25	济南	29.4
26	沈阳	28.3
27	长春	28.2
28	嘉兴	26.5
29	金华	26.4
30	大连	26.4
31	中山	26.3
32	南通	26.2
33	烟台	26.1
34	昆明	26.1
35	福州	25.9
36	镇江	25.8
37	威海	25.8
38	芜湖	25.7
39	潍坊	25.3
40	哈尔滨	25.2
41	台州	25.0
42	温州	24.7
43	淄博	24.7
44	舟山	24.6
45	湖州	24.1
46	东营	23.6
47	太原	23.2
48	惠州	23.1
49	呼和浩特	22.8
50	洛阳	22.6
51	宜昌	22.5
52	扬州	22.3
53	泰州	22.1
54	包头	22.0
55	泉州	21.9
56	乌鲁木齐	21.8
57	绵阳	21.8
58	徐州	21.7
59	鄂尔多斯	21.6
60	廊坊	21.6
61	乌海	21.4
62	石家庄	21.4
63	襄阳	21.3
64	盐城	21.1
65	海口	21.0
66	唐山	21.0
67	马鞍山	20.9
68	兰州	20.9
69	南昌	20.7

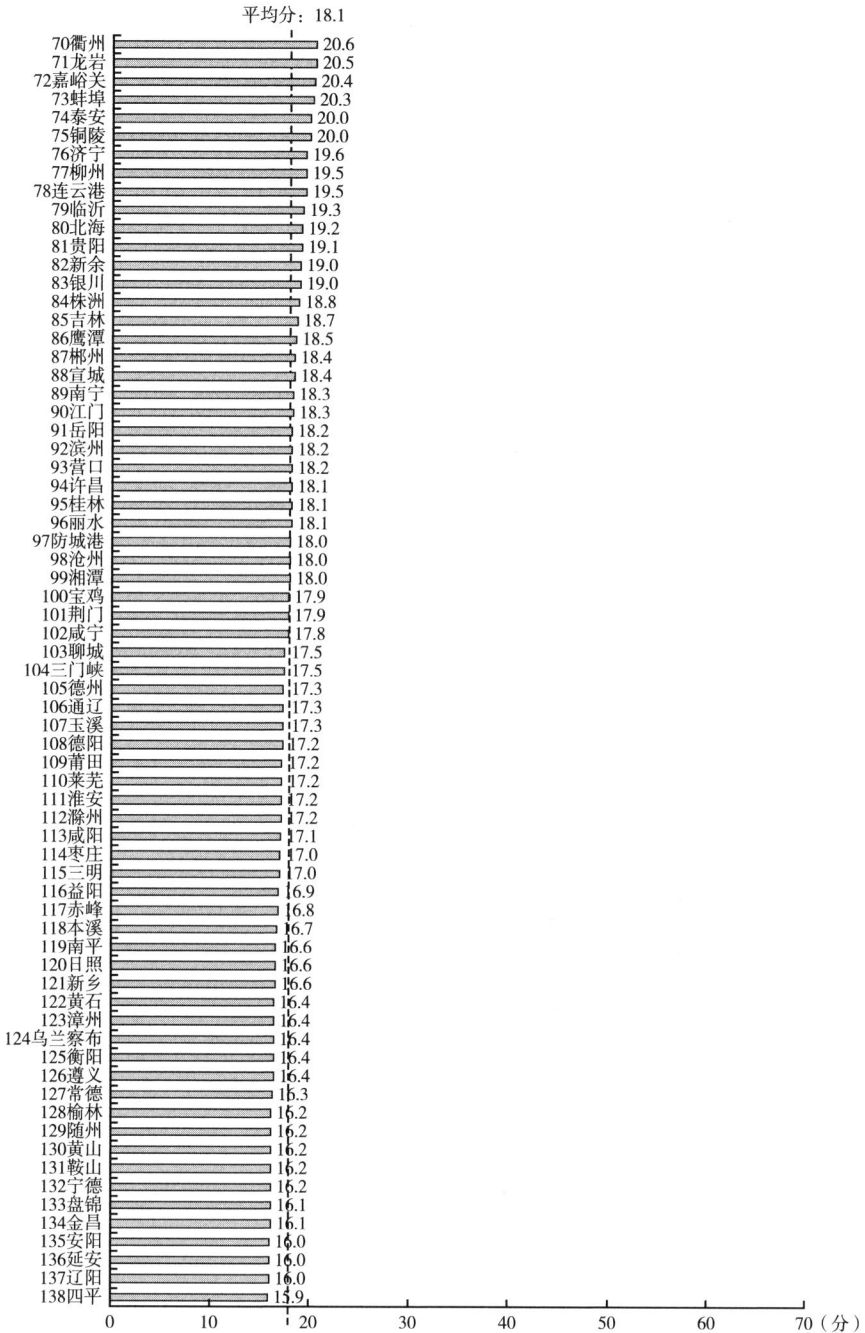

平均分：18.1

排名城市	分数
70衢州	20.6
71龙岩	20.5
72嘉峪关	20.4
73蚌埠	20.3
74泰安	20.0
75铜陵	20.0
76济宁	19.6
77柳州	19.5
78连云港	19.5
79临沂	19.3
80北海	19.2
81贵阳	19.1
82新余	19.0
83银川	19.0
84株洲	18.8
85吉林	18.7
86鹰潭	18.5
87郴州	18.4
88宣城	18.4
89南宁	18.3
90江门	18.3
91岳阳	18.2
92滨州	18.2
93营口	18.2
94许昌	18.1
95桂林	18.1
96丽水	18.1
97防城港	18.0
98沧州	18.0
99湘潭	18.0
100宝鸡	17.9
101荆门	17.9
102咸宁	17.8
103聊城	17.5
104三门峡	17.5
105德州	17.3
106通辽	17.3
107玉溪	17.3
108德阳	17.2
109莆田	17.2
110莱芜	17.2
111淮安	17.2
112滁州	17.2
113咸阳	17.1
114枣庄	17.0
115三明	17.0
116益阳	16.9
117赤峰	16.8
118本溪	16.7
119南平	16.6
120日照	16.6
121新乡	16.6
122黄石	16.4
123漳州	16.4
124乌兰察布	16.4
125衡阳	16.4
126遵义	16.4
127常德	16.3
128榆林	16.2
129随州	16.2
130黄山	16.2
131鞍山	16.2
132宁德	16.2
133盘锦	16.1
134金昌	16.1
135安阳	16.0
136延安	16.0
137辽阳	16.0
138四平	15.9

0 10 20 30 40 50 60 70（分）

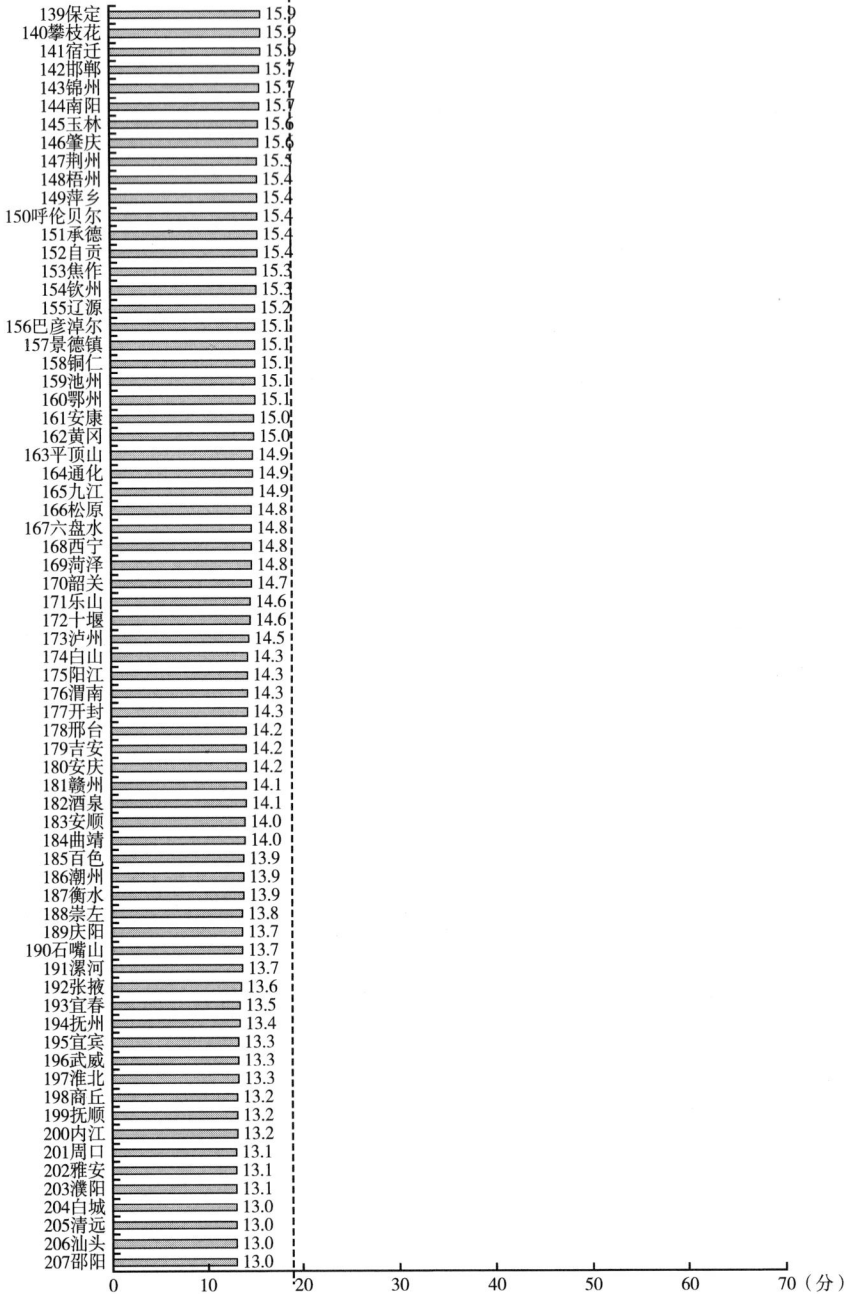

平均分：18.1

排名城市	分数
139保定	15.9
140攀枝花	15.9
141宿迁	15.9
142邯郸	15.7
143锦州	15.7
144南阳	15.7
145玉林	15.6
146肇庆	15.6
147荆州	15.5
148梧州	15.4
149萍乡	15.4
150呼伦贝尔	15.4
151承德	15.4
152自贡	15.4
153焦作	15.3
154钦州	15.3
155辽源	15.2
156巴彦淖尔	15.1
157景德镇	15.1
158铜仁	15.1
159池州	15.1
160鄂州	15.1
161安康	15.0
162黄冈	15.0
163平顶山	14.9
164通化	14.9
165九江	14.9
166松原	14.8
167六盘水	14.8
168西宁	14.8
169菏泽	14.8
170韶关	14.7
171乐山	14.6
172十堰	14.6
173泸州	14.5
174白山	14.3
175阳江	14.3
176渭南	14.3
177开封	14.3
178邢台	14.2
179吉安	14.2
180安庆	14.2
181赣州	14.1
182酒泉	14.1
183安顺	14.0
184曲靖	14.0
185百色	13.9
186潮州	13.9
187衡水	13.9
188崇左	13.8
189庆阳	13.7
190石嘴山	13.7
191漯河	13.7
192张掖	13.6
193宜春	13.5
194抚州	13.4
195宜宾	13.3
196武威	13.3
197淮北	13.3
198商丘	13.2
199抚顺	13.2
200内江	13.2
201周口	13.1
202雅安	13.1
203濮阳	13.1
204白城	13.0
205清远	13.0
206汕头	13.0
207邵阳	13.0

平均分：18.1

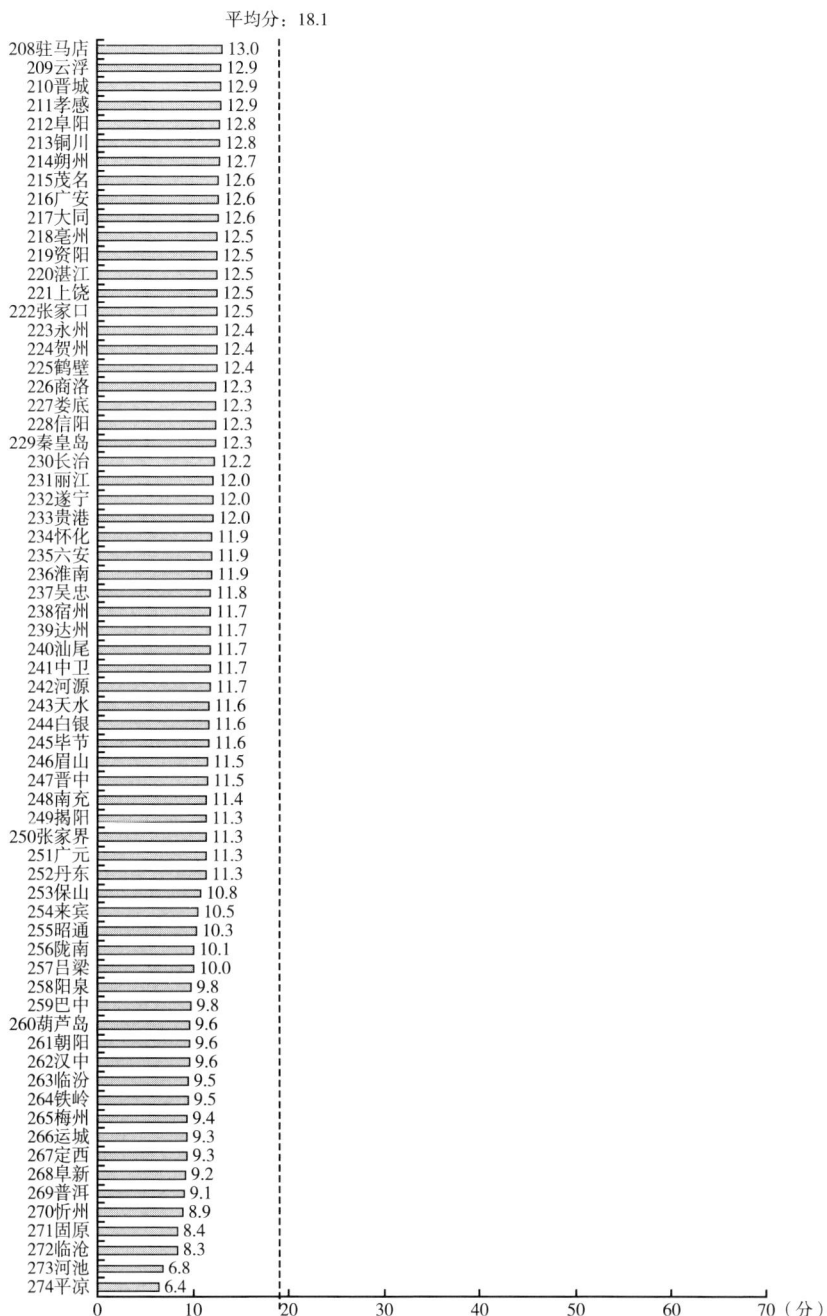

图 5 - 1　2015 年城市创新竞争力的排名及得分情况

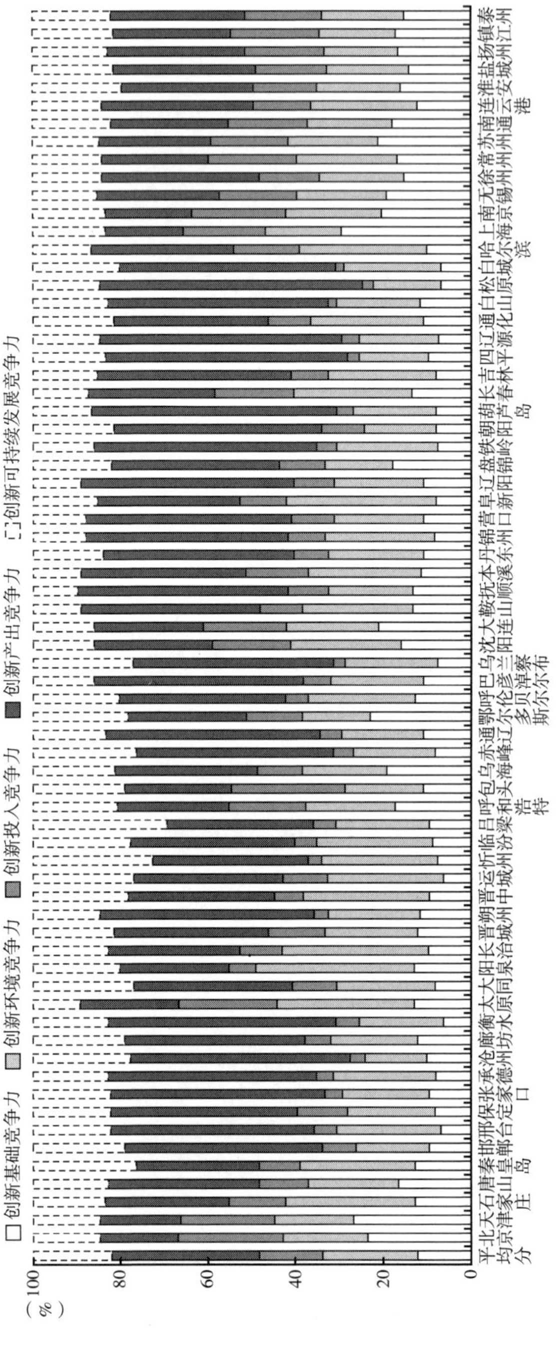

创新基础竞争力
创新环境竞争力
创新投入竞争力
创新产出竞争力
创新可持续发展竞争力
（%）
100
80
60
40
20
0
平均分
北京
天津
石家庄
唐山
秦皇岛
邯郸
邢台
保定
张家口
承德
沧州
廊坊
衡水
太原
大同
阳泉
长治
晋城
朔州
晋中
运城
忻州
临汾
吕梁
呼和浩特
包头
乌海
赤峰
通辽
鄂尔多斯
呼伦贝尔
巴彦淖尔
乌兰察布
沈阳
大连
鞍山
抚顺
本溪
丹东
锦州
营口
阜新
辽阳
盘锦
铁岭
朝阳
葫芦岛
长春
吉林
四平
辽源
通化
白山
松原
白城
哈尔滨
上海
南京
无锡
徐州
常州
苏州
南通
连云港
淮安
盐城
扬州
镇江
泰州

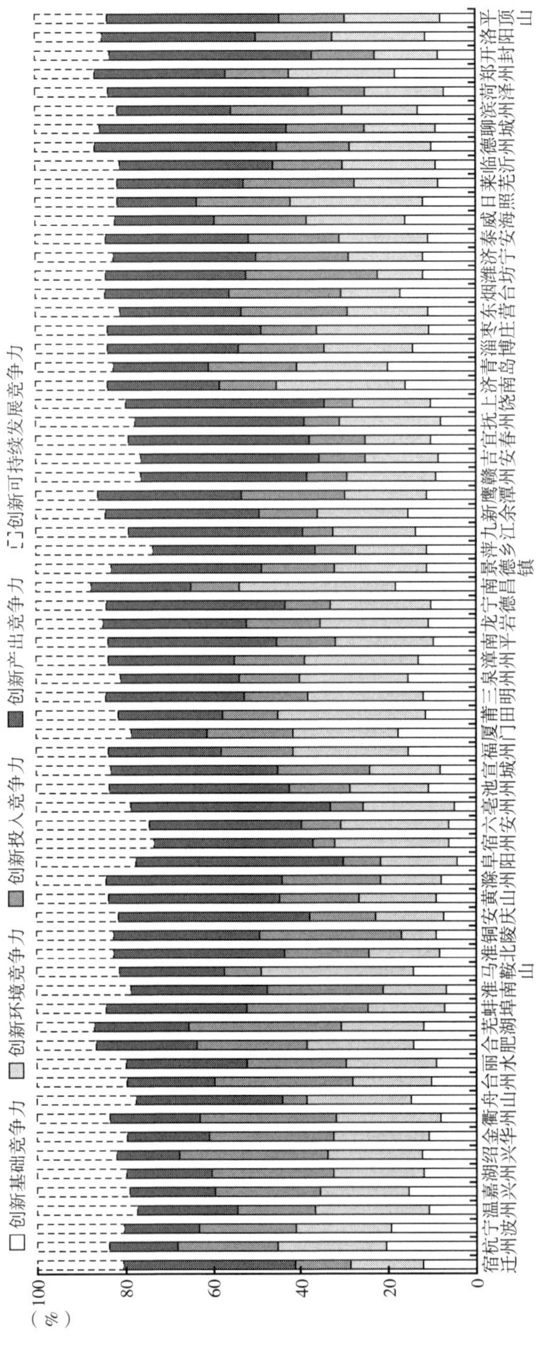
创新基础竞争力
创新环境竞争力
创新投入竞争力
创新产出竞争力
创新可持续发展竞争力
（%）
100
80
60
40
20
0
宿迁
杭州
宁波
温州
嘉兴
湖州
绍兴
金华
衢州
舟山
台州
丽水
合肥
芜湖
蚌埠
淮南
马鞍山
淮北
铜陵
安庆
黄山
滁州
阜阳
宿州
六安
亳州
池州
宣城
福州
厦门
莆田
三明
泉州
漳州
南平
龙岩
宁德
南昌
景德镇
萍乡
九江
新余
鹰潭
赣州
吉安
宜春
抚州
上饶
济南
青岛
淄博
枣庄
东营
烟台
潍坊
济宁
泰安
威海
日照
莱芜
临沂
德州
聊城
滨州
菏泽
郑州
开封
洛阳
平顶山

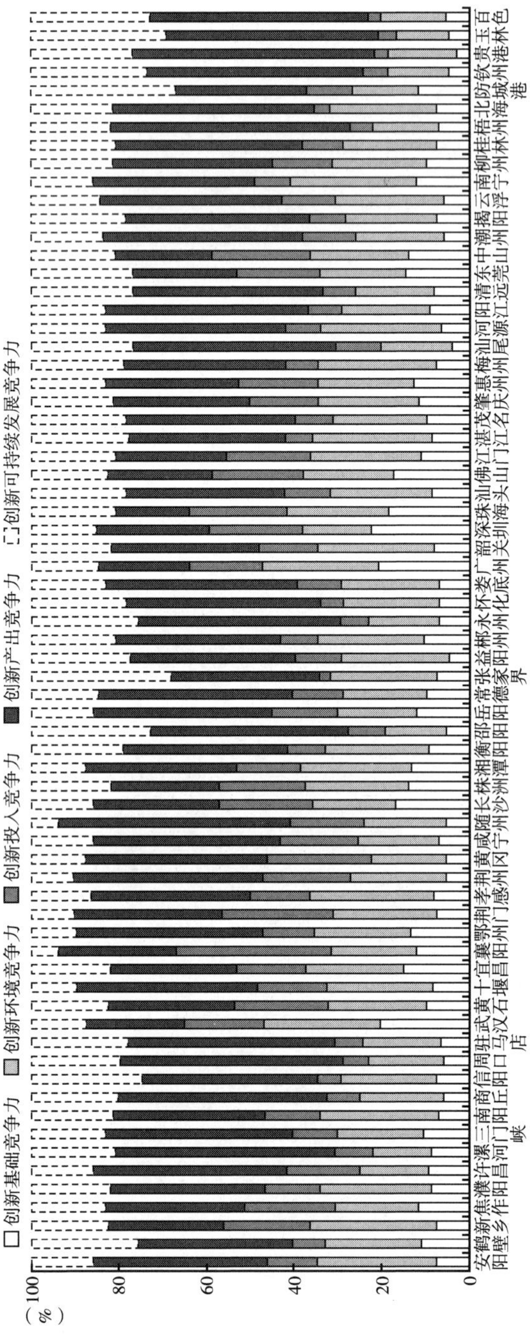

创新基础竞争力
创新环境竞争力
创新投入竞争力
创新产出竞争力
创新可持续发展竞争力
（%）
100
80
60
40
20
0
安阳 鹤壁 新乡 焦作 濮阳 许昌 漯河 三门峡 南阳 商丘 信阳 周口 驻马店 武汉 黄石 十堰 宜昌 襄阳 鄂州 荆门 孝感 荆州 黄冈 咸宁 随州 长沙 株洲 湘潭 衡阳 邵阳 岳阳 常德 张家界 益阳 郴州 永州 怀化 娄底 广州 韶关 深圳 珠海 汕头 佛山 江门 湛江 茂名 肇庆 惠州 梅州 汕尾 河源 阳江 清远 东莞 中山 潮州 揭阳 云浮 南宁 柳州 桂林 梧州 北海 防城港 钦州 贵港 玉林 百色

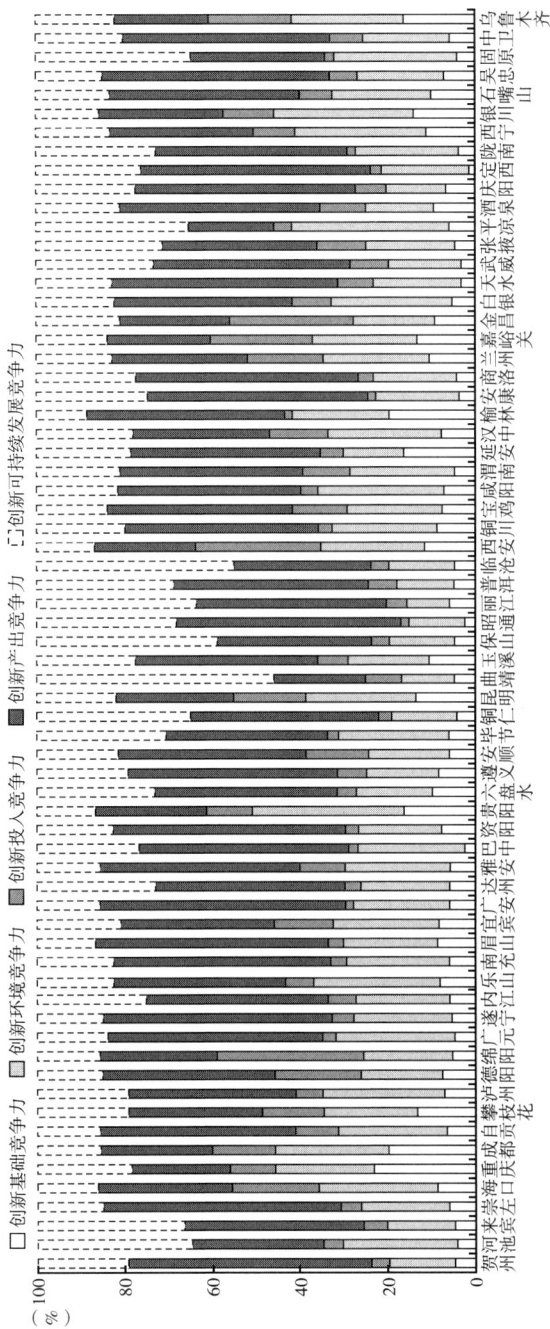

图 5-2　2015 年城市创新竞争力二级指标的贡献率

由图 5 – 2 可见，创新产出竞争力对城市创新竞争力的贡献率最高，平均贡献率为 33.8%，创新环境竞争力的贡献率次之，为 21.3%；创新可持续发展竞争力和创新投入竞争力的贡献率分别为 18.0% 和 14.6%；创新基础竞争力的贡献率最小，为 12.3%。因此，各城市在提升创新竞争力的过程中，需要关注各因素的均衡发展，尤其要重视创新投入竞争力和创新基础竞争力的有效提升。

（三）城市创新竞争力的梯队得分情况

表 5 – 2 列出了 2015 年城市创新竞争力五个梯队（第一梯队：排在第 1～50 位的城市；第二梯队：排在第 51～100 位的城市；第三梯队：排在第 101～150 位的城市；第四梯队：排在第 151～200 位的城市；第五梯队：排在第 201～274 位的城市）的平均得分情况。

表 5 – 2 2015 年各梯队城市创新竞争力平均得分情况

单位：分

指标 梯队	创新 竞争力	创新基础 竞争力	创新环境 竞争力	创新投入 竞争力	创新产出 竞争力	创新可持续 发展竞争力
第一梯队	31.8	28.1	34.9	32.9	36.6	26.3
第二梯队	19.9	12.4	21.4	16.7	32.2	16.8
第三梯队	16.5	8.4	17.1	10.2	32.5	14.1
第四梯队	14.3	5.9	14.1	6.8	30.8	14.0
第五梯队	11.4	4.1	12.4	3.8	24.1	12.4

从表 5 – 2 可以看出，第一梯队远远拉开了与其他梯队的距离，第一梯队的创新竞争力平均得分是第二梯队的 1.6 倍，是第五梯队的 2.8 倍；第二梯队至第五梯队的创新竞争力平均得分相差较小，五个梯队的平均得分比差为 2.79 : 1.75 : 1.45 : 1.25 : 1。

各梯队的创新基础竞争力平均得分相差很大，比差为 6.85 : 3.02 : 2.05 : 1.44 : 1，第一梯队的得分远高于其他梯队。

各梯队的创新环境竞争力平均得分相差比较大，比差为 2.81：1.73：1.38：1.14：1。

各梯队的创新投入竞争力平均得分相差比较大，比差为 8.66：4.39：2.68：1.79：1。

各梯队的创新产出竞争力平均得分相差比较小，比差为 1.52：1.34：1.35：1.28：1。

各梯队的创新可持续发展竞争力平均得分相差比较小，比差为 2.12：1.35：1.14：1.13：1。

结合表 5 - 2 与图 5 - 3 可以发现五个梯队的一级指标和二级指标的得分情况：从第一梯队至第五梯队，除了创新产出竞争力外，创新竞争力和其他 4 个二级指标的得分都是递减的；各梯队的创新可持续发展竞争力的分值最低，最高的也仅为 26.3 分；第一梯队和第五梯队的创新投入竞争力得分差距最为明显，两者相差 29.1 分；而第一梯队和第五梯队的创新产出竞争力的得分差距最小，两者相差 12.5 分。

（四）城市创新竞争力得分的均衡性分析

按照阈值法进行无量纲化处理和加权求和后得到的各城市创新竞争力得分及排位结果，反映的只是单个城市的创新竞争力状况，要更为准确地反映各城市创新竞争力的实际差异及整体状况，还需要分析城市创新竞争力的得分及其分布情况，对创新竞争力得分的实际差距及其均衡性进行深入研究和分析。图 5 - 4 显示了 2015 年城市创新竞争力评价分值的分布情况。

由图 5 - 4 可知，创新竞争力的得分分布不太均衡，235 个城市的创新竞争力得分介于 10 ~ 30 分（含 10 分），比重达到 85.8%；介于 30 ~ 50 分（含 30 分）的城市占 6.9%，高于 50 分的城市仅占 1.1%；低于 10 分的城市也占了 6.2%。整体上看，城市创新竞争力的评价分值分布不均匀，个别城市的创新竞争力得分差距悬殊，得分最低的平凉只有 6.4 分，仅是第一名北京的 9.1%，两者相差 63.6 分。

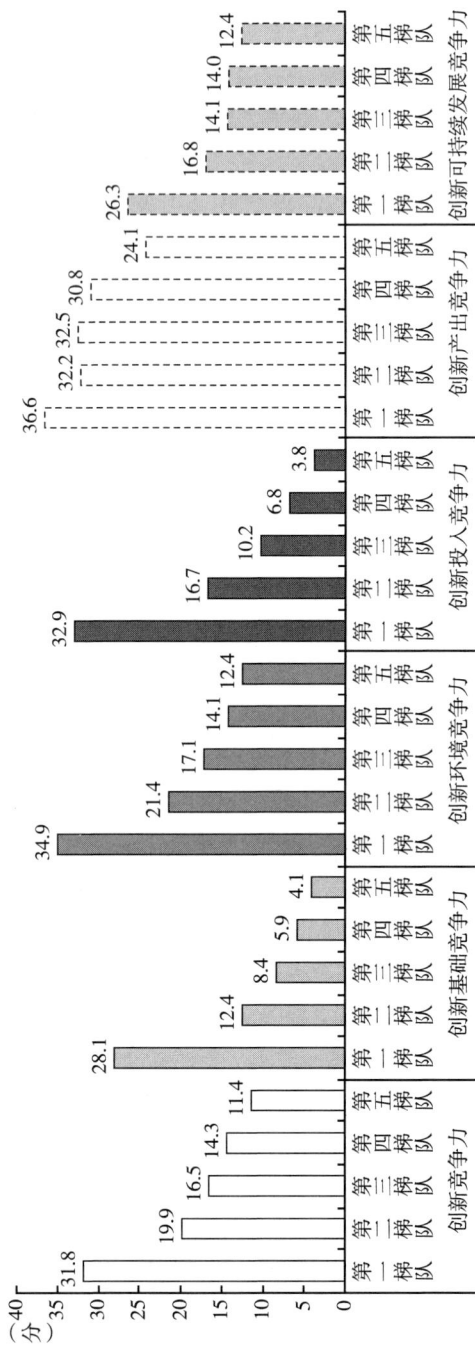

图 5 - 3　2015 年城市创新竞争力及其二级指标的梯队得分情况

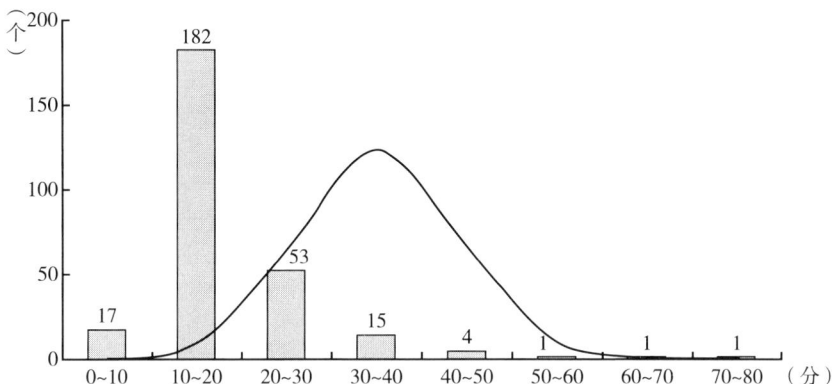

图5-4 2015年城市创新竞争力评价分值分布情况

二 中国城市创新基础竞争力的评价与比较分析

（一）创新基础竞争力的评价结果

根据创新基础竞争力及其下属指标的排位和得分情况（具体参见附表3），排在第1~10位的城市依次为上海、北京、深圳、天津、广州、苏州、杭州、重庆、武汉、南京，排在第11~20位的城市依次为宁波、无锡、青岛、成都、长沙、珠海、大连、郑州、厦门、佛山，排在第21~30位的城市依次为常州、鄂尔多斯、济南、南通、沈阳、东莞、西安、烟台、镇江、合肥，排在最后10位的城市依次为临沧、贵港、平凉、天水、陇南、固原、河池、巴中、昭通、定西。

2015年创新基础竞争力的最高得分为88.5分，最低得分为0.7分，平均分为11.1分，标准差为11.3；最高分与最低分的差距十分明显，两者相差87.8分；高于平均分的城市有83个。整体来看，创新基础竞争力水平很低，排位靠前和排位靠后的城市与其他城市的得分差距较大。

创新基础竞争力得分分布很不均衡，大部分城市得分很低。具体来看，有 2 个城市的创新基础竞争力得分在 80 分以上，2 个城市介于 60 ~ 70 分（含 60 分），3 个城市介于 40 ~ 50 分（含 40 分），8 个城市介于 30 ~ 40 分（含 30 分），20 个城市介于 20 ~ 30 分（含 20 分），61 个城市介于 10 ~ 20 分（含 10 分），178 个城市低于 10 分。

创新基础竞争力得分较高的城市主要分布在东部地区，在第一梯队城市中，有 32 个城市是东部城市，比重达到 64%，而相当部分的中西部城市的创新基础竞争力水平较低。

为更加直观地比较分析各城市的创新基础竞争力水平，我们将 2015 年各城市的创新基础竞争力得分通过图 5 - 5 显示。由图 5 - 5 可以看出，各城市的创新基础竞争力得分比较集中，共有 239 个城市的得分低于 20 分，占城市总数的 87.2%，各城市之间的总体差距很小，两极分化严重，如得分最高的上海达到 88.5 分，而得分最低的定西仅为 0.7 分。

（二）创新基础竞争力的要素得分及贡献率

在创新基础竞争力指标组得分中，人均 GDP 的标准差最高，达到 18.0，表明这个指标的城市间差异最大，是导致各城市创新基础竞争力差异的最主要因素。人均财政收入的标准差也比较大，为 16.4，对各城市创新基础竞争力差异的贡献也比较大。其他 4 个三级指标对各城市创新竞争力差异的影响相对较小。总的来看，各城市创新基础竞争力的整体差异较小，而差异主要是由人均 GDP 和人均财政收入导致的。

为更好地分析各三级指标对二级指标创新基础竞争力的贡献和作用，将各三级指标的得分与其权重相乘，折算为反映在二级指标上的得分，然后除以二级指标总得分，则可得到各三级指标的贡献率，这样可以更加直观地看出每个三级指标对二级指标的贡献大小（见图 5 - 6）。

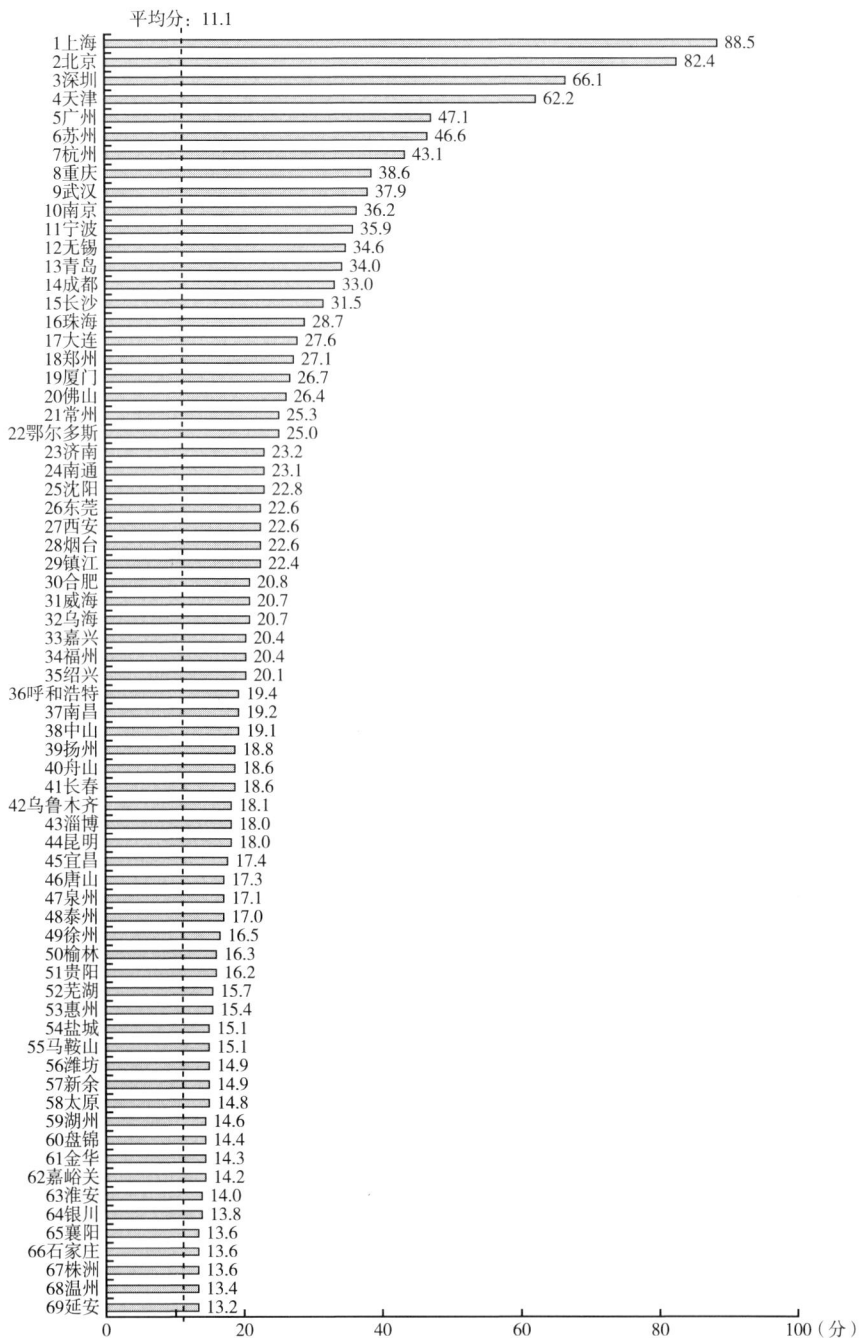

平均分：11.1

排名	城市	分数
1	上海	88.5
2	北京	82.4
3	深圳	66.1
4	天津	62.2
5	广州	47.1
6	苏州	46.6
7	杭州	43.1
8	重庆	38.6
9	武汉	37.9
10	南京	36.2
11	宁波	35.9
12	无锡	34.6
13	青岛	34.0
14	成都	33.0
15	长沙	31.5
16	珠海	28.7
17	大连	27.6
18	郑州	27.1
19	厦门	26.7
20	佛山	26.4
21	常州	25.3
22	鄂尔多斯	25.0
23	济南	23.2
24	南通	23.1
25	沈阳	22.8
26	东莞	22.6
27	西安	22.6
28	烟台	22.6
29	镇江	22.4
30	合肥	20.8
31	威海	20.7
32	乌海	20.7
33	嘉兴	20.4
34	福州	20.4
35	绍兴	20.1
36	呼和浩特	19.4
37	南昌	19.2
38	中山	19.1
39	扬州	18.8
40	舟山	18.6
41	长春	18.6
42	乌鲁木齐	18.1
43	淄博	18.0
44	昆明	18.0
45	宜昌	17.4
46	唐山	17.3
47	泉州	17.1
48	泰州	17.0
49	徐州	16.5
50	榆林	16.3
51	贵阳	16.2
52	芜湖	15.7
53	惠州	15.4
54	盐城	15.1
55	马鞍山	15.1
56	潍坊	14.9
57	新余	14.9
58	太原	14.8
59	湖州	14.6
60	盘锦	14.4
61	金华	14.3
62	嘉峪关	14.2
63	淮安	14.0
64	银川	13.8
65	襄阳	13.6
66	石家庄	13.6
67	株洲	13.6
68	温州	13.4
69	延安	13.2

(分)

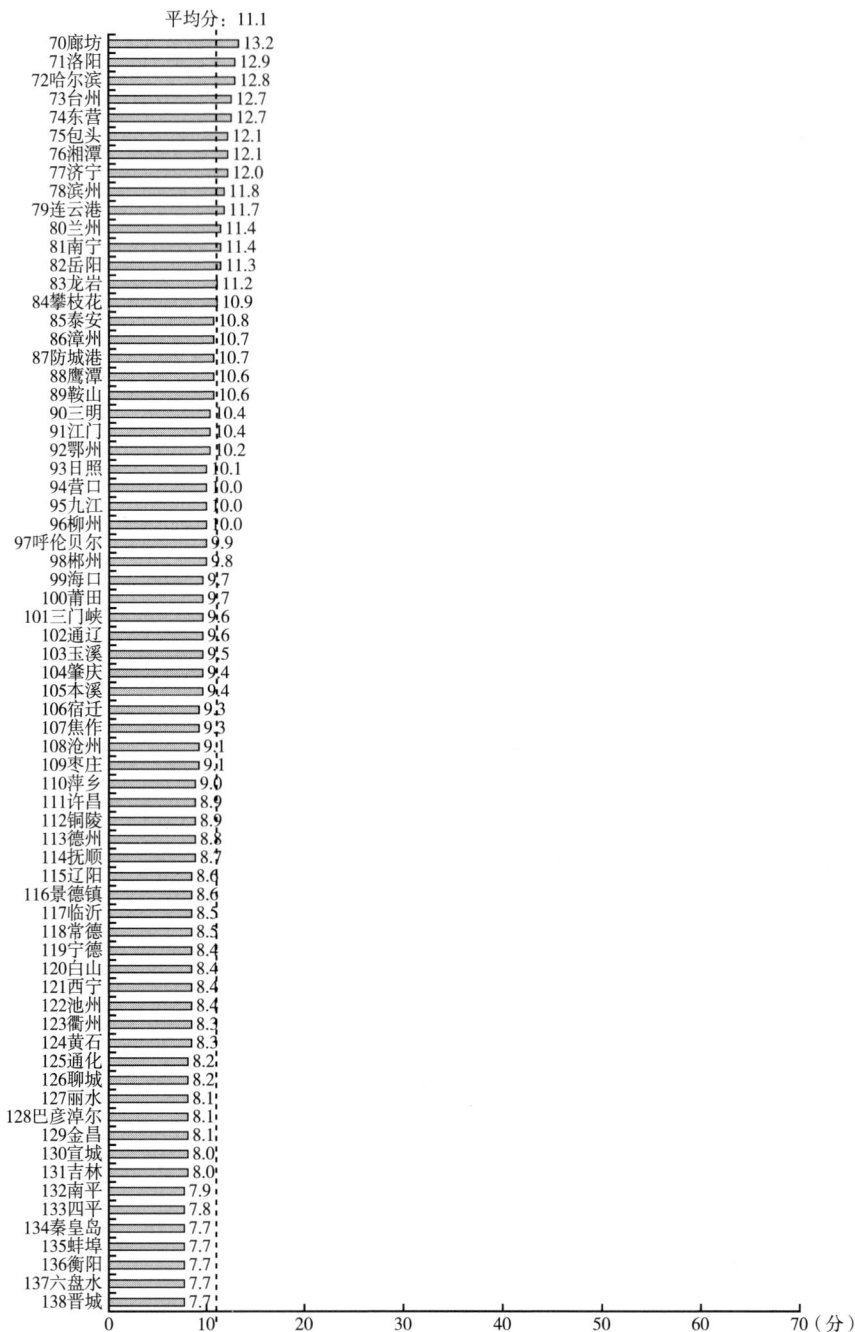

平均分：11.1

排名城市	分数
70廊坊	13.2
71洛阳	12.9
72哈尔滨	12.8
73台州	12.7
74东营	12.7
75包头	12.1
76湘潭	12.1
77济宁	12.0
78滨州	11.8
79连云港	11.7
80兰州	11.4
81南宁	11.4
82岳阳	11.3
83龙岩	11.2
84攀枝花	10.9
85泰安	10.8
86漳州	10.7
87防城港	10.7
88鹰潭	10.6
89鞍山	10.6
90三明	10.4
91江门	10.4
92鄂州	10.2
93日照	10.1
94营口	10.0
95九江	10.0
96柳州	10.0
97呼伦贝尔	9.9
98郴州	9.8
99海口	9.7
100莆田	9.7
101三门峡	9.6
102通辽	9.6
103玉溪	9.5
104肇庆	9.4
105本溪	9.4
106宿迁	9.3
107焦作	9.3
108沧州	9.1
109枣庄	9.1
110萍乡	9.0
111许昌	8.9
112铜陵	8.9
113德州	8.8
114抚顺	8.7
115辽阳	8.6
116景德镇	8.6
117临沂	8.5
118常德	8.5
119宁德	8.4
120白山	8.4
121西宁	8.4
122池州	8.4
123衢州	8.3
124黄石	8.3
125通化	8.2
126聊城	8.2
127丽水	8.1
128巴彦淖尔	8.1
129金昌	8.1
130宣城	8.0
131吉林	8.0
132南平	7.9
133四平	7.8
134秦皇岛	7.7
135蚌埠	7.7
136衡阳	7.7
137六盘水	7.7
138晋城	7.7

0　10　20　30　40　50　60　70（分）

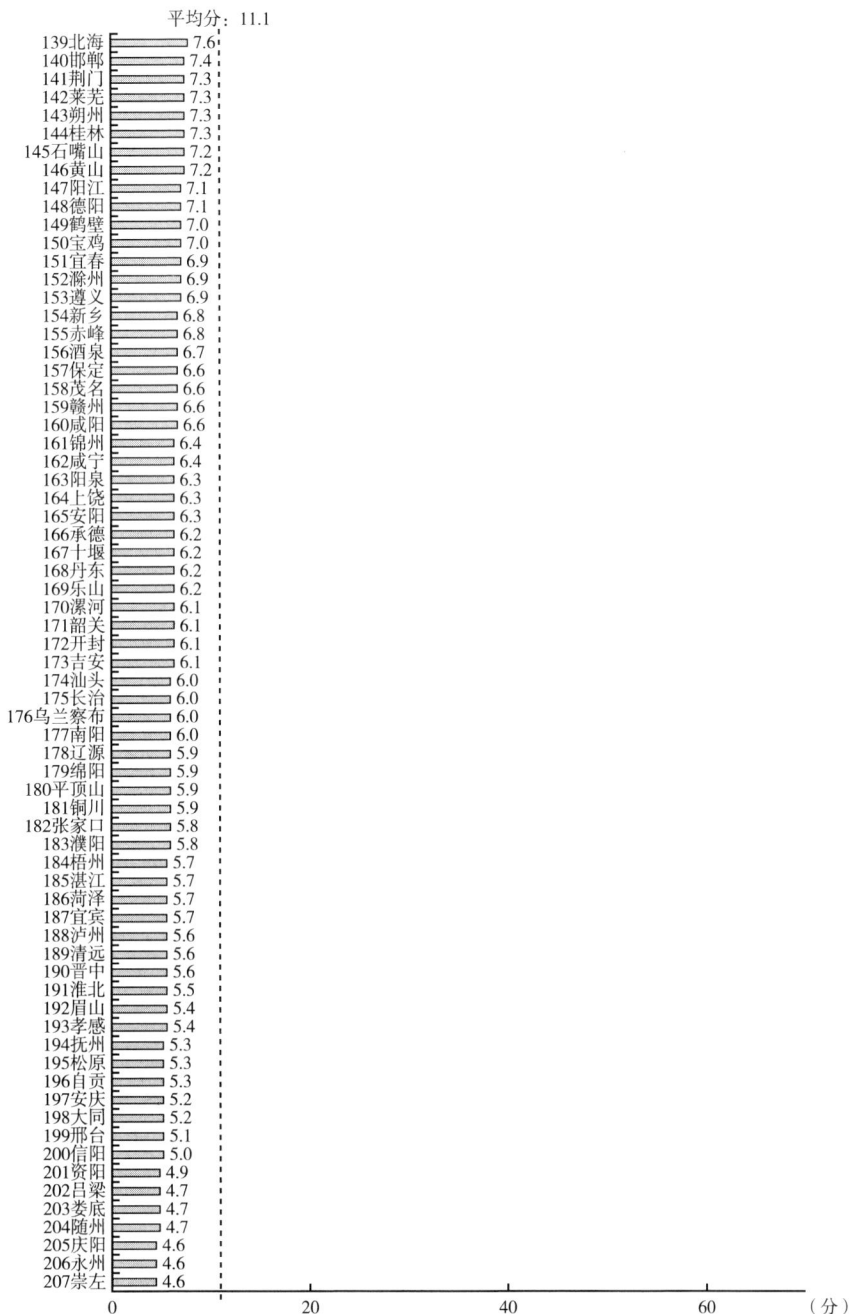

平均分：11.1

排名	城市	分数
139	北海	7.6
140	邯郸	7.4
141	荆门	7.3
142	莱芜	7.3
143	朔州	7.3
144	桂林	7.3
145	石嘴山	7.2
146	黄山	7.2
147	阳江	7.1
148	德阳	7.1
149	鹤壁	7.0
150	宝鸡	7.0
151	宜春	6.9
152	滁州	6.9
153	遵义	6.9
154	新乡	6.8
155	赤峰	6.8
156	酒泉	6.7
157	保定	6.6
158	茂名	6.6
159	赣州	6.6
160	咸阳	6.6
161	锦州	6.4
162	咸宁	6.4
163	阳泉	6.3
164	上饶	6.3
165	安阳	6.3
166	承德	6.2
167	十堰	6.2
168	丹东	6.2
169	乐山	6.2
170	漯河	6.1
171	韶关	6.1
172	开封	6.1
173	吉安	6.1
174	汕头	6.0
175	长治	6.0
176	乌兰察布	6.0
177	南阳	6.0
178	辽源	5.9
179	绵阳	5.9
180	平顶山	5.9
181	铜川	5.9
182	张家口	5.8
183	濮阳	5.8
184	梧州	5.7
185	湛江	5.7
186	菏泽	5.7
187	宜宾	5.7
188	泸州	5.6
189	清远	5.6
190	晋中	5.6
191	淮北	5.5
192	眉山	5.4
193	孝感	5.4
194	抚州	5.3
195	松原	5.3
196	自贡	5.3
197	安庆	5.2
198	大同	5.2
199	邢台	5.1
200	信阳	5.0
201	资阳	4.9
202	吕梁	4.7
203	娄底	4.7
204	随州	4.7
205	庆阳	4.6
206	永州	4.6
207	崇左	4.6

0　　　　　20　　　　　40　　　　　60　　（分）

平均分：11.1

排名城市	得分
208白城	4.5
209荆州	4.5
210揭阳	4.5
211吴忠	4.5
212驻马店	4.4
213衡水	4.4
214益阳	4.4
215安顺	4.4
216张家界	4.3
217怀化	4.3
218潮州	4.3
219商丘	4.3
220黄冈	4.2
221周口	4.2
222广安	4.1
223临汾	4.1
224云浮	4.1
225淮南	4.1
226内江	4.1
227雅安	4.0
228葫芦岛	3.9
229钦州	3.9
230玉林	3.9
231百色	3.9
232六安	3.9
233河源	3.9
234渭南	3.8
235朝阳	3.8
236汉中	3.8
237宿州	3.8
238中卫	3.7
239阜新	3.7
240铁岭	3.7
241梅州	3.7
242丽江	3.7
243南充	3.6
244毕节	3.6
245张掖	3.6
246达州	3.6
247曲靖	3.5
248遂宁	3.5
249邵阳	3.5
250忻州	3.4
251白银	3.3
252铜仁	3.3
253安康	3.2
254亳州	3.2
255贺州	3.1
256阜阳	2.9
257保山	2.9
258商洛	2.9
259运城	2.8
260来宾	2.8
261广元	2.8
262汕尾	2.6
263普洱	2.4
264武威	2.4
265临沧	2.2
266贵港	2.2
267平凉	2.0
268天水	1.9
269陇南	1.9
270固原	1.8
271河池	1.6
272巴中	1.4
273昭通	1.3
274定西	0.7

（分）

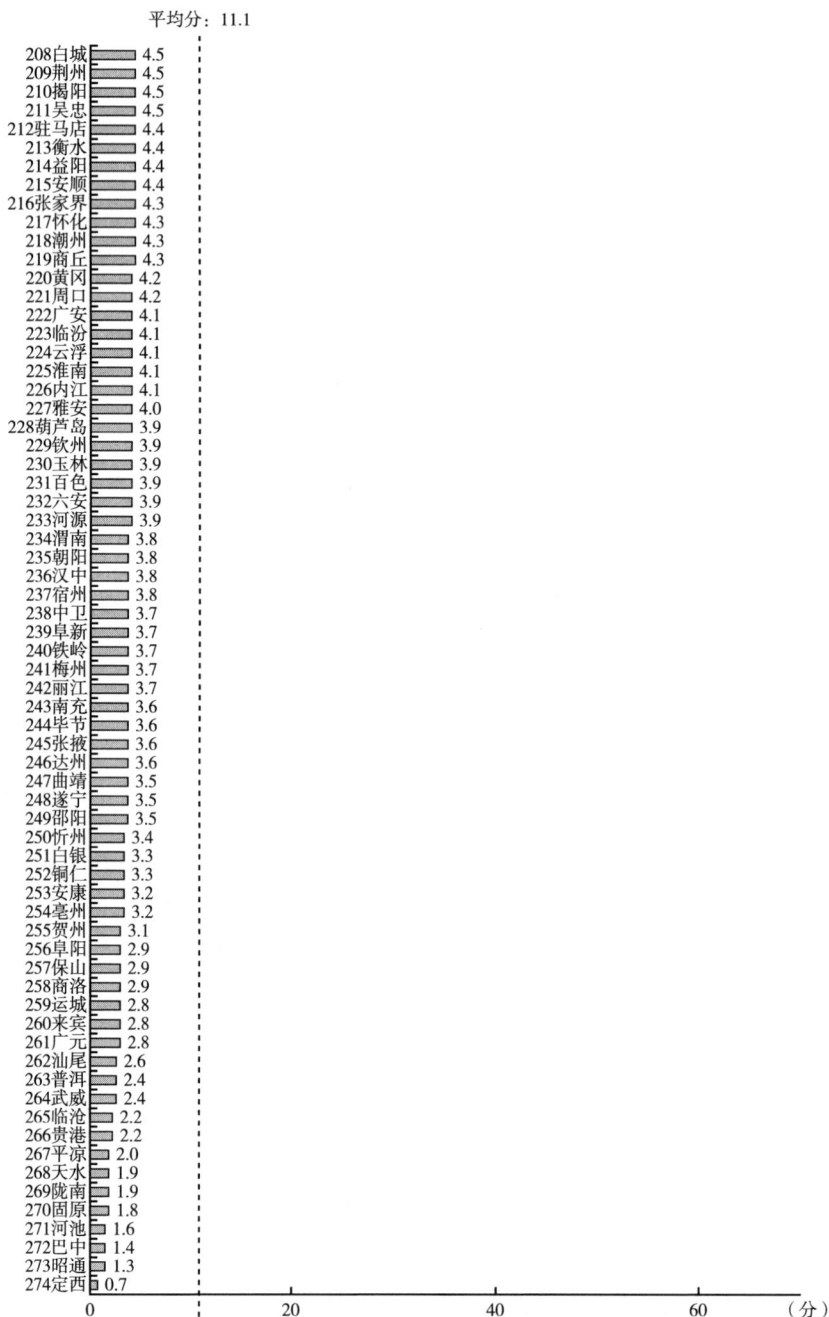

图 5 - 5　2015 年创新基础竞争力的排名及得分情况

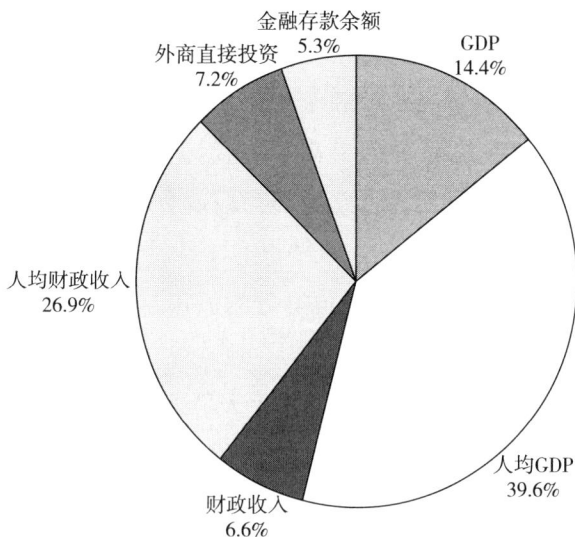

图 5 – 6 2015 年创新基础竞争力三级指标的贡献率

由图 5 – 6 可见，人均 GDP 对创新基础竞争力的贡献率最高，平均贡献率为 39.6%；人均财政收入的贡献率其次，为 26.9%；GDP 的贡献率为 14.4%；其余指标贡献率均低于 10%，其中金融存款余额的贡献率最小，为 5.3%。因此，各城市要提高创新基础竞争力，就要特别关注人均 GDP 和人均财政收入水平，当然也不能忽视其他方面。

三 中国城市创新环境竞争力的评价与比较分析

（一）创新环境竞争力的评价结果

根据创新环境竞争力及其下属指标的排位和得分情况（具体参见附表 4），排在第 1～10 位的城市依次为北京、广州、杭州、上海、武汉、苏州、西安、深圳、济南、成都，排在第 11～20 位的城市依次为天津、宁波、长春、南京、重庆、太原、南昌、无锡、哈尔滨、郑州，排在第 21～30 位的城市依次为舟山、厦门、沈阳、合肥、常州、青岛、长沙、福州、珠海、绍兴，排在最后10位的城市依次为河池、淮南、来宾、铜陵、朝阳、保山、昭通、临沧、丽江、普洱。

2015年创新环境竞争力的最高得分仅为68.0分，最低得分为6.1分，平均分为19.3分，标准差为9.6；最高分与最低分的差距比较大，两者相差61.9分；高于平均分的城市有104个。整体来看，创新环境竞争力水平不高，排位靠前和排位靠后的城市与其他城市的得分差距较大。

创新环境竞争力得分分布很不均衡，大部分城市得分较低。具体来看，只有1个城市的创新环境竞争力得分在60分以上，3个城市介于50~60分（含50分），8个城市介于40~50分（含40分），25个城市介于30~40分（含30分），58个城市介于20~30分（含20分），159个城市介于10~20分（含10分），20个城市低于10分。

创新环境竞争力得分较高的城市主要分布在东部地区，在第一梯队城市中，有30个城市是东部城市，比重达到60%，相当部分的中西部城市的创新环境竞争力水平较低。

为更加直观地比较分析各城市的创新环境竞争力水平，我们将2015年各城市的创新环境竞争力得分通过图5-7显示。由图5-7可以看出，各城市的创新环境竞争力得分比较集中，共有217个城市的得分介于10~30分，占城市总数的79.2%，各城市的总体差距很小，两极分化严重，如得分最高的北京达到68.0分，而得分最低的普洱仅为6.1分。

（二）创新环境竞争力的要素得分及贡献率

在创新环境竞争力指标组得分中，国家高新技术园区数的标准差最高，达到18.7，表明这个指标的城市间差异最大，是导致各城市创新环境竞争力差异的最主要因素。而高等院校数、千人手机用户数、电子政务发展指数的标准差也比较大，分别为17.2、15.7和15.3，对各城市创新环境竞争力差异的贡献也比较大。其他两个三级指标对各城市创新环

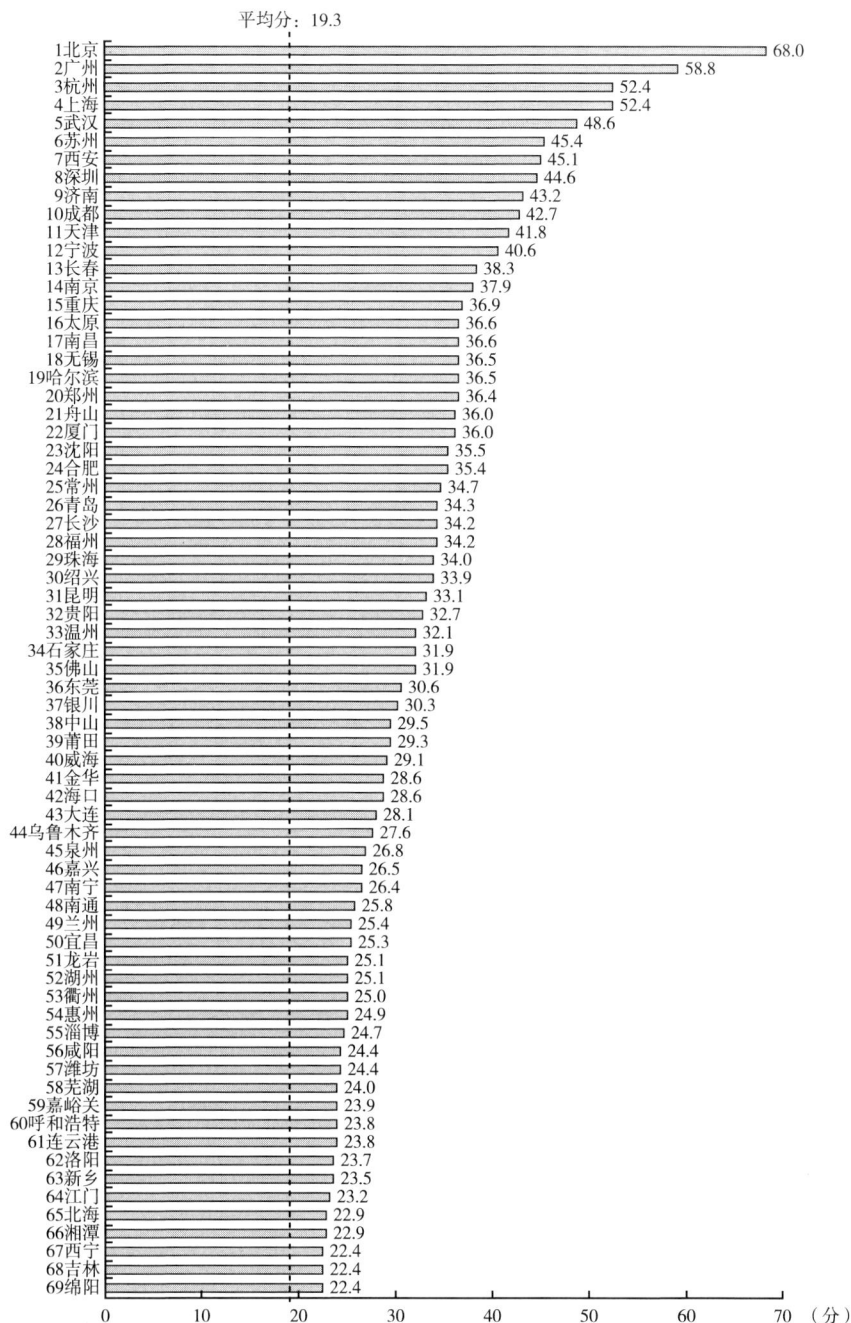

平均分：19.3

排名	城市	分数
1	北京	68.0
2	广州	58.8
3	杭州	52.4
4	上海	52.4
5	武汉	48.6
6	苏州	45.4
7	西安	45.1
8	深圳	44.6
9	济南	43.2
10	成都	42.7
11	天津	41.8
12	宁波	40.6
13	长春	38.3
14	南京	37.9
15	重庆	36.9
16	太原	36.6
17	南昌	36.6
18	无锡	36.5
19	哈尔滨	36.5
20	郑州	36.4
21	舟山	36.0
22	厦门	36.0
23	沈阳	35.5
24	合肥	35.4
25	常州	34.7
26	青岛	34.3
27	长沙	34.2
28	福州	34.2
29	珠海	34.0
30	绍兴	33.9
31	昆明	33.1
32	贵阳	32.7
33	温州	32.1
34	石家庄	31.9
35	佛山	31.9
36	东莞	30.6
37	银川	30.3
38	中山	29.5
39	莆田	29.3
40	威海	29.1
41	金华	28.6
42	海口	28.6
43	大连	28.1
44	乌鲁木齐	27.6
45	泉州	26.8
46	嘉兴	26.5
47	南宁	26.4
48	南通	25.8
49	兰州	25.4
50	宜昌	25.3
51	龙岩	25.1
52	湖州	25.1
53	衢州	25.0
54	惠州	24.9
55	淄博	24.7
56	咸阳	24.4
57	潍坊	24.4
58	芜湖	24.0
59	嘉峪关	23.9
60	呼和浩特	23.8
61	连云港	23.8
62	洛阳	23.7
63	新乡	23.5
64	江门	23.2
65	北海	22.9
66	湘潭	22.9
67	西宁	22.4
68	吉林	22.4
69	绵阳	22.4

0　　10　　20　　30　　40　　50　　60　　70　（分）

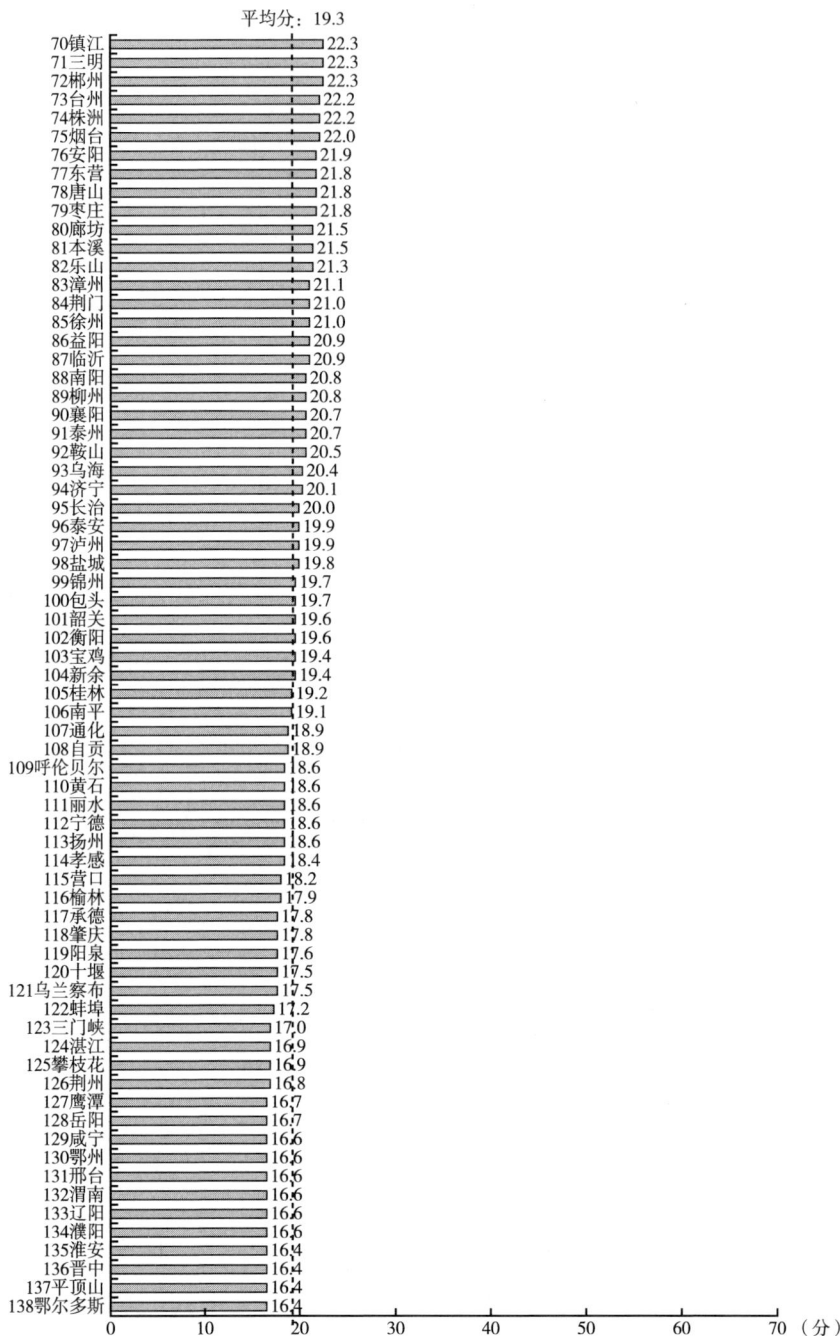

平均分：19.3

排名	城市	分数
70	镇江	22.3
71	三明	22.3
72	郴州	22.3
73	台州	22.2
74	株洲	22.2
75	烟台	22.0
76	安阳	21.9
77	东营	21.8
78	唐山	21.8
79	枣庄	21.8
80	廊坊	21.5
81	本溪	21.5
82	乐山	21.3
83	漳州	21.1
84	荆门	21.0
85	徐州	21.0
86	益阳	20.9
87	临沂	20.9
88	南阳	20.8
89	柳州	20.8
90	襄阳	20.7
91	泰州	20.7
92	鞍山	20.5
93	乌海	20.4
94	济宁	20.1
95	长治	20.0
96	泰安	19.9
97	泸州	19.9
98	盐城	19.8
99	锦州	19.7
100	包头	19.7
101	韶关	19.6
102	衡阳	19.6
103	宝鸡	19.4
104	新余	19.4
105	桂林	19.2
106	南平	19.1
107	通化	18.9
108	自贡	18.9
109	呼伦贝尔	18.6
110	黄石	18.6
111	丽水	18.6
112	宁德	18.6
113	扬州	18.6
114	孝感	18.4
115	营口	18.2
116	榆林	17.9
117	承德	17.8
118	肇庆	17.8
119	阳泉	17.6
120	十堰	17.5
121	乌兰察布	17.5
122	蚌埠	17.2
123	三门峡	17.0
124	湛江	16.9
125	攀枝花	16.9
126	荆州	16.8
127	鹰潭	16.7
128	岳阳	16.7
129	咸宁	16.6
130	鄂州	16.6
131	邢台	16.6
132	渭南	16.6
133	辽阳	16.6
134	濮阳	16.6
135	淮安	16.4
136	晋中	16.4
137	平顶山	16.4
138	鄂尔多斯	16.4

0　10　20　30　40　50　60　70　（分）

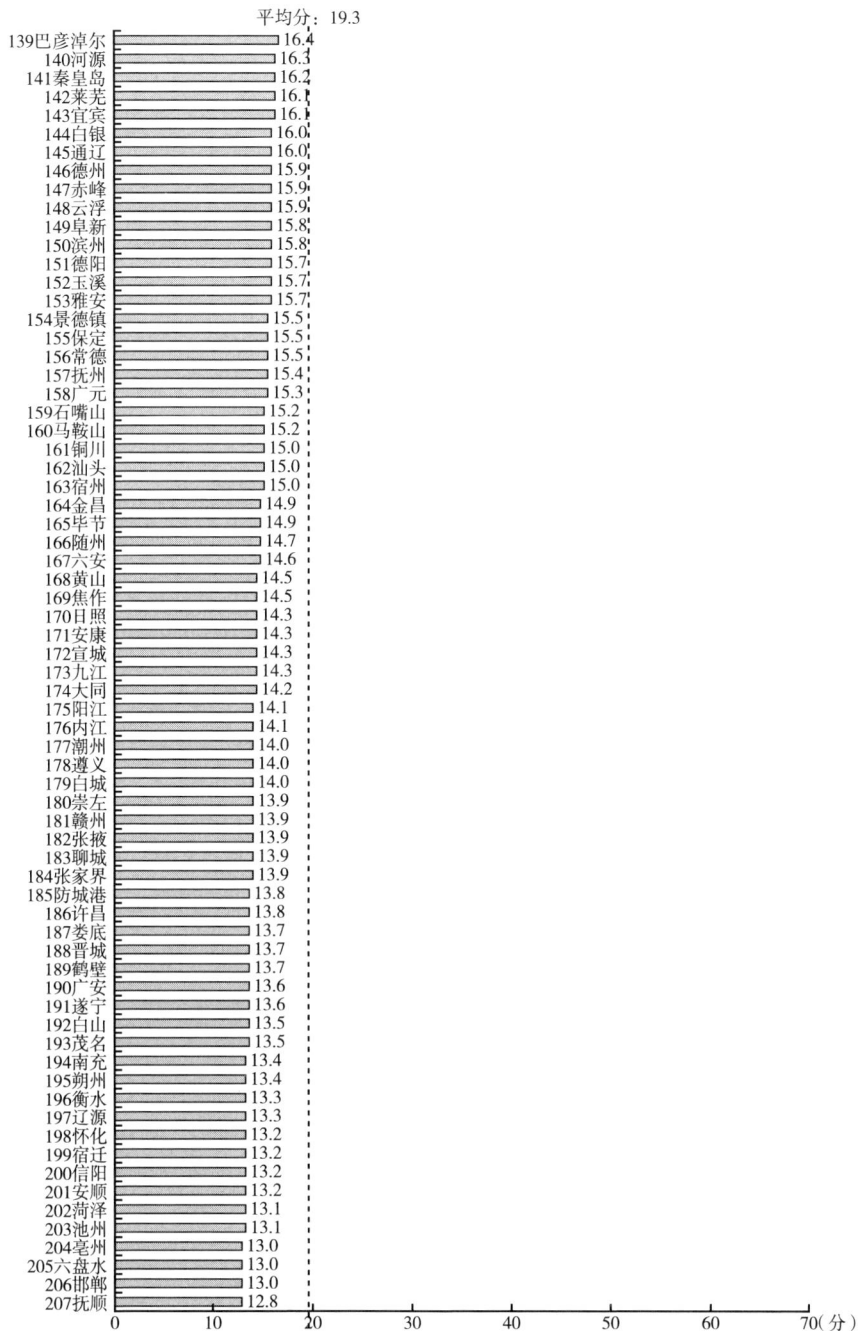

平均分：19.3

排名	城市	分数
139	巴彦淖尔	16.4
140	河源	16.3
141	秦皇岛	16.2
142	莱芜	16.1
143	宜宾	16.1
144	白银	16.0
145	通辽	16.0
146	德州	15.9
147	赤峰	15.9
148	云浮	15.9
149	阜新	15.8
150	滨州	15.8
151	德阳	15.7
152	玉溪	15.7
153	雅安	15.7
154	景德镇	15.5
155	保定	15.5
156	常德	15.5
157	抚州	15.4
158	广元	15.3
159	石嘴山	15.2
160	马鞍山	15.2
161	铜川	15.0
162	汕头	15.0
163	宿州	15.0
164	金昌	14.9
165	毕节	14.9
166	随州	14.7
167	六安	14.6
168	黄山	14.5
169	焦作	14.5
170	日照	14.3
171	安康	14.3
172	宣城	14.3
173	九江	14.3
174	大同	14.2
175	阳江	14.1
176	内江	14.1
177	潮州	14.0
178	遵义	14.0
179	白城	14.0
180	崇左	13.9
181	赣州	13.9
182	张掖	13.9
183	聊城	13.9
184	张家界	13.9
185	防城港	13.8
186	许昌	13.8
187	娄底	13.7
188	晋城	13.7
189	鹤壁	13.7
190	广安	13.6
191	遂宁	13.6
192	白山	13.5
193	茂名	13.5
194	南充	13.4
195	朔州	13.4
196	衡水	13.3
197	辽源	13.3
198	怀化	13.2
199	宿迁	13.2
200	信阳	13.2
201	安顺	13.2
202	菏泽	13.1
203	池州	13.1
204	亳州	13.0
205	六盘水	13.0
206	邯郸	13.0
207	抚顺	12.8

平均分：19.3

排名城市	得分
208梅州	12.7
209四平	12.7
210黄冈	12.7
211盘锦	12.7
212临汾	12.6
213沧州	12.6
214商丘	12.5
215运城	12.5
216汉中	12.4
217张家口	12.4
218资阳	12.2
219眉山	12.2
220陇南	12.2
221萍乡	12.0
222丹东	12.0
223达州	12.0
224天水	11.9
225巴中	11.9
226吉安	11.8
227揭阳	11.8
228忻州	11.7
229商洛	11.7
230固原	11.7
231滁州	11.6
232梧州	11.6
233吴忠	11.5
234中卫	11.5
235平凉	11.5
236清远	11.5
237铜仁	11.4
238驻马店	11.4
239松原	11.4
240延安	11.3
241周口	11.2
242安庆	11.2
243酒泉	11.1
244上饶	11.1
245淮北	11.0
246阜阳	10.9
247武威	10.8
248吕梁	10.8
249铁岭	10.7
250钦州	10.4
251百色	10.3
252开封	10.3
253宜春	10.2
254永州	10.1
255玉林	9.8
256庆阳	9.6
257汕尾	9.6
258定西	9.5
259贺州	9.5
260邵阳	9.2
261漯河	9.1
262贵港	9.1
263葫芦岛	9.0
264曲靖	8.8
265河池	8.7
266淮南	8.5
267来宾	8.2
268铜陵	8.1
269朝阳	8.0
270保山	8.0
271昭通	6.8
272临沧	6.2
273丽江	6.1
274普洱	6.1

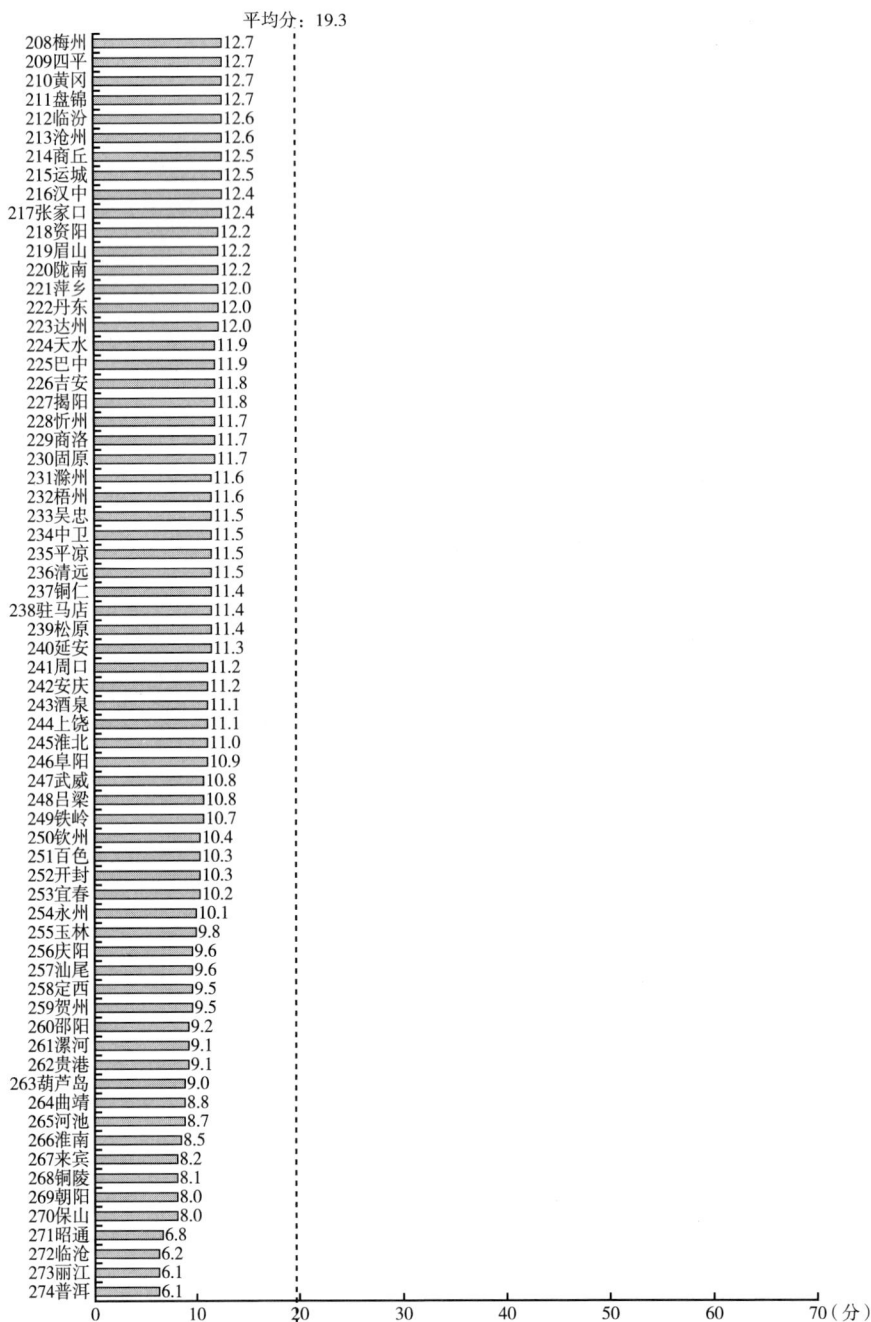

图 5 - 7　2015 年创新环境竞争力的排名及得分情况

境竞争力差异的影响相对较小。总的来看，各城市创新环境竞争力的整体差异比较小，而差异主要是由国家高新技术园区数和高等院校数的差异导致的。

为了更好地分析各三级指标对二级指标创新环境竞争力的贡献和作用，将各三级指标的得分与其权重相乘，折算为反映在二级指标上的得分，然后除以二级指标总得分，则可得到各三级指标的贡献率，这样可以更加直观地看出每个三级指标对二级指标的贡献大小（见图 5 – 8）。

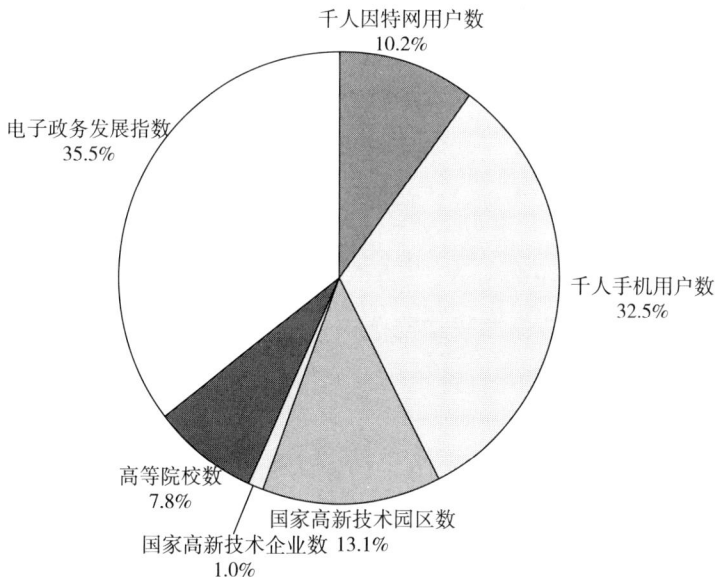

图 5 – 8 2015 年创新环境竞争力三级指标的贡献率

由图 5 – 8 可见，电子政务发展指数对创新环境竞争力的贡献率最高，平均贡献率为 35.5%，千人手机用户数的贡献率其次，为 32.5%；其余指标贡献率均低于 20%，其中国家高新技术企业数的贡献率最小，为 1.0%。因此，各城市要提高创新环境竞争力，就要特别关注电子政务发展指数和千人手机用户数，当然也不能忽视其他方面。

四 中国城市创新投入竞争力的评价与比较分析

（一）创新投入竞争力的评价结果

根据创新投入竞争力及其下属指标的排位和得分情况（具体参见附表5），排在第 1～10 位的城市依次为：北京、深圳、上海、西安、绍兴、天津、杭州、芜湖、宁波、台州，排在第 11～20 位的城市依次为苏州、长沙、合肥、金华、襄阳、南京、绵阳、广州、青岛、武汉，排在第 21～30 位的城市依次为珠海、湖州、铜陵、嘉兴、无锡、衢州、佛山、济南、常州、马鞍山，排在最后 10 位的城市依次为白城、毕节、平凉、安康、固原、张家界、定西、巴中、昭通、陇南。

2015 年创新投入竞争力的最高得分为 82.6 分，最低得分为 0.7 分，平均分为 13.2 分，标准差为 12.5；最高分与最低分的差距十分明显，两者相差 81.9 分；高于平均分的城市有 98 个。整体来看，创新投入竞争力水平比较低，排位靠前和排位靠后的城市与其他城市的得分差距较大。

创新投入竞争力得分分布很不均衡，大部分城市得分很低。具体来看，只有 1 个城市的创新投入竞争力得分在 80 分以上，1 个城市介于 60～70 分（含 60 分），3 个城市介于 50～60 分（含 50 分），4 个城市介于 40～50 分（含 40 分），18 个城市介于 30～40 分（含 30 分），37 个城市介于 20～30 分（含 20 分），63 个城市介于 10～20 分（含 10 分），147 个城市低于 10 分。

创新投入竞争力得分较高的城市主要分布在东部地区，在第一梯队城市中，有 32 个城市是东部城市，比重达到 64%，而相当部分的中西部城市的创新投入竞争力水平较低。为了更加直观地比较分析各城市的创新投入竞争力水平，我们将 2015 年各城市的创新投入竞争力得分通过图 5-9 显示。

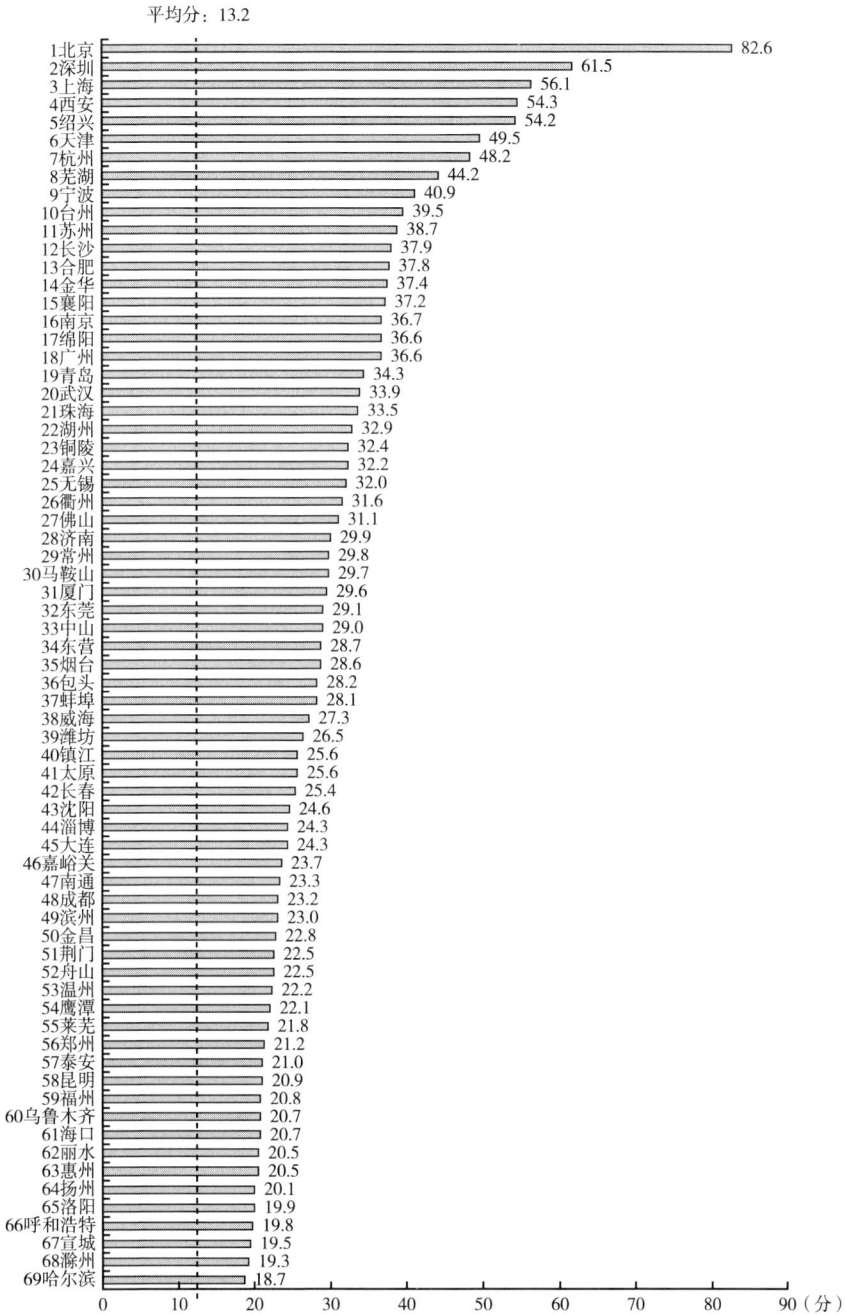

平均分：13.2

排名	城市	分数
1	北京	82.6
2	深圳	61.5
3	上海	56.1
4	西安	54.3
5	绍兴	54.2
6	天津	49.5
7	杭州	48.2
8	芜湖	44.2
9	宁波	40.9
10	台州	39.5
11	苏州	38.7
12	长沙	37.9
13	合肥	37.8
14	金华	37.4
15	襄阳	37.2
16	南京	36.7
17	绵阳	36.6
18	广州	36.6
19	青岛	34.3
20	武汉	33.9
21	珠海	33.5
22	湖州	32.9
23	铜陵	32.4
24	嘉兴	32.2
25	无锡	32.0
26	衢州	31.6
27	佛山	31.1
28	济南	29.9
29	常州	29.8
30	马鞍山	29.7
31	厦门	29.6
32	东莞	29.1
33	中山	29.0
34	东营	28.7
35	烟台	28.6
36	包头	28.2
37	蚌埠	28.1
38	威海	27.3
39	潍坊	26.5
40	镇江	25.6
41	太原	25.6
42	长春	25.4
43	沈阳	24.6
44	淄博	24.3
45	大连	24.3
46	嘉峪关	23.7
47	南通	23.3
48	成都	23.2
49	滨州	23.0
50	金昌	22.8
51	荆门	22.5
52	舟山	22.5
53	温州	22.2
54	鹰潭	22.1
55	莱芜	21.8
56	郑州	21.2
57	泰安	21.0
58	昆明	20.9
59	福州	20.8
60	乌鲁木齐	20.7
61	海口	20.7
62	丽水	20.5
63	惠州	20.5
64	扬州	20.1
65	洛阳	19.9
66	呼和浩特	19.8
67	宣城	19.5
68	滁州	19.3
69	哈尔滨	18.7

0　10　20　30　40　50　60　70　80　90（分）

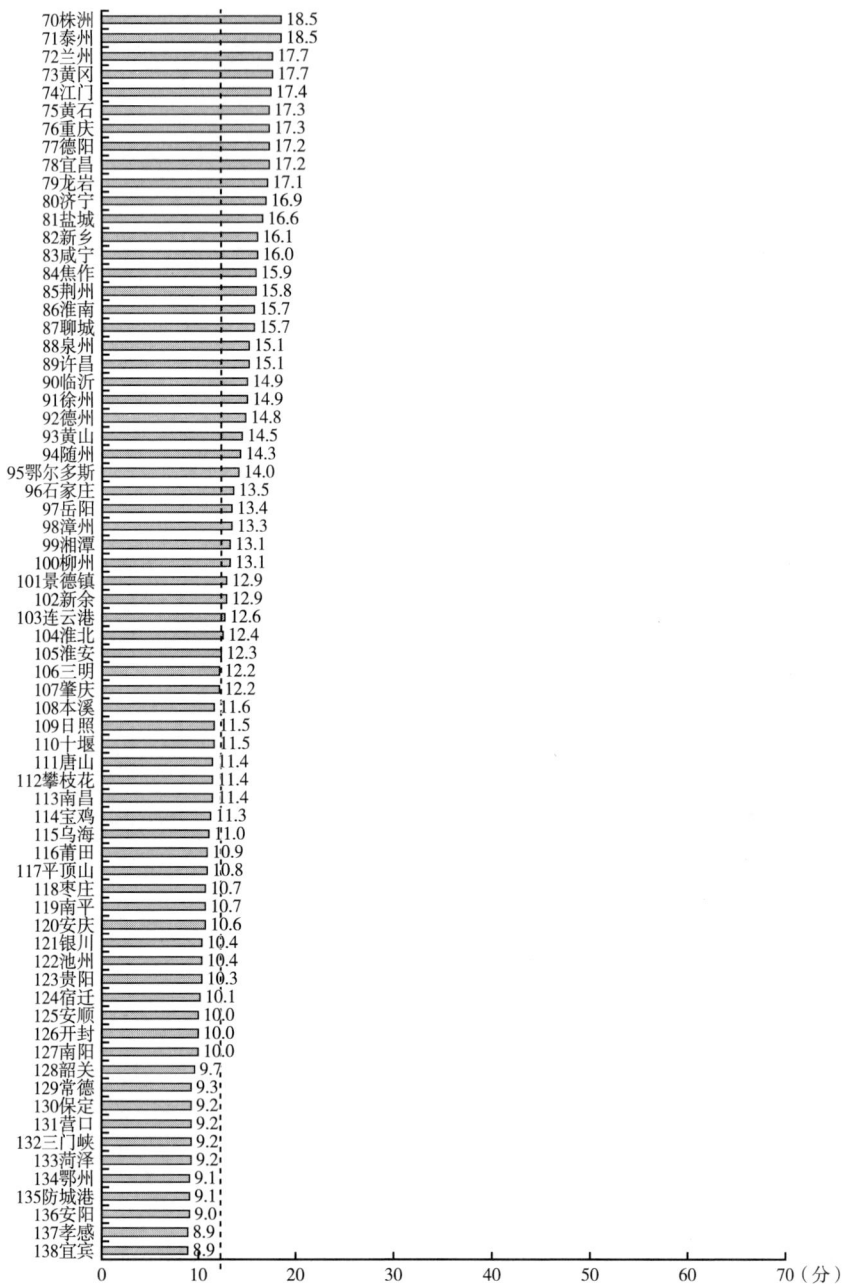

平均分：13.2

排名	城市	分数
70	株洲	18.5
71	泰州	18.5
72	兰州	17.7
73	黄冈	17.7
74	江门	17.4
75	黄石	17.3
76	重庆	17.3
77	德阳	17.2
78	宜昌	17.2
79	龙岩	17.1
80	济宁	16.9
81	盐城	16.6
82	新乡	16.1
83	咸宁	16.0
84	焦作	15.9
85	荆州	15.8
86	淮南	15.7
87	聊城	15.7
88	泉州	15.1
89	许昌	15.1
90	临沂	14.9
91	徐州	14.9
92	德州	14.8
93	黄山	14.5
94	随州	14.3
95	鄂尔多斯	14.0
96	石家庄	13.5
97	岳阳	13.4
98	漳州	13.3
99	湘潭	13.1
100	柳州	13.1
101	景德镇	12.9
102	新余	12.9
103	连云港	12.6
104	淮北	12.4
105	淮安	12.3
106	三明	12.2
107	肇庆	12.2
108	本溪	11.6
109	日照	11.5
110	十堰	11.5
111	唐山	11.4
112	攀枝花	11.4
113	南昌	11.4
114	宝鸡	11.3
115	乌海	11.0
116	莆田	10.9
117	平顶山	10.8
118	枣庄	10.7
119	南平	10.7
120	安庆	10.6
121	银川	10.4
122	池州	10.4
123	贵阳	10.3
124	宿迁	10.1
125	安顺	10.0
126	开封	10.0
127	南阳	10.0
128	韶关	9.7
129	常德	9.3
130	保定	9.2
131	营口	9.2
132	三门峡	9.2
133	菏泽	9.2
134	鄂州	9.1
135	防城港	9.1
136	安阳	9.0
137	孝感	8.9
138	宜宾	8.9

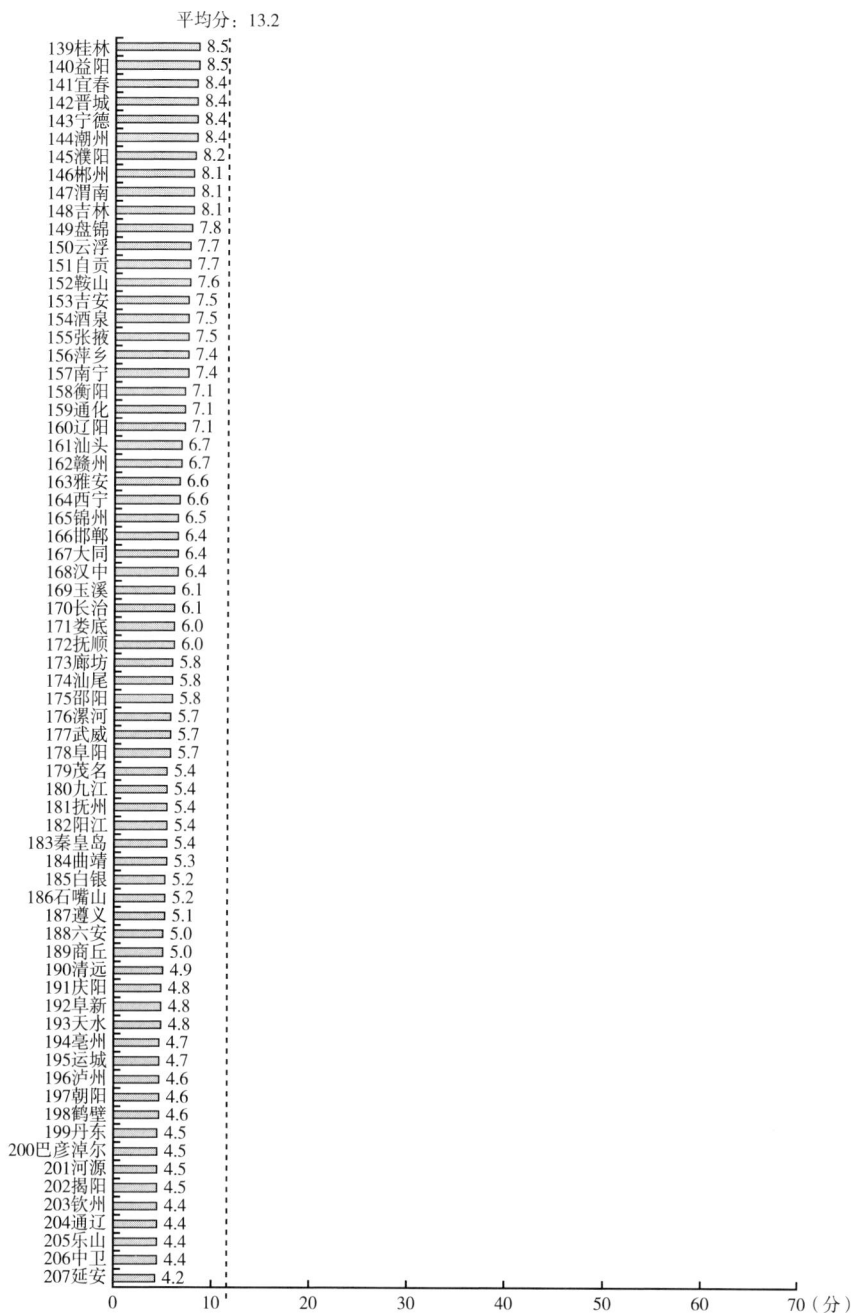

平均分：13.2

排名	城市	分数
139	桂林	8.5
140	益阳	8.5
141	宜春	8.4
142	晋城	8.4
143	宁德	8.4
144	潮州	8.4
145	濮阳	8.2
146	郴州	8.1
147	渭南	8.1
148	吉林	8.1
149	盘锦	7.8
150	云浮	7.7
151	自贡	7.7
152	鞍山	7.6
153	吉安	7.5
154	酒泉	7.5
155	张掖	7.5
156	萍乡	7.4
157	南宁	7.4
158	衡阳	7.1
159	通化	7.1
160	辽阳	7.1
161	汕头	6.7
162	赣州	6.7
163	雅安	6.6
164	西宁	6.6
165	锦州	6.5
166	邯郸	6.4
167	大同	6.4
168	汉中	6.4
169	玉溪	6.1
170	长治	6.1
171	娄底	6.0
172	抚顺	6.0
173	廊坊	5.8
174	汕尾	5.8
175	邵阳	5.8
176	漯河	5.7
177	武威	5.7
178	阜阳	5.7
179	茂名	5.4
180	九江	5.4
181	抚州	5.4
182	阳江	5.4
183	秦皇岛	5.4
184	曲靖	5.3
185	白银	5.2
186	石嘴山	5.2
187	遵义	5.1
188	六安	5.0
189	商丘	5.0
190	清远	4.9
191	庆阳	4.8
192	阜新	4.8
193	天水	4.8
194	亳州	4.7
195	运城	4.7
196	泸州	4.6
197	朝阳	4.6
198	鹤壁	4.6
199	丹东	4.5
200	巴彦淖尔	4.5
201	河源	4.5
202	揭阳	4.5
203	钦州	4.4
204	通辽	4.4
205	乐山	4.4
206	中卫	4.4
207	延安	4.2

0　　10　　20　　30　　40　　50　　60　　70（分）

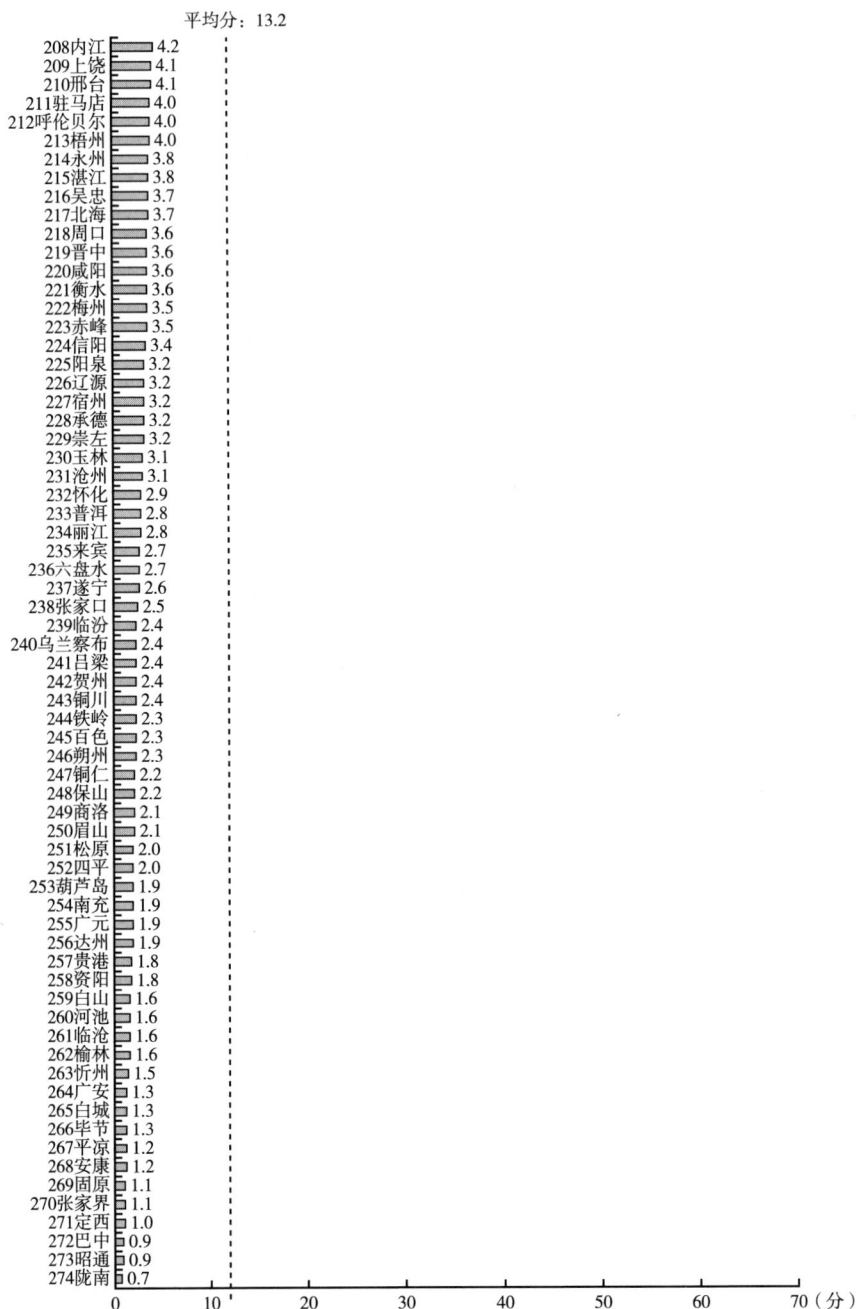

图 5 - 9　2015 年创新投入竞争力的排名及得分情况

由图 5-9 可以看出，各城市的创新投入竞争力得分比较集中，共有 210 个城市的得分低于 20 分，占城市总数的 76.6%；相邻各城市间的差距很小，两极分化严重，如得分最高的北京达到 82.6 分，而得分最低的陇南仅为 0.7 分。

（二）创新投入竞争力的要素得分及贡献率

在创新投入竞争力指标组得分中，研发人员占从业人员比重的标准差最高，达到 19.1，表明这个指标的城市间差异最大，是导致各城市创新投入竞争力差异的最主要因素。而 R&D 经费支出占 GDP 比重、人均 R&D 经费支出、财政科技支出占一般预算支出比重的标准差也比较大，分别为 15.3、16.2 和 15.7，对各城市创新投入竞争力差异的贡献也比较大。其他两个三级指标对各城市创新投入竞争力差异的影响相对较小。总的来看，各城市创新投入竞争力的整体水平差异较小，而差异主要是由研发人员占从业人员比重的差异导致的。

为了更好地分析各三级指标对二级指标创新投入竞争力的贡献和作用，将各三级指标的得分与其权重相乘，折算为反映在二级指标上的得分，然后除以二级指标总得分，则可得到各三级指标的贡献率，这样可以更加直观地看出每个三级指标对二级指标的贡献大小（见图 5-10）。

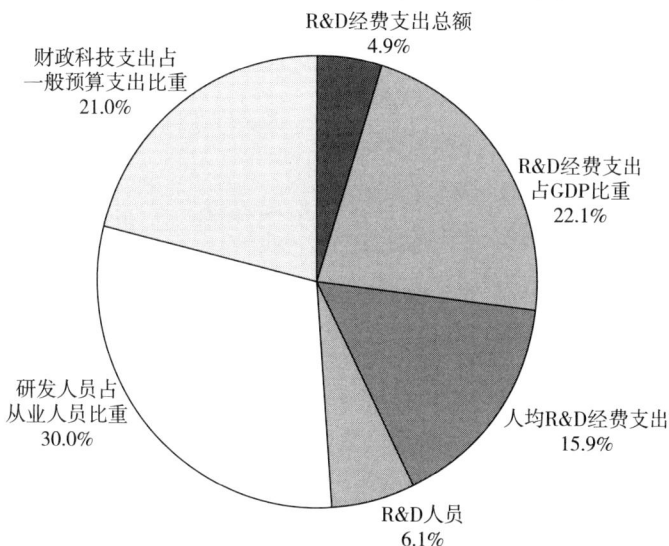

图 5-10　2015 年创新投入竞争力三级指标的贡献率

由图 5-10 可见，研发人员占从业人员比重对创新投入竞争力的贡献率最高，平均贡献率为 30.0%，R&D 经费支出占 GDP 比重和财政科技支出占一般预算支出比重的贡献率分别为 22.1% 和 21.0%；其余指标贡献率均低于 20%，其中 R&D 经费支出总额的贡献率最小，为 4.9%。因此，各城市要提高创新投入竞争力，就要特别关注研发人员占从业人员比重、R&D 经费支出占 GDP 比重和财政科技支出占一般预算支出比重情况，当然也不能忽视其他方面。

五　中国城市创新产出竞争力的评价与比较分析

（一）创新产出竞争力的评价结果

根据创新产出竞争力指标组得分和排名情况（具体参见附表 6），排在第 1~10 位的城市依次为深圳、北京、苏州、上海、长沙、无锡、广州、沧州、廊坊、北海，排在第 11~20 位的城市依次为郑州、松原、西安、四平、随州、天津、梧州、营口、通辽、辽源，排在第 21~30 位的城市依次为成都、吉林、武汉、哈尔滨、长春、潍坊、许昌、洛阳、遵义、辽阳，排在最后 10 位的城市依次为运城、忻州、汉中、阜新、曲靖、临沧、固原、阳泉、河池、平凉。

2015 年创新产出竞争力的最高得分为 73.8 分，最低得分为 6.3 分，平均分为 30.6 分，标准差为 8.2；最高分与最低分的差距十分明显，两者相差 67.5 分；高于平均分的城市有 136 个。整体来看，创新产出竞争力水平相对较高，排位靠前和排位靠后的城市与其他城市的得分差距较大，但排位相邻城市间的差距不大。

创新产出竞争力得分分布比较集中。具体来看，只有 1 个城市的创新产出竞争力得分高于 70 分，1 个城市介于 60~70 分（含 60 分），3 个城市介于 50~60 分（含 50 分），22 个城市介于 40~50 分（含 40

分），120 个城市介于 30～40 分（含 30 分），106 个城市介于 20～30 分（含 20 分），20 个城市介于 10～20 分（含 10 分），1 个城市低于 10 分。

与其他二级指标不同的是，在创新产出竞争力的第一梯队城市中，东部城市的个数并不多，只有 16 个城市是东部城市，比重为 32%。但在排名前 10 位的城市中，东部城市占了 8 席，仍然显示出东部城市较高的创新产出竞争力水平。

为更加直观地比较分析各城市的创新产出竞争力水平，我们将 2015 年各城市的创新产出竞争力得分通过图 5－11 显示。由图 5－11 可以看出，各城市的创新产出竞争力得分比较集中，共有 226 个城市的得分介于 20～40 分，占城市总数的 82.5%；相邻城市间的总体差距很小，两极分化严重，如得分最高的深圳达到 73.8 分，而得分最低的平凉仅为 6.3 分。

（二）创新产出竞争力的要素得分及贡献率

在创新产出竞争力指标组得分中，高技术产品出口比重的标准差最高，达到 21.4，表明这个指标的城市间差异最大，是导致各城市创新产出竞争力差异的最主要因素。而全社会劳动生产率、单位工业产值污染排放量的标准差也较大，分别为 17.2 和 18.0，对各城市创新产出竞争力差异的贡献也比较大。其他三级指标对各城市创新产出竞争力差异的影响相对较小。总的来看，各城市创新产出竞争力的整体差异比较小，而差异主要是由高技术产品出口比重、全社会劳动生产率、单位工业产值污染排放量不同导致的。

为了更好地分析各三级指标对二级指标创新产出竞争力的贡献和作用，将各三级指标的得分与其权重相乘，折算为反映在二级指标上的得分，然后除以二级指标总得分，则可得到各三级指标的贡献率，这样可以更加直观地看出每个三级指标对二级指标的贡献大小（见图 5－12）。

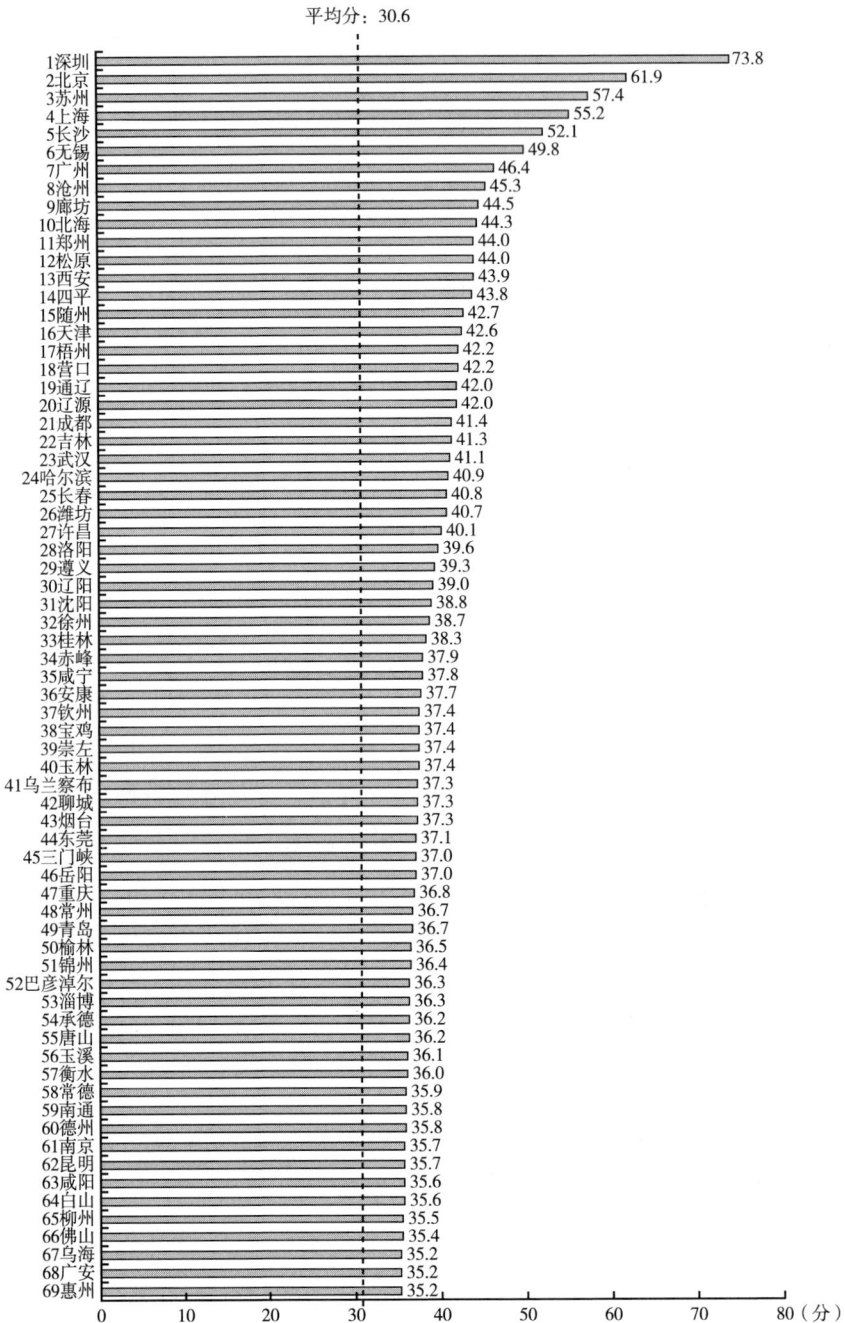

平均分：30.6

排名	分数
1深圳	73.8
2北京	61.9
3苏州	57.4
4上海	55.2
5长沙	52.1
6无锡	49.8
7广州	46.4
8沧州	45.3
9廊坊	44.5
10北海	44.3
11郑州	44.0
12松原	44.0
13西安	43.9
14四平	43.8
15随州	42.7
16天津	42.6
17梧州	42.2
18营口	42.2
19通辽	42.0
20辽源	42.0
21成都	41.4
22吉林	41.3
23武汉	41.1
24哈尔滨	40.9
25长春	40.8
26潍坊	40.7
27许昌	40.1
28洛阳	39.6
29遵义	39.3
30辽阳	39.0
31沈阳	38.8
32徐州	38.7
33桂林	38.3
34赤峰	37.9
35咸宁	37.8
36安康	37.7
37钦州	37.4
38宝鸡	37.4
39崇左	37.4
40玉林	37.4
41乌兰察布	37.3
42聊城	37.3
43烟台	37.3
44东莞	37.1
45三门峡	37.0
46岳阳	37.0
47重庆	36.8
48常州	36.7
49青岛	36.7
50榆林	36.5
51锦州	36.4
52巴彦淖尔	36.3
53淄博	36.3
54承德	36.2
55唐山	36.2
56玉溪	36.1
57衡水	36.0
58常德	35.9
59南通	35.8
60德州	35.8
61南京	35.7
62昆明	35.7
63咸阳	35.6
64白山	35.6
65柳州	35.5
66佛山	35.4
67乌海	35.2
68广安	35.2
69惠州	35.2

0　10　20　30　40　50　60　70　80（分）

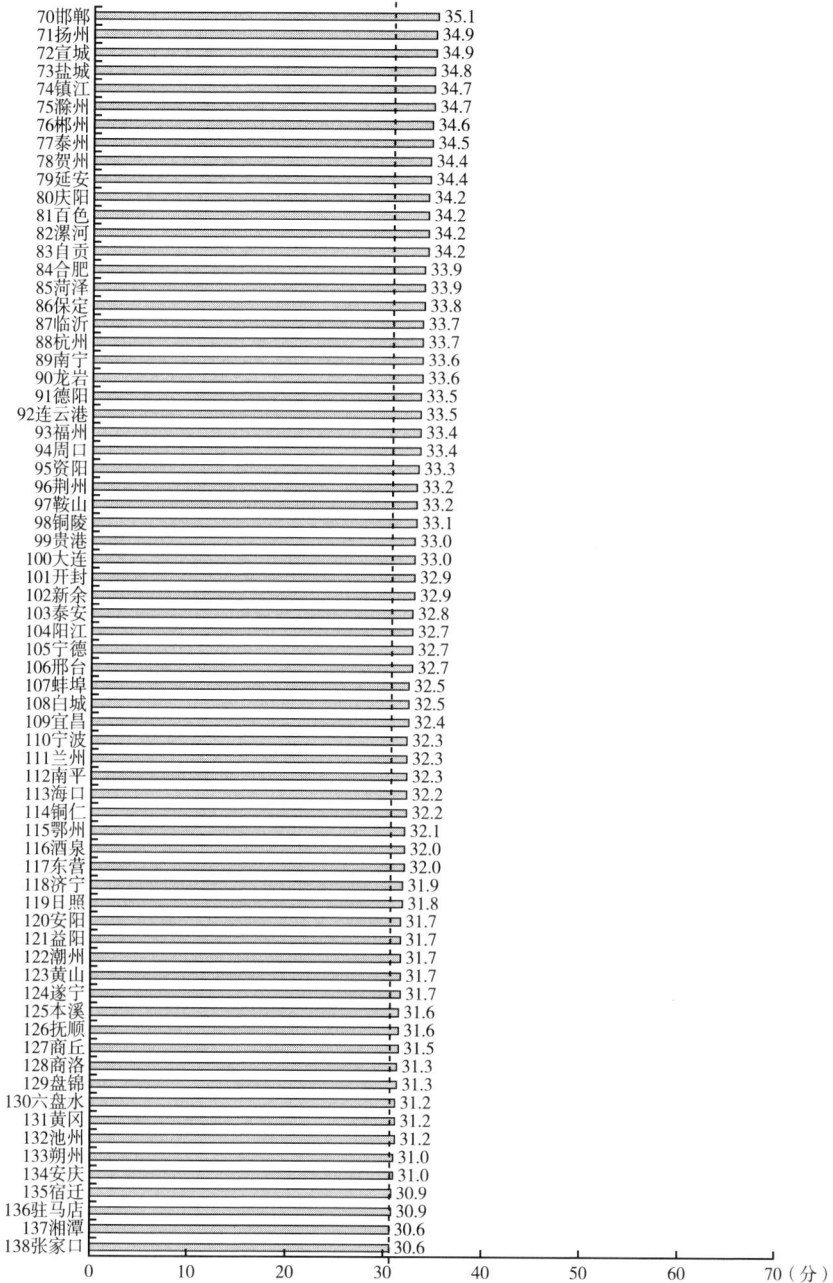

平均分：30.6

排名	城市	分数
70	邯郸	35.1
71	扬州	34.9
72	宣城	34.9
73	盐城	34.8
74	镇江	34.7
75	滁州	34.7
76	郴州	34.6
77	泰州	34.5
78	贺州	34.4
79	延安	34.4
80	庆阳	34.2
81	百色	34.2
82	漯河	34.2
83	自贡	34.2
84	合肥	33.9
85	菏泽	33.9
86	保定	33.8
87	临沂	33.7
88	杭州	33.7
89	南宁	33.6
90	龙岩	33.6
91	德阳	33.5
92	连云港	33.5
93	福州	33.4
94	周口	33.4
95	资阳	33.3
96	荆州	33.2
97	鞍山	33.2
98	铜陵	33.1
99	贵港	33.0
100	大连	33.0
101	开封	32.9
102	新余	32.9
103	泰安	32.8
104	阳江	32.7
105	宁德	32.7
106	邢台	32.7
107	蚌埠	32.5
108	白城	32.5
109	宜昌	32.4
110	宁波	32.3
111	兰州	32.3
112	南平	32.3
113	海口	32.2
114	铜仁	32.2
115	鄂州	32.1
116	酒泉	32.0
117	东营	32.0
118	济宁	31.9
119	日照	31.8
120	安阳	31.7
121	益阳	31.7
122	潮州	31.7
123	黄山	31.7
124	遂宁	31.7
125	本溪	31.6
126	抚顺	31.6
127	商丘	31.5
128	商洛	31.3
129	盘锦	31.3
130	六盘水	31.2
131	黄冈	31.2
132	池州	31.2
133	朔州	31.0
134	安庆	31.0
135	宿迁	30.9
136	驻马店	30.9
137	湘潭	30.6
138	张家口	30.6

0   10   20   30   40   50   60   70 (分)

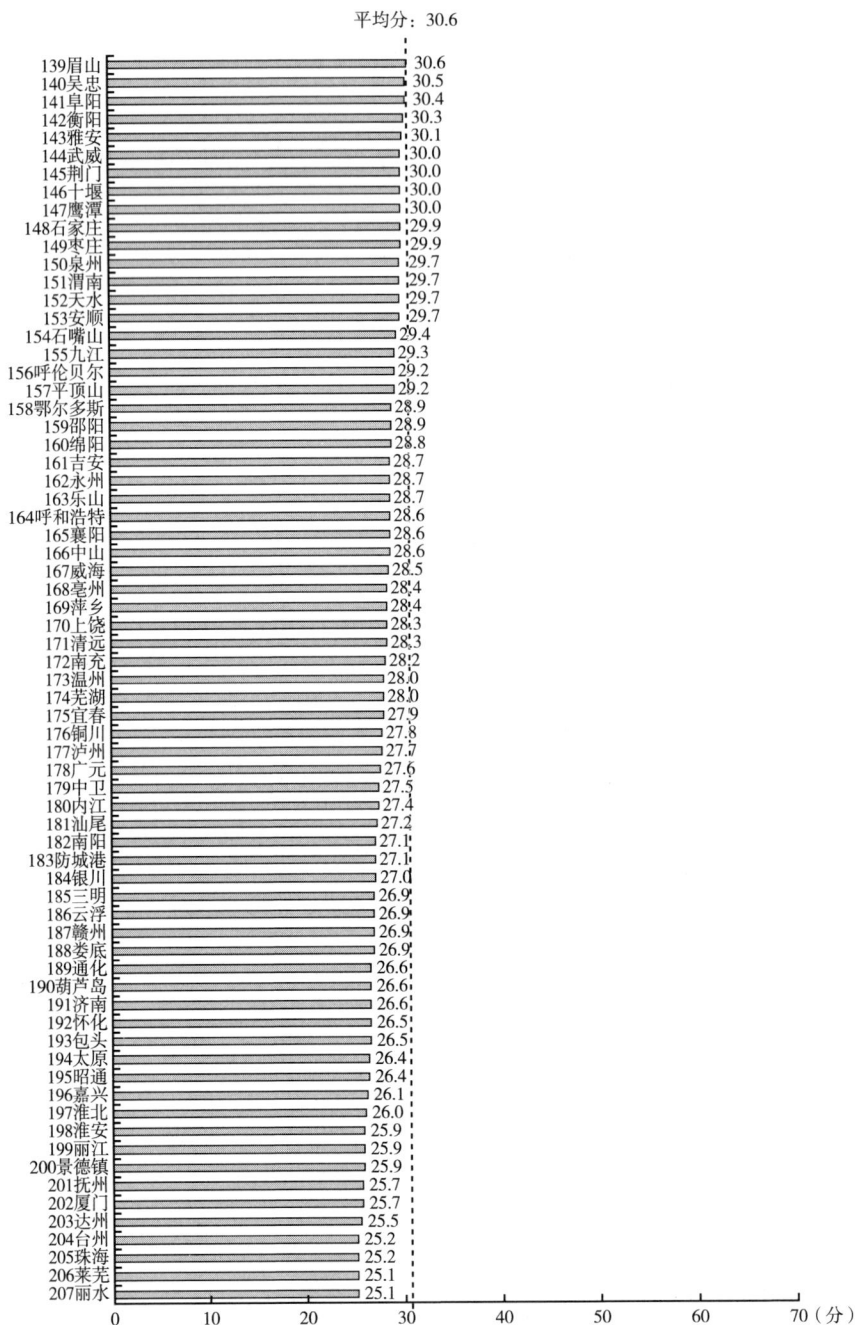

平均分：30.6

排名	城市	分数
139	眉山	30.6
140	吴忠	30.5
141	阜阳	30.4
142	衡阳	30.3
143	雅安	30.1
144	武威	30.0
145	荆门	30.0
146	十堰	30.0
147	鹰潭	30.0
148	石家庄	29.9
149	枣庄	29.9
150	泉州	29.7
151	渭南	29.7
152	天水	29.7
153	安顺	29.7
154	石嘴山	29.4
155	九江	29.3
156	呼伦贝尔	29.2
157	平顶山	29.2
158	鄂尔多斯	28.9
159	邵阳	28.9
160	绵阳	28.8
161	吉安	28.7
162	永州	28.7
163	乐山	28.7
164	呼和浩特	28.6
165	襄阳	28.6
166	中山	28.6
167	威海	28.5
168	亳州	28.4
169	萍乡	28.4
170	上饶	28.3
171	清远	28.3
172	南充	28.2
173	温州	28.0
174	芜湖	28.0
175	宜春	27.9
176	铜川	27.8
177	泸州	27.7
178	广元	27.6
179	中卫	27.5
180	内江	27.4
181	汕尾	27.2
182	南阳	27.1
183	防城港	27.1
184	银川	27.0
185	三明	26.9
186	云浮	26.9
187	赣州	26.9
188	娄底	26.9
189	通化	26.6
190	葫芦岛	26.6
191	济南	26.6
192	怀化	26.5
193	包头	26.5
194	太原	26.4
195	昭通	26.4
196	嘉兴	26.1
197	淮北	26.0
198	淮安	25.9
199	丽江	25.9
200	景德镇	25.9
201	抚州	25.7
202	厦门	25.7
203	达州	25.5
204	台州	25.2
205	珠海	25.2
206	莱芜	25.1
207	丽水	25.1

0　　10　　20　　30　　40　　50　　60　　70（分）

平均分：30.6

排名	城市	得分
208	金华	25.0
209	马鞍山	25.0
210	西宁	24.7
211	韶关	24.6
212	丹东	24.6
213	定西	24.5
214	信阳	24.3
215	嘉峪关	24.3
216	贵阳	24.3
217	焦作	24.2
218	茂名	24.1
219	南昌	24.1
220	河源	24.0
221	肇庆	24.0
222	湖州	24.0
223	铁岭	23.9
224	攀枝花	23.9
225	黄石	23.8
226	张掖	23.8
227	揭阳	23.7
228	滨州	23.7
229	漳州	23.7
230	宜宾	23.6
231	乌鲁木齐	23.6
232	巴中	23.5
233	白银	23.3
234	汕头	23.2
235	绍兴	23.2
236	江门	23.1
237	孝感	23.1
238	濮阳	23.1
239	株洲	22.9
240	朝阳	22.8
241	晋城	22.8
242	大同	22.6
243	湛江	22.4
244	新乡	22.2
245	陇南	22.2
246	鹤壁	21.8
247	衢州	21.8
248	毕节	21.5
249	来宾	21.4
250	宿州	21.3
251	六安	20.8
252	莆田	20.6
253	普洱	20.4
254	金昌	19.7
255	晋中	19.4
256	保山	19.2
257	张家界	19.2
258	舟山	18.6
259	淮南	18.4
260	长治	18.3
261	临汾	17.9
262	秦皇岛	17.6
263	梅州	17.5
264	吕梁	16.6
265	运城	15.9
266	忻州	15.6
267	汉中	15.0
268	阜新	15.0
269	曲靖	14.8
270	临沧	13.1
271	固原	12.8
272	阳泉	12.4
273	河池	10.3
274	平凉	6.3

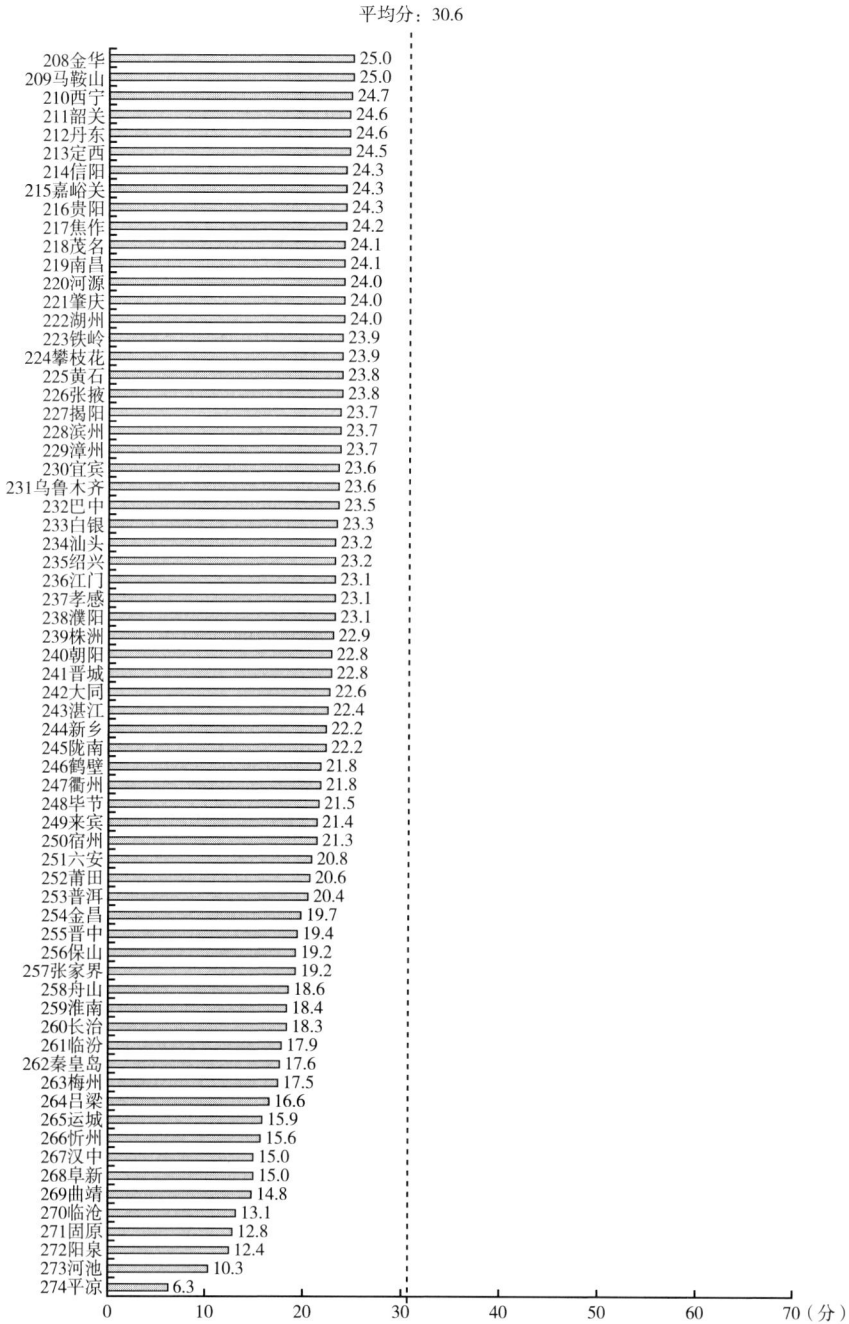

图 5-11　2015 年创新产出竞争力的排名及得分情况

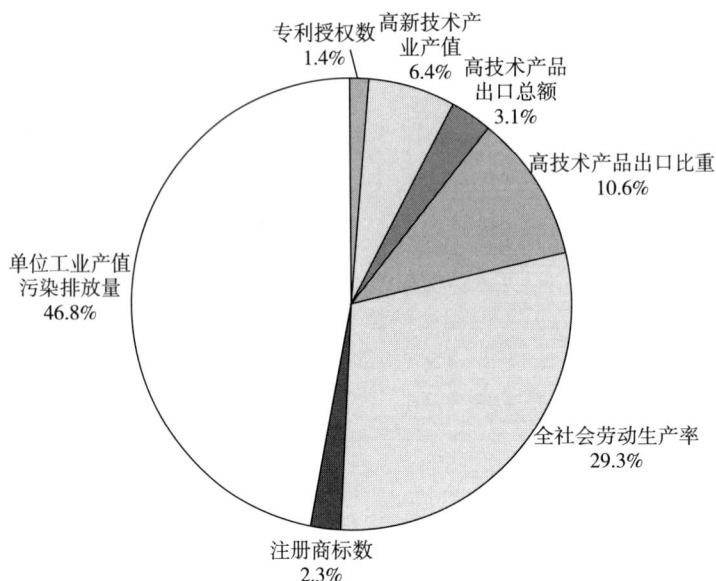

图 5 - 12   2015 年创新产出竞争力三级指标的贡献率

由图 5 - 12 可见，单位工业产值污染排放量得分对创新产出竞争力得分的贡献率最高，平均贡献率为 46.8%，全社会劳动生产率和高技术产品出口比重的贡献率分别为 29.3% 和 10.6%；其余指标贡献率均低于 10%，其中专利授权数的贡献率最小，为 1.4%。因此，各城市要提高创新产出竞争力，就要特别注重降低单位工业产值污染排放量、提高全社会劳动生产率，当然也不能忽视其他方面。

六   中国城市创新可持续发展竞争力的评价与比较分析

（一）创新可持续发展竞争力的评价结果

根据创新可持续发展竞争力及其下属指标的排位和得分情况（具体参见附表 7），排在第 1 ~ 10 位的城市依次为北京、上海、深圳、曲靖、宁波、天津、东莞、重庆、苏州、杭州，排在第 11 ~ 20 位的城市依次为广州、厦门、防城港、南京、绍兴、青岛、珠海、温州、舟山、嘉兴,排在第 21 ~ 30 位的城市依次为无锡、金华、铜仁、佛山、中山、长沙、台州、常州、西安、湖州,排在最后 10 位的城市依次为十堰、眉山、鄂州、荆州、抚顺、阜新、铁岭、葫芦岛、襄阳、随州。

2015 年创新可持续发展竞争力的最高得分为 54.9 分,最低得分为 4.7 分,平均分为 16.3 分,标准差为 6.9;最高分与最低分的差距比较明显,两者相差 50.2 分;高于平均分的城市有 106 个。整体来看,创新可持续发展竞争力整体水平很低,排位靠前和排位靠后的城市与其他城市的得分差距较大,但排位相邻城市间的差距很小。

创新可持续发展竞争力得分分布比较集中,大部分城市得分很低。具体来看,城市创新可持续发展竞争力得分都低于 60 分,2 个城市介于50 ~ 60 分(含 50 分),1 个城市介于 40 ~ 50 分(含 40 分),9 个城市介于 30 ~ 40 分(含 30 分),42 个城市介于 20 ~ 30 分(含 20 分),189 个城市介于 10 ~ 20 分(含 10 分),31 个城市低于 10 分。

创新可持续发展竞争力得分较高的城市主要分布在东部地区,在第一梯队城市中,有 33 个城市是东部城市,比重达到 66%,而相当部分的中西部城市的创新可持续发展竞争力水平较低。

为更加直观地比较分析各城市的创新可持续发展竞争力水平,我们将 2015 年各城市的创新可持续发展竞争力得分通过图 5 - 13 显示。由图 5 - 13 可以看出,各城市的创新可持续发展竞争力得分比较集中,共有 231 个城市的得分介于 10 ~ 30 分,占城市总数的 84.3%;各城市间的总体差距很小,但排位差距大的得分差距也很大,如得分最高的北京达到 54.9 分,而得分最低的随州仅为 4.7 分。

(二)创新可持续发展竞争力的要素得分及贡献率

在创新可持续发展竞争力指标组得分中,城镇居民人均可支配收入的标准差最高,达到 19.2,表明这个指标的城市间差异最大,是导致各城市创新可持续发展竞争力差异的最主要因素。而其他三级指标对各城市创新

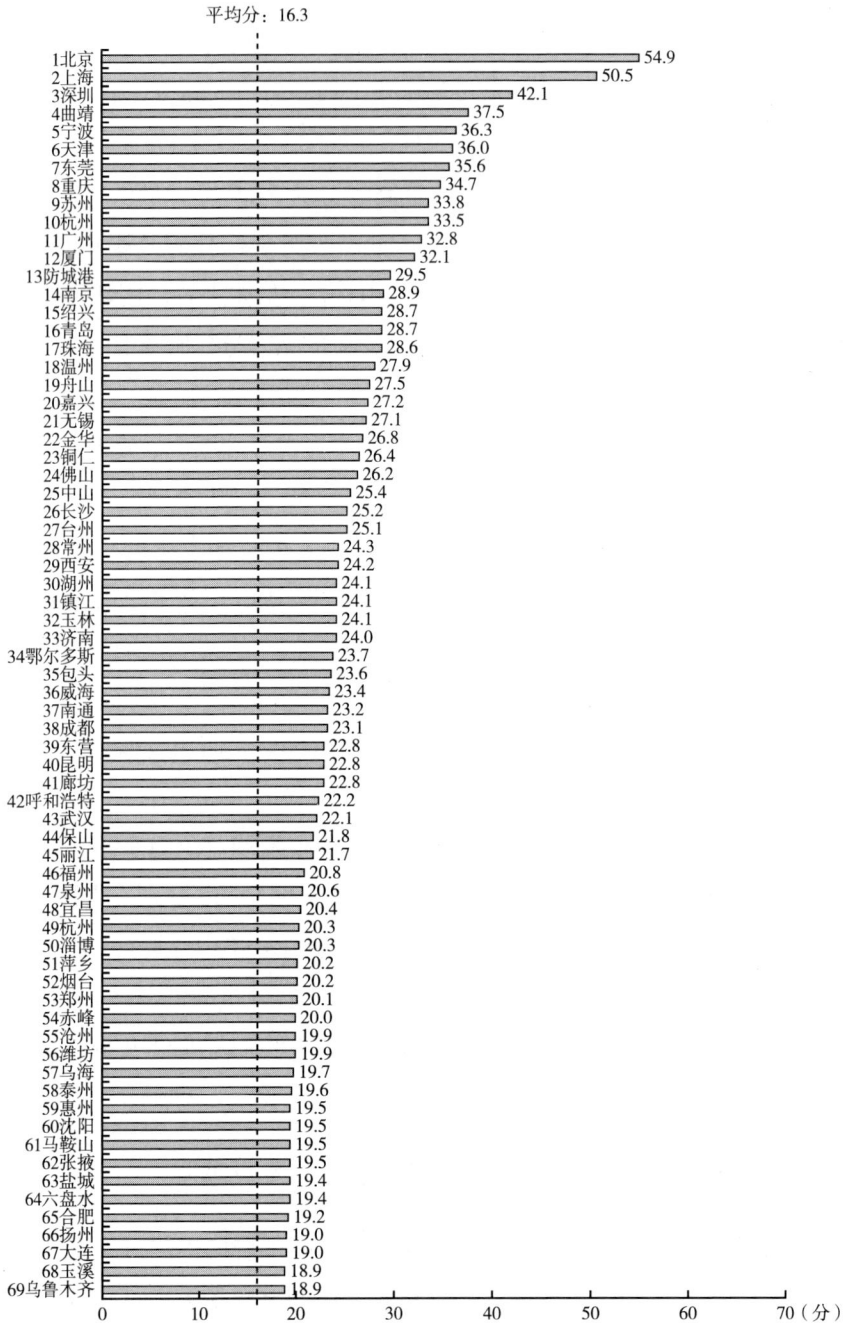

平均分：16.3

排名	城市	分数
1	北京	54.9
2	上海	50.5
3	深圳	42.1
4	曲靖	37.5
5	宁波	36.3
6	天津	36.0
7	东莞	35.6
8	重庆	34.7
9	苏州	33.8
10	杭州	33.5
11	广州	32.8
12	厦门	32.1
13	防城港	29.5
14	南京	28.9
15	绍兴	28.7
16	青岛	28.7
17	珠海	28.6
18	温州	27.9
19	舟山	27.5
20	嘉兴	27.2
21	无锡	27.1
22	金华	26.8
23	铜仁	26.4
24	佛山	26.2
25	中山	25.4
26	长沙	25.2
27	台州	25.1
28	常州	24.3
29	西安	24.2
30	湖州	24.1
31	镇江	24.1
32	玉林	24.1
33	济南	24.0
34	鄂尔多斯	23.7
35	包头	23.6
36	威海	23.4
37	南通	23.2
38	成都	23.1
39	东营	22.8
40	昆明	22.8
41	廊坊	22.8
42	呼和浩特	22.2
43	武汉	22.1
44	保山	21.8
45	丽江	21.7
46	福州	20.8
47	泉州	20.6
48	宜昌	20.4
49	杭州	20.3
50	淄博	20.3
51	萍乡	20.2
52	烟台	20.2
53	郑州	20.1
54	赤峰	20.0
55	沧州	19.9
56	潍坊	19.9
57	乌海	19.7
58	泰州	19.6
59	惠州	19.5
60	沈阳	19.5
61	马鞍山	19.5
62	张掖	19.5
63	盐城	19.4
64	六盘水	19.4
65	合肥	19.2
66	扬州	19.0
67	大连	19.0
68	玉溪	18.9
69	乌鲁木齐	18.9

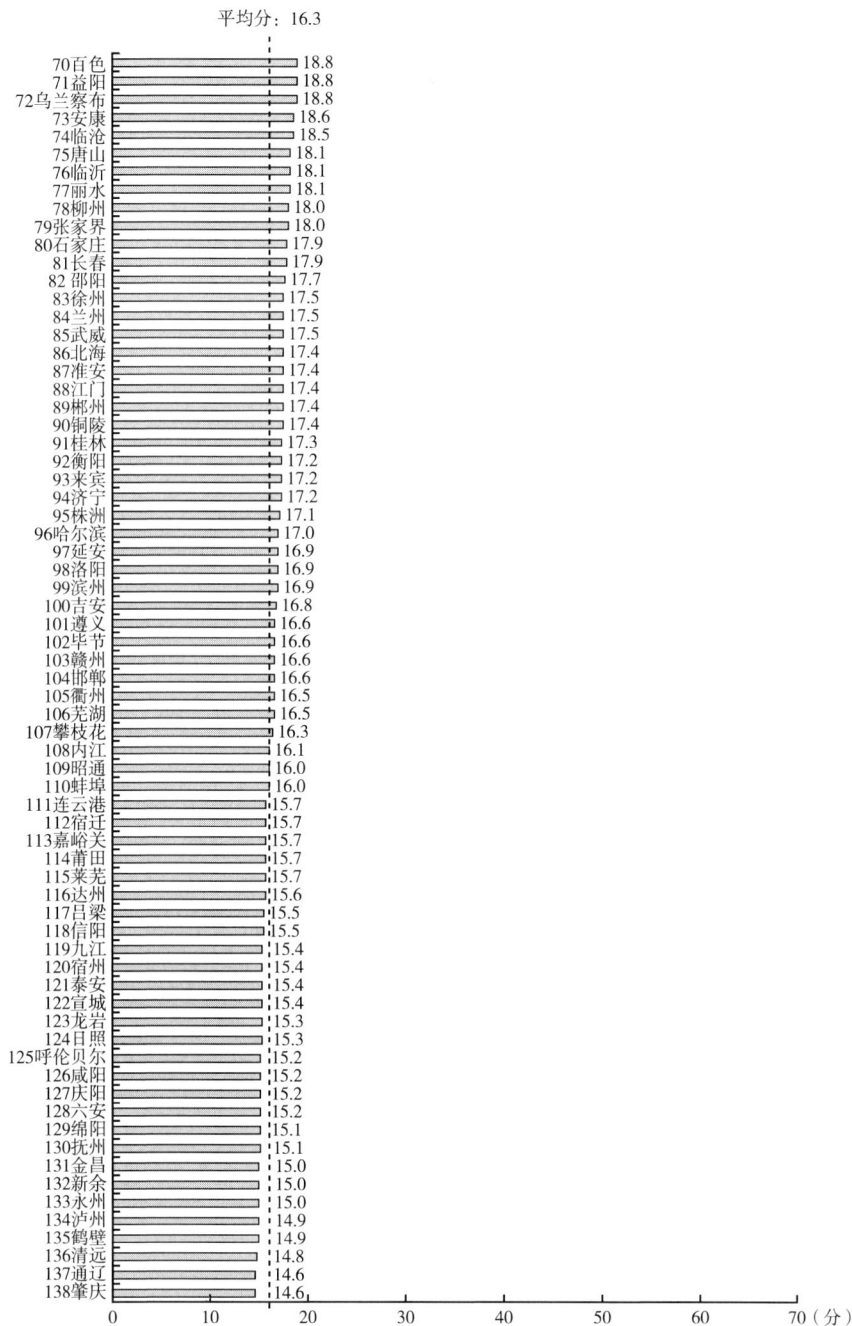

平均分：16.3

排名	分数
70百色	18.8
71益阳	18.8
72乌兰察布	18.8
73安康	18.6
74临沧	18.5
75唐山	18.1
76临沂	18.1
77丽水	18.1
78柳州	18.0
79张家界	18.0
80石家庄	17.9
81长春	17.9
82邵阳	17.7
83徐州	17.5
84兰州	17.5
85武威	17.5
86北海	17.4
87淮安	17.4
88江门	17.4
89郴州	17.4
90铜陵	17.4
91桂林	17.3
92衡阳	17.2
93来宾	17.2
94济宁	17.2
95株洲	17.1
96哈尔滨	17.0
97延安	16.9
98洛阳	16.9
99滨州	16.9
100吉安	16.8
101遵义	16.6
102毕节	16.6
103赣州	16.6
104邯郸	16.6
105衢州	16.5
106芜湖	16.5
107攀枝花	16.3
108内江	16.1
109昭通	16.0
110蚌埠	16.0
111连云港	15.7
112宿迁	15.7
113嘉峪关	15.7
114莆田	15.7
115莱芜	15.7
116达州	15.6
117吕梁	15.5
118信阳	15.5
119九江	15.4
120宿州	15.4
121泰安	15.4
122宣城	15.4
123龙岩	15.3
124日照	15.3
125呼伦贝尔	15.2
126咸阳	15.2
127庆阳	15.2
128六安	15.2
129绵阳	15.1
130抚州	15.1
131金昌	15.0
132新余	15.0
133永州	15.0
134泸州	14.9
135鹤壁	14.9
136清远	14.8
137通辽	14.6
138肇庆	14.6

0   10   20   30   40   50   60   70（分）

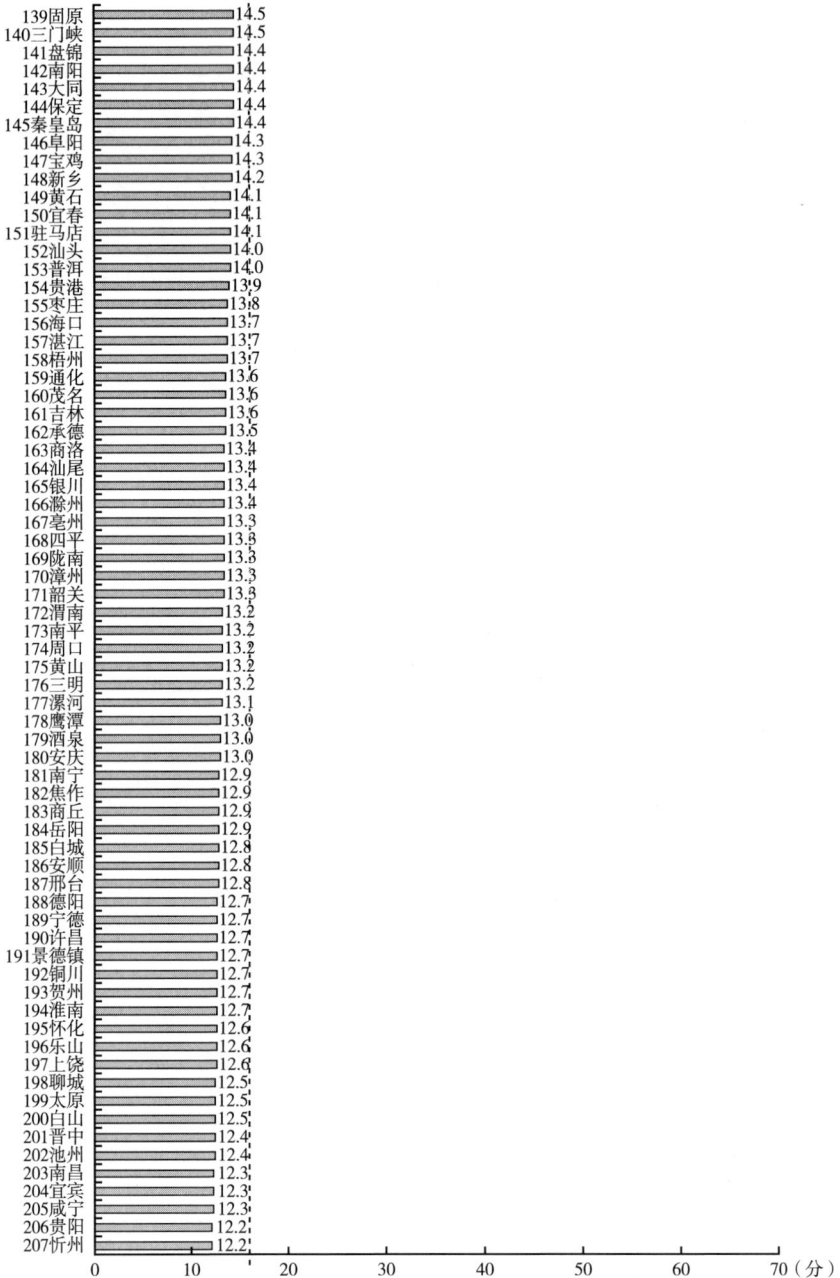

平均分：16.3

排名	城市	分数
139	固原	14.5
140	三门峡	14.5
141	盘锦	14.4
142	南阳	14.4
143	大同	14.4
144	保定	14.4
145	秦皇岛	14.4
146	阜阳	14.3
147	宝鸡	14.3
148	新乡	14.2
149	黄石	14.1
150	宜春	14.1
151	驻马店	14.1
152	汕头	14.0
153	普洱	14.0
154	贵港	13.9
155	枣庄	13.8
156	海口	13.7
157	湛江	13.7
158	梧州	13.7
159	通化	13.6
160	茂名	13.6
161	吉林	13.6
162	承德	13.5
163	商洛	13.4
164	汕尾	13.4
165	银川	13.4
166	滁州	13.4
167	亳州	13.3
168	四平	13.3
169	陇南	13.3
170	漳州	13.3
171	韶关	13.3
172	渭南	13.2
173	南平	13.2
174	周口	13.2
175	黄山	13.2
176	三明	13.2
177	漯河	13.1
178	鹰潭	13.0
179	酒泉	13.0
180	安庆	13.0
181	南宁	12.9
182	焦作	12.9
183	商丘	12.9
184	岳阳	12.9
185	白城	12.8
186	安顺	12.8
187	邢台	12.8
188	德阳	12.7
189	宁德	12.7
190	许昌	12.7
191	景德镇	12.7
192	铜川	12.7
193	贺州	12.7
194	淮南	12.7
195	怀化	12.6
196	乐山	12.6
197	上饶	12.6
198	聊城	12.5
199	太原	12.5
200	白山	12.5
201	晋中	12.4
202	池州	12.4
203	南昌	12.3
204	宜宾	12.3
205	咸宁	12.3
206	贵阳	12.2
207	忻州	12.2

0 10 20 30 40 50 60 70（分）

平均分：16.3

排名城市	得分
208平顶山	12.2
209衡水	12.2
210揭阳	12.1
211常德	12.1
212阳江	12.1
213菏泽	12.0
214晋城	11.9
215开封	11.9
216西宁	11.8
217河池	11.7
218濮阳	11.6
219松原	11.5
220淮北	11.5
221辽源	11.4
222德州	11.4
223中卫	11.4
224安阳	11.3
225石嘴山	11.3
226营口	11.2
227湘潭	11.1
228张家口	11.0
229潮州	11.0
230巴中	11.0
231平凉	10.9
232定西	10.7
233自贡	10.7
234运城	10.7
235临汾	10.7
236长治	10.5
237汉中	10.4
238巴彦淖尔	10.4
239资阳	10.4
240娄底	10.2
241崇左	10.1
242白银	10.1
243云浮	10.0
244天水	9.8
245梅州	9.8
246河源	9.7
247阳泉	9.7
248南充	9.6
249朔州	9.6
250锦州	9.4
251本溪	9.2
252鞍山	9.0
253雅安	9.0
254丹东	9.0
255黄冈	8.9
256榆林	8.9
257广元	8.9
258朝阳	8.8
259广安	8.8
260遂宁	8.7
261吴忠	8.7
262辽阳	8.6
263孝感	8.6
264荆门	8.5
265十堰	8.0
266眉山	7.4
267鄂州	7.3
268荆州	7.3
269抚顺	6.8
270阜新	6.7
271铁岭	6.6
272葫芦岛	6.6
273襄阳	6.5
274随州	4.7

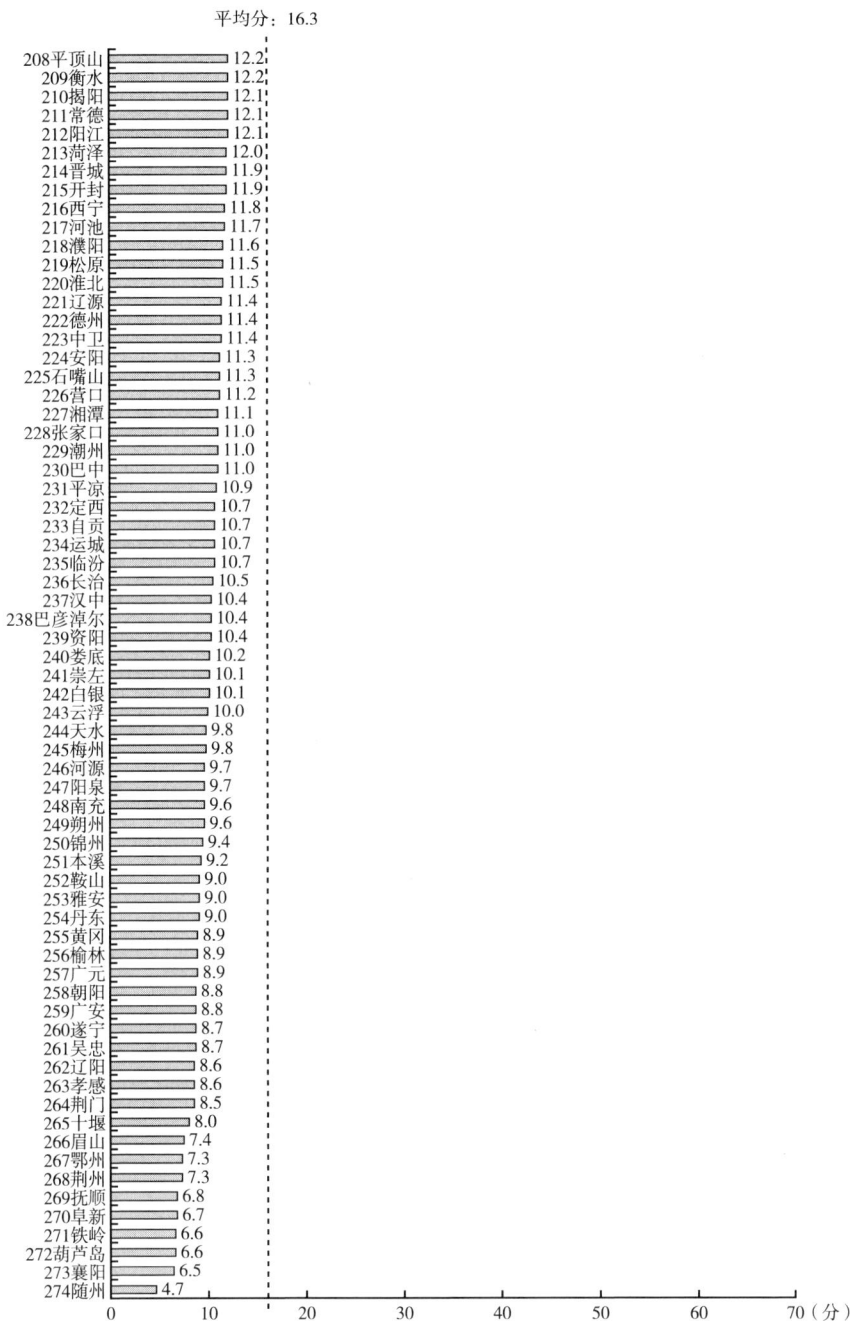

图 5-13 2015 年创新可持续发展竞争力的排名及得分情况

可持续发展竞争力差异的影响相对较小。总的来看，各城市创新可持续发展竞争力的整体差异很小，而差异主要是由城镇居民人均可支配收入导致的。

为更好地分析各三级指标对二级指标创新可持续发展竞争力的贡献和作用，将各三级指标的得分与其权重相乘，折算为反映在二级指标上的得分，然后除以二级指标总得分，则可得到各三级指标的贡献率，这样可以更加直观地看出每个三级指标对二级指标的贡献大小（见图 5 - 14）。

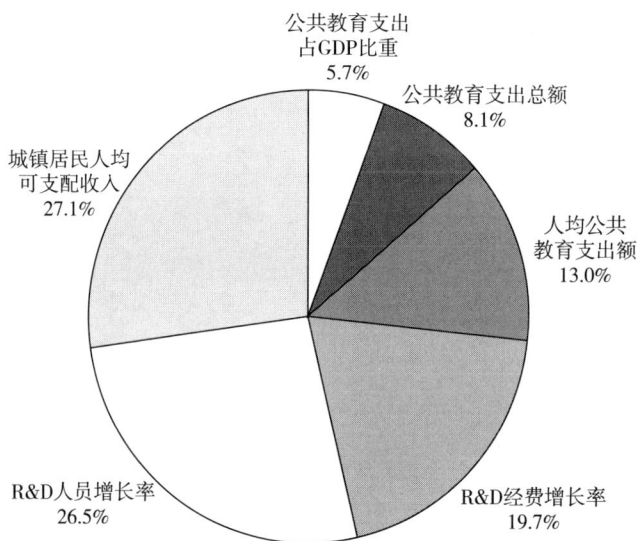

图 5 - 14　2015 年创新可持续发展竞争力三级指标的贡献率

由图 5 - 14 可见，城镇居民人均可支配收入对创新可持续发展竞争力的贡献率最高，平均贡献率为 27.1%，R&D 人员增长率和 R&D 经费增长率的贡献率分别为 26.5% 和 19.7%；其余指标贡献率均较低，其中公共教育支出占 GDP 比重的贡献率最小，为 5.7%。因此，各城市要提高创新可持续发展竞争力，就要特别注重提升镇居民人均可支配收入、R&D 人员增长率和 R&D 经费增长率，当然也不能忽视其他方面。

七　中国城市创新竞争力的主要特征与变化趋势

城市创新竞争力评价指标体系是由 1 个一级指标、5 个二级指标和 31 个三级指标构成。其中，二级指标包括创新基础竞争力、创新环境竞争力、创新投入竞争力、创新产出竞争力和创新可持续发展竞争力，构成了一个紧密联系、相互影响，又各具内涵的综合评价指标体系。因此，城市创新竞争力的评价排名是我国主要城市在创新基础、创新环境、创新投入、创新产出和创新可持续发展五个方面的综合表现。同时，各城市的创新竞争力又表现出一定的变化特征和发展规律，既有各个城市普遍存在的一般性规律，也有不同城市决定的特殊规律。

本报告通过对 2015 年城市创新竞争力的综合评价，客观、全面地分析我国主要城市创新竞争力的发展水平，深刻认识和把握这些规律和特征，认清城市创新竞争力的内在特性和相对优势与劣势，对于研究和探寻提升城市创新竞争力的路径、方法和对策，指导各城市有效提升创新竞争力，具有重要的借鉴意义。

1. 城市创新竞争力的区间差异大

本次城市创新竞争力的评价对象包括我国 274 个地级市，所有城市的创新竞争力平均得分为 0.181 分，5 个梯队城市一级和二级指标的得分均值情况见表 5-3。从表 5-3 可以发现，各梯队的城市创新竞争力得分均值差异较大，尤其是第一梯队的 50 个城市创新竞争力均值与其他梯队间的差异巨大，优势明显，而后续梯队的得分基本呈递减态势，总体上呈现强者愈强的马太效应。通过进一步比较 5 个二级指标的竞争力得分均值可以发现城市创新竞争力的区间差异规律。一是创新基础竞争力、创新环境竞争力和创新投入竞争力的区间差异情况与总体得分情况基本一致；二是各梯队在创新产出方面的得分差异较小，说明各城市对创新产出的重视程度都较高；三是创新可持续发展竞争力除了第一梯队依然得分领先较多之外，其他梯队城市间的差异较小，由于这一指标反映了城市创新发展的未来趋势，预示未来这些城市的创新竞争力排名可能会有较大幅度变化。

表5-3　五个梯队城市一级和二级指标的得分均值情况

单位：分

指标得分均值	第一梯队	第二梯队	第三梯队	第四梯队	第五梯队
创新基础竞争力均值	28.2	12.4	8.4	5.9	4.2
创新环境竞争力均值	34.9	21.4	17.2	14.1	12.5
创新投入竞争力均值	32.9	16.7	10.2	6.7	3.8
创新产出竞争力均值	36.6	32.2	32.5	30.9	24
创新可持续发展竞争力均值	26.3	16.7	14	14	12.5
创新竞争力均值	31.7	19.8	16.4	14.3	11.4

2. 城市创新竞争力的区域特点明显

本书根据《中国统计年鉴》对我国地区的划分方法，将我国分为东部、中部、西部和东北四个地区。表5-4列出了我国四个地区各梯队城市的个数及比重。由表5-4可知，东部地区的城市主要分布于第一、第二和第三梯队。东部地区拥有34个第一梯队城市，占东部地区城市的39.5%；拥有19个第二梯队城市，占东部地区城市的22.1%；拥有15个第三梯队城市，占东部地区城市的17.4%。中西部地区和东北地区的城市主要分布于第三、第四和第五梯队。中部地区第一、第二梯队城市仅占中部地区城市的26.3%，西部地区第一、第二梯队城市仅占西部地区城市的23.5%，东北地区第一、第二梯队城市仅占东北地区城市的26.1%。

表5-4　我国四个地区各梯队城市个数及比重

单位：个，%

梯队＼地区	东部	中部	西部	东北
第一梯队	34(39.5)	7(8.8)	5(5.9)	4(17.4)
第二梯队	19(22.1)	14(17.5)	15(17.6)	2(8.7)
第三梯队	15(17.4)	15(18.8)	14(16.5)	6(26.1)
第四梯队	7(8.1)	17(21.3)	21(24.7)	5(21.7)
第五梯队	11(12.8)	27(33.8)	30(35.3)	6(26.1)
合计	86(100)	80(100)	85(100)	23(100)

注：括号内数值为我国各地区各梯队城市数占各地区城市总数比重。

表5-5列出了各梯队城市在各地区的分布数量和占比。由表5-5可知，第一梯队城市主要分布在东部地区，占比68%，第二梯队和第三梯队城市较为均匀地分布在东部地区、中部地区和西部地区，第四梯队和第五梯队城市主要分布在中部地区和西部地区。

表5-5 各梯队城市在各地区的分布数量和占比

单位：个，%

地区＼梯队	第一梯队	第二梯队	第三梯队	第四梯队	第五梯队
东部	34(68)	19(38)	15(30)	7(14)	11(15)
中部	7(14)	14(28)	15(30)	17(34)	27(36)
西部	5(10)	15(30)	14(28)	21(42)	30(41)
东北	4(8)	2(4)	6(12)	5(10)	6(8)
合计	50(100)	50(100)	50(100)	50(100)	74(100)

注：括号内数值为各梯队城市在各地区的分布占比。

表5-6列出了我国30个省、自治区、直辖市各梯队城市个数及比重。由表5-6可知，北京、天津、上海、重庆等直辖市均为第一梯队城市。浙江、江苏、山东和广东等省份第一梯队城市占比较高，分别为82%、46.2%、41%和33%；江苏、河北、广西、内蒙古和湖南等省份第二梯队城市占比较高，分别为38.5%、36.3%、36%、33.3%和31%；福建、内蒙古、湖北、辽宁和陕西等省份第三梯队的城市占比较高，分别为56%、44.5%、42%、36%和30%；青海、江西、吉林和贵州等省份第四梯队城市占比较高，分别为100%、55%、50%和49%；山西、云南、宁夏、四川、广东、甘肃、湖南、辽宁等省份第五梯队城市占比较高，分别为91%、62.5%、60%、50%、43%、42%、38%和36%。

3. 城市行政地位与创新竞争力的关系不完全匹配

我国目前有4个直辖市和15个副省级城市，这些城市是区域经济和政治活动的中心，在经济发展、教育资源、行政关系、人口素质等方面都有较强优势，具备较好的创新基础与环境。但在城市创新竞争力排名中，这些城

表5-6 我国各省、自治区、直辖市各梯队城市个数及比重

单位：个，%

地区	省份＼梯队	第一梯队	第二梯队	第三梯队	第四梯队	第五梯队
东部	北 京	1(100)	0(0)	0(0)	0(0)	0(0)
	天 津	1(100)	0(0)	0(0)	0(0)	0(0)
	河 北	0(0)	4(36.3)	2(18.2)	3(27.3)	2(18.2)
	上 海	1(100)	0(0)	0(0)	0(0)	0(0)
	江 苏	6(46.2)	5(38.5)	2(15.4)	0(0)	0(0)
	浙 江	9(82)	2(18)	0(0)	0(0)	0(0)
	福 建	2(22)	2(22)	5(56)	0(0)	0(0)
	山 东	7(41)	4(24)	5(29)	1(6)	0(0)
	广 东	7(33)	1(5)	1(5)	3(14)	9(43)
	海 南	0(0)	1(100)	0(0)	0(0)	0(0)
中部	山 西	1(9)	0(0)	0(0)	0(0)	10(91)
	安 徽	2(12.5)	4(25)	2(12.5)	3(19)	5(31)
	江 西	0(0)	3(27)	1(9)	6(55)	1(9)
	河 南	2(12)	1(6)	4(24)	5(29)	5(29)
	湖 北	1(8)	2(17)	5(42)	3(25)	1(8)
	湖 南	1(8)	4(31)	3(23)	0(0)	5(38)
西部	内蒙古	1(11.1)	3(33.3)	4(44.5)	1(11.1)	0(0)
	广 西	0(0)	5(36)	2(14)	3(21)	4(29)
	重 庆	1(100)	0(0)	0(0)	0(0)	0(0)
	四 川	1(5.6)	1(5.6)	2(11.1)	5(27.7)	9(50)
	贵 州	0(0)	1(17)	1(17)	3(49)	1(17)
	云 南	1(12.5)	0(0)	1(12.5)	1(12.5)	5(62.5)
	陕 西	1(10)	1(10)	3(30)	2(20)	3(30)
	甘 肃	0(0)	2(17)	1(8)	4(33)	5(42)
	青 海	0(0)	0(0)	0(0)	1(100)	0(0)
	宁 夏	0(0)	1(20)	0(0)	1(20)	3(60)
	新 疆	0(0)	1(100)	0(0)	0(0)	0(0)
东北	辽 宁	2(14)	1(7)	5(36)	1(7)	5(36)
	吉 林	1(12.5)	1(12.5)	1(12.5)	4(50)	1(12.5)
	黑龙江	1(100)	0(0)	0(0)	0(0)	0(0)

注：括号内数值为我国各省、自治区、直辖市各梯队城市数与其城市总数之比。

市的排名与其行政地位并不完全匹配。排名最后的副省级城市是黑龙江省哈尔滨市，列第40位，在第19位以后的依次还有厦门、济南、沈阳、长春和大连5个副省级城市。将创新竞争力排名进入前40位的21个非副省级城市与排名靠后的6个副省级城市的二级指标得分进行分类对比（见表5-7），可以发现排名靠后的6个副省级城市的创新基础竞争力、创新产出竞争力和创新可持续发展竞争力三个指标得分均值与排名靠前的非副省级城市相差无几，甚至创新环境竞争力得分还有较为明显的优势，真正导致其创新竞争力与行政地位相比偏低的主要原因是创新投入竞争力的得分较低。从另一个角度看，也可以认为创新投入强度是一些行政地位相对较低、创新环境相对较差的城市提升创新竞争力的重要手段。

表5-7　排名第20~40位的6个副省级城市与排名前40位的非副省级城市对比

	综合排位	创新基础竞争力	创新环境竞争力	创新投入竞争力	创新产出竞争力	创新可持续发展竞争力
厦门	22	27	36	30	26	32
济南	25	23	43	30	27	24
沈阳	26	23	36	25	39	20
长春	27	19	38	25	41	18
大连	30	28	28	24	33	19
哈尔滨	40	13	36	19	41	17
6城市均值		22.2	36.2	25.5	34.5	21.7
前40名非副省级城市均值		23.6	31.1	31.5	35.6	24.7

如果具体分析6个排名靠后的副省级城市的二级指标得分，可以发现这些城市有各自不同的短板：厦门的创新产出竞争力得分大幅度落后；济南的创新产出竞争力和创新可持续发展竞争力得分较低；沈阳和长春较为类似，其创新可持续发展竞争力和创新投入竞争力得分较低，大连除创新基础竞争力外的其他四个指标得分都落后于总体排名；哈尔滨的创新基础竞争力、创新投入竞争力和创新可持续发展竞争力得分较低。

4. 创新基础竞争力、创新环境竞争力和创新投入竞争力是影响城市创新竞争力的关键要素

表 5-8 列出了城市创新竞争力得分与 5 个二级指标得分的相关系数情况。

表 5-8 创新竞争力得分与各要素相关系数

	创新基础 竞争力	创新环境 竞争力	创新投入 竞争力	创新产出 竞争力	创新可持续 发展竞争力
相关系数	0.953	0.9	0.897	0.631	0.823

由表 5-8 可知,城市创新竞争力得分与创新基础竞争力得分的相关系数最大;城市创新竞争力得分与创新环境竞争力得分、创新投入竞争力得分的相关系数分别为 0.9 和 0.897,相关程度显著。考虑到各二级指标的权重是等同的,创新基础竞争力、创新环境竞争力、创新投入竞争力是影响城市创新竞争力的关键要素。因此,各城市在培育创新能力的实践中,要进一步夯实城市创新基础,营造良好的创新环境,加大创新投入和创新人才的培养力度,切实提高创新基础竞争力、创新环境竞争力和创新投入竞争力。

5. 城市创新竞争力与城市经济发展水平密切相关

将所有三级指标作为自变量,创新竞争力综合得分作为因变量,构建回归模型。结果显示(见表 5-9),GDP、人均 R&D 经费支出、人均财政收入和千人手机用户数是相互独立且能够预测城市创新竞争力的四个最关键指标,它们能解释城市创新竞争力得分 99.7% 的方差变化。这其中 GDP 和人均财政收入属于创新基础竞争力,人均 R&D 经费支出属于创新投入竞争力,千人手机用户数属于创新环境竞争力,再次验证了这三个二级指标对城市创新竞争力的重要影响。四个三级指标的回归系数分别为 0.159、0.169、0.081 和 0.031,说明我国目前的城市创新发展模式还是主要依靠经济发展带动,经济发展是城市创新活动的基础和动力。但分析结果也表明,经济水平也不是决定城市创新竞争力的唯一因素,人均 R&D 经费支出体现的是一个城市的创新投入强度,同样对城市创新竞争力有重要影响。千人手机用户

数体现的是城市人口的数字素养，较高的城市人口数字素养能够为创新发展提供人力资源保障。因此，从城市创新竞争力各项指标影响总体得分的情况来看，城市要提升创新竞争力首要的还是发展经济，经济水平提升了才具备创新发展的基础。在经济发展过程中不断加大创新投入强度，提升人口的数字素养，也是提升城市创新竞争力的有效措施，同时也是那些受到城市规模影响、经济总量较小的城市提升创新竞争力排名的关键所在。

表 5 - 9　城市创新竞争力回归模型

回归模型变量	回归系数	T 值	显著性
常数项	0.55	7.283	0.000
GDP	0.159	9.996	0.000
人均 R&D 经费支出	0.169	5.433	0.000
人均财政收入	0.081	5.056	0.000
千人手机用户数	0.031	3.492	0.001

注：城市竞争力综合得分作为因变量。

八　提升中国城市创新竞争力的基本思路与政策建议

城市是国家创新活动的主体区域，是积蓄创新力量和孕育创新动能的重要载体，城市以其便利、多元、高效和包容等特征，不断拓展创新空间。城市创新竞争力一方面表现为对创新资源的争夺和吸引的开放性，另一方面表现为对创新资源要素高效利用的能力。对内和对外的双重力量共同决定了城市创新竞争力的源泉和持续提升的潜力。在创新驱动发展战略的推动下，在城市结构调整和转型升级中，对创新资源的争夺和高效配置显得更加重要，城市创新竞争力是一个城市综合竞争实力的重要组成部分，是城市未来发展站位和层次的重要决定因素。结合中国城市创新竞争力的评价结果，本报告进一步梳理了提升城市创新竞争力的基本思路，并提出相应的政策建议。

（一）提升城市创新竞争力的基本思路

城市的发展是政治、经济、文化的文明进程，满载着浓厚的历史文化，凝结成城市特有的价值观，也形成了差异化的城市发展模式和格局。不同城市的历史积淀不同，面临的问题不同，创新的基础和动力也各有差异，提升城市创新竞争力不能一概而论，要顺应城市创新发展的规律，明确城市发展所处的地位和创新阶段，在创新驱动发展战略的引领下探寻特色化、差异化的创新竞争力提升之路。通过对城市创新竞争力的评价可以看出，城市创新竞争力包括创新基础、创新环境、创新投入、创新产出、创新可持续发展等多个面向，涵盖了创新源、创新动力、创新机制、创新结果等各个方面，因此，提升城市创新竞争力是一个系统的过程，提升城市创新竞争力应遵循总体把握—认清形势—查根究底—把握重点—确定路径的基本思路，形成资源要素聚集—结构调整—作用实施—扩散反馈的总体运行机制，推动城市创新竞争力螺旋式提升。

1. 总体把握：尊重和顺应城市创新规律是提升城市创新竞争力的核心和灵魂

中国的工业化进程推动了城市化的发展。据统计，中国常住人口城镇化率从 1978 年的 18% 上升到 2016 年的 57.35%，城市数量从 193 个增加到 653 个，每年新增城镇人口 2100 多万人，相当于欧洲一个中等收入国家的人口。城市化是中国经济高速发展的必然结果，同时也进一步激发中国的投资、消费潜能，成为推动中国经济持续增长的重要推动力。工业化与城市化的相辅相成是对城市发展规律的验证和实践，也是千百年来城市发展的经验总结。2015 年中央城市工作会议指出，"城市工作是一个系统工程"，"城市发展是一个自然历史过程，有其自身规律。城市和经济发展两者相辅相成、相互促进"。只有尊重城市发展的规律，才能赋予城市更强的生命力，促进城市的健康发展。城市创新亦是如此，城市创新也要尊重和顺应城市发展规律：一方面要立足城市发展的需求，着眼于城市的可持续发展，通过创新驱动着力解决当前城市出现的雾霾污染、交通拥堵、垃圾围城、城市"摊大饼"、文化缺失等各种"城市病";另一方面,要尊重创新规律,在创新的过程中,从城市创新资源和创新基础条件出发,构建创新体系和创新网络,建立合适的产业部门,循序渐进地开展创新。

只有认识、尊重和顺应城市创新规律,才能深刻把握城市创新的本质,这是城市创新竞争力的核心和灵魂,决定着城市创新的目标、速度和方式,体现城市创新的目的和意义。城市创新不同于技术创新,也不同于产业创新,它不是某项工艺的突破,也不仅限于某个新兴产业部门的建立,而是在一定空间范围内建立更优化的生产和生活方式,缔造人类现代文明。城市创新竞争力的焦点就在于如何为人们提供更加美好的生活环境,这也是城市建设和发展的归宿所在。

2. 认清形势:明确城市发展差异是提升城市创新竞争力的出发点

我国城市发展是不均衡的,根据人口规模、经济规模、消费水平、教育文化等,城市可以划分为大、中、小等不同规模。我国区域经济长期非均衡发展也使得东、中、西部城市发展存在较大区域差异,城市的资源禀赋、产业发展、区位优势等不同,城市的功能定位也不同,如工业城市、旅游城市、边境口岸城市等。不同类型城市的创新竞争优势也各不相同,大城市的创新基础较好,但面临的制度性障碍、传统发展模式的束缚也较大;中小城市的创新灵活性较强,但也面临创新投入不够和对创新资源的吸引力不足等问题。从城市创新竞争力评价结果可以看出,创新竞争力较强的城市既有北京、上海、深圳等大城市,也有无锡、青岛、绍兴等中小城市。可见,城市创新竞争力的强弱并不必然取决于城市规模的大小,而是取决于如何更好地发挥创新优势。

提升城市创新竞争力要从城市发展实际出发,各城市要明确自己的创新优势和不足,因地制宜做好规划,扬长避短。不能一味模仿和跟随其他城市的创新道路,而是要综合考虑自身条件,统筹空间结构、规模结构、产业结构三大因素,增强城市发展协调性;统筹规划、建设、管理三大环节,突出城市发展的整体性;统筹改革、科技、文化三大动力,促进城市发展持续性;统筹生产、生活、生态三大布局,着力解决城市集中性问题;统筹政府、社会、市民三大主体，调动各方积极性，形成各具特色的城市化创新之路。只有突出特色和差异，才能更加凸显城市创新竞争力的核心优势，才能在激烈的竞争中立足。

3. 查根究底：探寻城市创新的根本动因是提升城市创新竞争力的持续动力

城市创新竞争力涵盖了创新基础、创新环境、创新投入、创新产出和创新可持续发展等五大方面，又可以进一步细分为31个指标，在城市创新竞争力评价中，对于某个城市而言，有些指标是强势指标和优势指标，有些指标是劣势指标，这些指标对总体城市创新竞争力的影响会相互中和与抵消。一般而言，强势指标和优势指标的个数大于劣势指标的个数，那么该城市创新竞争力会偏强，反之，则偏弱。可见，城市创新竞争力是多个指标综合作用的结果。开展城市创新竞争力评价的目的并不是排名，而是要进一步探究导致城市创新竞争力强弱的具体原因，以便更好地巩固强势指标和优势指标，凝结成核心竞争优势，有针对性地扶持劣势指标，补齐短板，为城市创新竞争力的提升提供源源不断的后续力量。例如，城市创新竞争力排名第一的北京市，其三级指标中有多个指标排名前十位，但也存在全社会劳动生产率、R&D经费增长率等排在百位之后的指标。北京市应特别注重排位靠后的指标，在巩固强势指标的同时补齐劣势指标的短板。

在创新浪潮的推动下，城市创新竞争将更加激烈，创新竞争力指标也处在不断变化中，今年还处于强势地位的指标可能到下一年就会降为优势指标，当然，也有处于劣势地位的指标提升为中势或优势指标。这些指标就如同城市创新竞争力大厦的原料，稍加调整就会改变这座大厦的面貌。因此，在城市创新竞争中，要始终绷紧"竞争"这根弦，根据各类指标的不同层次划分，有针对性地采取措施，同时还要理顺各指标之间的关系，为城市创新竞争力提升提供源源不断的动力。

4. 把握重点：抓住重点环节是提升城市创新竞争力的突破口

创新是各方面因素综合作用的过程，从广义来看，创新包括理论创新、制度创新、科技创新、文化创新等，创新是复杂的思想和社会活动；从狭义来看，创新一般指的是技术创新，主要由创新主体、创新基础设施、创新资源、创新环境等构成的创新系统来保障和决定。无论是广义层面还是狭义层面的创新，都不是一个简单的过程，而是涉及多个因素和环节。创新并不是在原有发展基础上的小修小补，而是通过改造传统产业和建立新兴产业部门等深刻的变革，使城市经济发展更加充满活力。创新的过程也是充满曲折的，城市建设中长期存在土地资源浪费、环境破坏、交通拥堵等粗放型发展问题，体制上积累的问题也较为严重，创新与改革联系在一起，必然会触动部分利益群体而招致反对，同时创新也需要付出高昂的成本。因此，创新的过程是渐进的，创新也不可能在所有领域同时开展，而是要集中精力抓重点环节。

重点环节指的是影响城市创新竞争力的关键性领域。在城市创新竞争力评价指标体系中，五个二级指标中的地位和作用各不相同，越是处于创新核心地位的指标，对城市创新竞争力的影响也越大，在资源和成本有限的情况下，特别是对于一些中小城市，更应该首先集中精力关注重点环节，作为整体创新竞争力提升的重要突破口，而后再扩散带动其他领域的创新。当然，也要注重对薄弱环节的扶持，避免差距过大影响创新的整体性。

5. 确定路径：明确实施对策是提升城市创新竞争力的具体实践

总体把握—认清形势—查根究底—把握重点等是从宏观上把握提升城市创新竞争力的方向，并为城市创新竞争力提升确定前提和依据，最终的落脚点是具体的实施路径，即明确提升城市创新竞争力具体要做什么以及怎么做的问题。提升城市创新竞争力的实施路径要把握好以下几个方面。一是高端与特色并存，顺应国内外创新的潮流和趋势，着眼于国内外前沿和尖端技术，加快引进、吸收和再创新，构建特色化创新模式和体系，形成城市创新竞争力的核心优势。二是自主性与合作性并存，在区域一体化的推动下，各地区的联系更加紧密，各个城市既要保持创新的独立性，充分利用本地区的创新资源，构建自主创新体系，同时又要注重区域之间的创新合作，实现创新竞争力的协同提升。例如，可以借助长江经济带、京津冀协同发展战略等区域战略推动城市创新资源共享和开展联合创新。三是持续性与协调性并存，要确保城市创新的持续性就是要为创新提供源源不断的要素和动力支撑。其中人才是最为重要的要素，引进和培养一大批懂经营、会管理、能驾驭新技术的复合型人才，造就一流的科学家和工程技术专家。要夯实城市创新竞争力的基础和后劲还要协调好创新与城市建设其他方面的关系，促进资源环境的不断改善。四是保持底蕴的同时追逐时代性变化，创新是一个传承与发展的过程，一个城市所积淀的文化底蕴是其创新价值观的内核，通过弘扬创新文化激发城市创新的积极性和能动性。同时又要紧跟时代步伐，顺应创新的趋势，在创新潮流中激流勇进。

提升城市创新竞争力的实施对策关键在于可操作性，要形成制度性的框架，同时以激励和监督措施配套，确保各项政策落到实处，在实践中不断总结经验，走特色化的城市创新道路。

（二）提升城市创新竞争力的政策建议

经济新常态下，我国全面深化改革已进入攻坚期和深水期，城市的发展转型必须坚定不移地推进改革，破除旧体制机制的束缚，赋予城市发展新的生命力和创造力。改革又是以创新驱动发展战略的实施来提供动力支撑的，唯有创新才能坚定改革的信心，明确改革的目标和方向。当前新一轮科技革命和产业变革与我国加快转变经济发展方式形成历史性交汇，为实施创新驱动发展战略提供了难得的重大机遇，也使创新竞争愈加激烈。从 2009 年开始，我国一些区域被确定为国家自主创新示范区，2015 年，我国有 8 个区域被确定为全面创新改革试验区，这些区域基本上都是由城市或者相邻的几个城市共同形成的，城市显然已经成为创新的重要主体，城市发展的灵活性、资源集聚性等特征成为城市间竞争的焦点。可以从以下几个方面进一步提升城市创新竞争力，带动创新向高端发展、向全社会拓展，进而形成"大众创新、万众创业"的社会氛围。

1. 思想层面：营造创新文化，激发创新热情

城市创新竞争力是一个城市内在创新能力的外在表现。内因是决定性条件，外因通过内因起作用。因此，外在竞争力水平的高低取决于内在创新能力的强弱。创新能力是一个城市长期实践积累形成的，它不是某个行业、某

个方面的创新能力，也不是某个阶段的创新能力，而是一个城市长期所积淀的创新文化和创新价值的集中体现，是这个城市的创新主体不断思考和实践凝结的成果。在全社会营造创新文化，形成引领创新行动的思想指导是提升城市创新竞争力的内核。被誉为欧洲创意之都的伦敦就非常注重营造创新文化氛围，伦敦通过发展和提高城市创新品牌，借助宣传机构广泛传播城市创新的战略目标和愿景，提升市民的创新意识。我国也应强化市民的创新意识，在全社会弘扬敢于冒险、勇于竞争、追求成功、宽容失败的创新文化；积极营造尊重创新、激励创新的宽松环境，激发民众创新的积极性；大力提倡创新教育，增强整个社会创新的信心。积极向上的创新文化是城市创新的思想指南，激发全社会的创新热情，增强城市创新竞争的原动力。

2. 环境层面：改革体制机制，构建富有活力的创新生态

构建富有活力的创新环境是开展持续创新的重要保证，而改革是释放活力的重要途径。在全面推进供给侧结构性改革中，破除束缚创新的各种体制机制障碍，通过顶层设计合理安排有利于创新的各项制度，为创新释放更大的自由空间。合理定位政府的角色，简政放权，从参与者向引导者转变，激发企业的创新积极性。除加强与创新直接相关的科技体制改革外，还应在教育、医疗、文化等领域进行全面改革，引导全行业参与创新活动。富有活力的创新生态还表现在健全技术市场导向机制，充分发挥市场机制对技术研发、路线选择、要素价值的导向作用，促进创新资源的优化配置和供需对接，从而更好地节约创新资源和提升创新效率。完善和畅通创新链的传导机制，将基础研究环节、应用研究环节、中间试验环节、商品化环节和规模化环节等各个环节的创新紧密联系在一起，把正向传导和负向反馈紧密结合，形成创新循环系统。同时，把产业链、创新链和资金链统一起来，围绕产业链部署创新链，围绕创新链完善资金链，围绕资金链提升价值链，真正推动城市的创新发展和创新活力提升。

3. 城市层面：构筑创新体系，建设创新型城市

城市创新体系指的是在以城市为中心的区域范围内，由政府、企业、大学、科研机构、中介组织等创新机构和组织构成创新的主体要素、创新所依

托的资源条件等非主体要素以及相应的制度和政策等在创新过程中相互联系、相互作用而形成的社会经济系统，促进知识和创新的生产、传播和应用，最终推动城市的全方位创新和经济增长。构建城市创新体系首先要充分调动各主体的积极性、加强各主体间的协调合作，促进企业、高校、研发机构、政府、资本、中介等官产学研的紧密结合，缩小技术开发和转化的周期，实现技术成果的快速转化；其次，要强化企业在城市创新中的主体地位，发挥市场对企业技术创新的导向作用，通过加强组织、激励和协调，使企业在创新决策、投入、收益分配中拥有充分自主权，加快培育创新型领军企业，促进科技型中小微企业的发展；再次，要推动城市创新平台建设，将国家自主创新示范区、高新技术产业开发区作为建设创新型城市的核心载体和重要平台，带动一批开发区和研究中心的建设。此外，要加强政府的组织和协调，加强省市共建，构建体制机制运转灵活、创新效率高的城市创新体系。

4. 产业层面：推动产业结构升级，夯实城市创新基础

产业是实体经济发展的主要内容，也是创新成果运用的关键领域。在城市创新中，创新的基因广泛植根于各产业发展中，无论是传统产业的改造，还是新兴产业部门的建立，无论是传统的农业生产，还是工业化的推进，抑或是服务业的发展都孕育着创新，同时也需要通过技术创新不断推动产业结构升级。随着创新与产业发展关系愈加紧密融合，创新在社会经济中的地位也逐渐由服务、支撑产业经济发展向提供源头供给和发展动力转变，在供给侧结构性改革的推动下，城市创新竞争力的提升必然要通过产业结构的调整升级来进一步夯实城市创新基础，释放创新活力。促进城市产业链与创新链的协调，围绕产业链来安排创新链，通过产业链的衔接实现创新的连续性，使创新成果相互衔接，服务于产业链的整体创新。工业特别是制造业部门是创新最为活跃的产业，面向《中国制造2025》，积极推动城市制造业向智能化、网络化、绿色化方向转变，全面推动"互联网＋"新业态、新模式创新发展，壮大制造业与服务业融合发展的新产业集群。加快推动高新技术产业发展，拓展高新技术产业集聚发展新空间，重点培育创新型产业集群，集

聚城市创新发展动力。

5. 企业层面：强化企业创新主体地位，提升自主创新能力

企业是科技和经济紧密结合的重要力量，是创新决策、研发投入和成果转化的主体，对于一个城市而言，要提升自主创新能力，就是要强化企业在城市创新中的主体地位。首先，要树立自主创新的理念，从企业自身情况出发，制定企业发展的阶段目标和战略规划，拓宽企业创新的空间。政府要建立健全各种创新激励制度，通过加强知识产权保护、营造公平透明的创新环境等，激发企业的创新活力；其次，要处理好自主创新与技术利用、技术转化之间的关系，既要加大对企业自身创新活动的投入力度以及创新人才的培育力度，着力于关键技术研发，形成核心技术优势并培育自主品牌，凝成无形价值；再次，着力培育骨干龙头企业，加大对国有及民营大企业的创新研发投入，使之成为城市创新的引领者和风向标，同时通过创新的溢出效应和企业合作，带动中小微企业创新；最后，要充分发挥人才在企业创新中的积极作用，通过灵活的薪酬制度和宽松的企业文化吸引、培养、留住创新人才，通过人才培养、课题合作、技术交流等方式加强与高校、研究机构的交流与合作，掌握前沿技术，提升企业自主创新能力。

6. 要素层面：多元要素投入，推动内涵式发展

传统城市发展的要素投入主要是土地和投资，构成了城市发展的物质基础。然而，随着城市规模的不断扩大和城市间竞争的加剧，"摊大饼"式的城市发展模式和低效率的投资不仅导致要素收益率低，而且造成了资源要素的浪费。城市创新就是要推动城市从粗放型发展模式向集约型发展模式转变，依靠创新激发内生增长的动力。在要素投入方面，除了要进一步提高土地、资本等传统要素的使用效率为外，还要重视技术、文化、人才等要素的作用，形成多元化要素相互作用的格局。加大互联网、数字化等现代技术的应用，提升城市现代化管理和智能化运行水平。保护和弘扬城市的文化底蕴，"要保护弘扬中华优秀传统文化，延续城市历史文脉，保护好前人留下的文化遗产"，通过城市文化的弘扬来凝聚人心，形成推动城市创新的价值观和积极向上的力量，打造城市精神，这是城市创新竞争力的重要内核，也

是其他城市不可模仿和比拟的。要充分发挥人才的作用，制定引才育才的一系列人才计划，引进海内外高端人才，培养现代化创新型人才，激发人才的积极性和创新性，形成创新创业的良好氛围，形成城市创新的力量源泉和持续动力。

7. 载体层面：推进"三城"融合，打造智慧城市

城市创新竞争力的提升过程同时也是传统城市向现代城市转型的过程，构建现代城市体系可以为城市创新提供载体，现代城市呈现低碳化、信息化和绿色化的趋势，推进低碳城市、信息城市、绿色城市的"三城"融合，打造智慧城市是当前及未来现代化城市发展的趋势。2015年中央城市工作会议明确提出，"要控制城市开发强度，划定水体保护线、绿地系统线、基础设施建设控制线、历史文化保护线、永久基本农田和生态保护红线，防止'摊大饼'式扩张，推动形成绿色低碳的生产生活方式和城市建设运营模式"。通过节约资源能源、降低能耗、最大限度发挥自然生态资源和自然景观资源的作用，促进人与自然的和谐，打造绿色城市；建立以低碳为特征的工业、能源、建筑、交通等产业体系和低碳生活方式，构建低碳化的城市发展模式；顺应信息化和城镇化发展趋势，落实网络强国战略和大数据发展战略，推进电子政务基础设施建设，实施"互联网＋政务"行动计划，充分利用移动互联网、云计算、物联网、大数据等技术，积极推进政府服务模式的网络化、高效化，实现跨部门的业务协同和信息资源共享。

分　报　告

Sub Reports

B.6
中国直辖市城市创新竞争力分析报告

一　中国直辖市城市创新竞争力综合评价分析

北京市、天津市、上海市、重庆市是我国的四大直辖市，相较于其他城市，直辖市创新竞争力表现更加亮眼（见表6-1、表6-2）。

表6-1　直辖市城市创新竞争力排名情况

城市	城市创新竞争力二级指标排名					城市创新竞争力排名
	创新基础竞争力	创新环境竞争力	创新投入竞争力	创新产出竞争力	创新可持续发展竞争力	
北京市	2	1	1	2	1	1
天津市	4	11	6	16	6	4
上海市	1	4	3	4	2	2
重庆市	8	15	76	47	8	15

表 6-2　直辖市城市创新竞争力得分情况

城市	城市创新竞争力二级指标得分					城市创新竞争力得分
	创新基础竞争力	创新环境竞争力	创新投入竞争力	创新产出竞争力	创新可持续发展竞争力	
北京市	82.4	68.0	82.6	61.9	54.9	70.0
天津市	62.2	41.8	49.5	42.6	36.0	46.4
上海市	88.5	52.4	56.1	55.2	50.5	60.5
重庆市	38.6	36.9	17.3	36.8	34.7	32.9

（一）中国直辖市城市创新竞争力总体情况对比分析

从城市创新竞争力排名的综合情况来看，北京市、上海市、天津市位居全国前列，分别排在第 1 名、第 2 名和第 4 名。重庆市排在第 15 名，相较于其他三个直辖市稍微靠后，但在全国仍较为突出。可见，我国四大直辖市均具有较强的城市创新竞争力，已成为新一轮科技革命和产业变革的创新高地。

从城市创新竞争力得分可以看出，全国所有城市中创新竞争力得分超过 50 分的只有 3 个城市，其中北京市城市创新竞争力得分最高，达到 70 分，上海市紧随其后，得分 60.5 分，天津市位列第 3，得分为 46.4 分（见图 6-1）。重庆市城市创新竞争力得分为 32.9 分，与得分最高的北京市相差 37.1 分，但仍位居中西部前列。

（二）中国直辖市城市创新竞争力二级指标对比分析

在反映城市创新竞争力的 5 个二级指标中，四个直辖市创新基础竞争力排名均位列全国前 10 位，其中上海市、北京市分列第 1 位和第 2 位，创新基础扎实雄厚。在创新环境竞争力排名中，北京市、上海市分列第 1 位和第 4 位，创新环境优异。在创新投入竞争力排名中，北京市、上海市、天津市分别为第 1 位、第 3 位和第 6 位，但重庆市的创新投入略显不

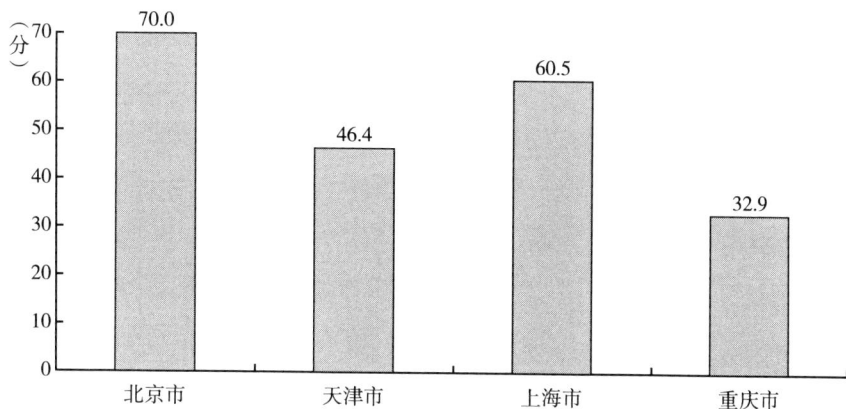

图6-1 直辖市城市创新竞争力得分情况

足。在创新产出竞争力排名中,北京市、上海市依旧表现突出,分别位于第2位和第4位,天津市的创新产出竞争力相较于创新投入竞争力表现出较低的效率,而重庆市的创新产出竞争力尽管排名略微靠后,但相较于创新投入竞争力而言表现出较高的创新产出效率。在创新可持续发展竞争力排名中,四个直辖市的排名亦均列全国前10位,表现出较强的创新增长潜力。

从城市创新竞争力的5个二级指标得分可以看出,北京市、上海市的各项得分较为接近,天津市的各项指标得分较为均衡,重庆市的各项指标得分相较于其他三个直辖市略微偏低,但在中西部地区仍表现优异。其中,创新基础竞争力得分中上海市最高,为88.5分,分别比北京市、天津市、重庆市高6.1分、26.3分和49.9分。北京市与上海市的创新环境竞争力得分分别为68分和52.4分,天津市、重庆市的得分均未超过50分。北京市创新投入竞争力得分最高,为82.6分,分别比上海市、天津市、重庆市高出26.5分、33.1分和65.3分。直辖市的创新产出竞争力得分整体较低,与排名第1位的深圳相比,重庆的该项得分只有深圳的一半。在创新可持续发展竞争力得分中,北京市、上海市均在50分以上,但与天津市和重庆市的差距不大(见图6-2)。

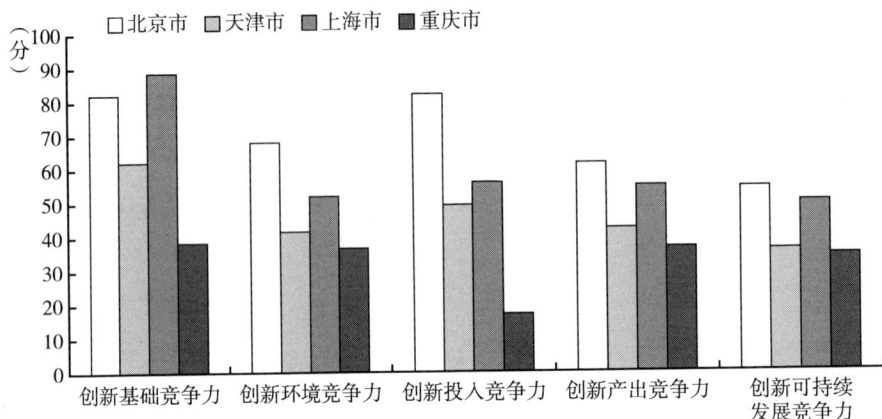

图6-2 直辖市城市创新竞争力二级指标得分情况

二 中国直辖市城市创新基础竞争力评价与比较分析

城市创新基础竞争力是城市创新竞争力得以存续的重要保障，中国直辖市创新基础竞争力表现十分突出（见表6-3、表6-4）。

表6-3 直辖市城市创新基础竞争力排名情况

城市	城市创新基础竞争力三级指标排名						城市创新基础竞争力排名
	GDP	人均GDP	财政收入	人均财政收入	外商直接投资	金融存款余额	
北京市	2	15	2	4	3	1	2
天津市	5	13	4	5	1	8	4
上海市	1	17	1	2	2	2	1
重庆市	6	102	5	56	4	7	8

（一）中国直辖市城市创新基础竞争力总体情况对比分析

从城市创新基础竞争力整体排名来看，直辖市均表现出了较强的实力，排名全部在10名以内，其中上海市、北京市分列全国第1位和第2位，天津市、重庆市分列全国第4位和第8位，体现出直辖市较强的创新禀赋和优势基础。

表6-4　直辖市城市创新基础竞争力得分情况

城市	城市创新基础竞争力三级指标得分						城市创新基础竞争力得分
	GDP	人均GDP	财政收入	人均财政收入	外商直接投资	金融存款余额	
北京市	91.6	65.0	85.5	90.7	61.5	100.0	82.4
天津市	65.6	66.0	48.2	71.5	100.0	22.0	62.2
上海市	100.0	63.3	100.0	95.3	87.3	84.8	88.5
重庆市	62.3	28.1	38.9	28.8	50.9	22.8	38.6

从城市创新基础竞争力得分可以看出,上海市、北京市和天津市的得分均超过了50分,其中上海市、北京市的得分分别高达88.5分和82.4分。重庆市得分与其他三个直辖市相比偏低(见图6-3)。

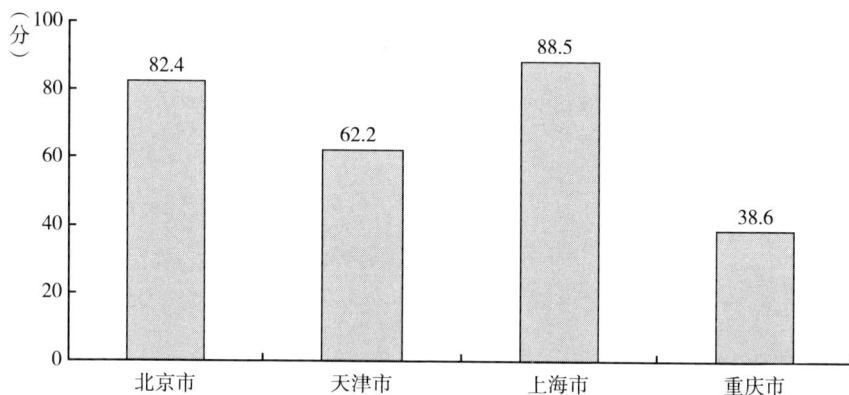

图6-3　直辖市城市创新基础竞争力得分情况

(二)中国直辖市城市创新基础竞争力三级指标对比分析

在反映城市创新基础竞争力的6个三级指标中,直辖市的GDP排名均在全国属于第一梯队,其中上海市、北京市分列全国第1位和第2位,天津市、重庆市分列全国第5位和第6位,显示了直辖市雄厚的经济基础。但在人均 GDP 排名中，直辖市的表现并不理想，北京市、天津市、上海市位于全国第 10～20 位，重庆市仅排在第 102 位。在财政收入排名中，四个直辖市均排在前 5 位。在人均财政收入排名中，除重庆外，其他三个直辖市均排在前 5 位，这为创新活动的开展提供了充足的资金条件。在外商直接投资排名中，直辖市表现出了强大的外资吸引能力，是外商直接投资的中心。在金融存款余额排名中，四个直辖市亦均居全国前 10 位。

在城市创新基础竞争力的 6 个三级指标得分中，四个直辖市整体表现突出，但也存在明显差异。其中，GDP 得分上海市最高，为 100 分，北京市比上海市低 8.4 分，天津市和重庆市较为接近，分别为 65.6 分和 62.3 分。北京市、天津市、上海市的人均 GDP 得分十分接近，分别为 65 分、66 分和 63.3 分，重庆市的得分略低，仅为 28.1 分。尽管在财政收入排名上四个直辖市均列全国前 5 位，但是得分差距十分明显，上海市得分最高，为 100 分，北京市次之，为 85.5 分，但分列第 4 位和第 5 位的天津市和重庆市该项得分分别为 48.2 分和 38.9 分。在外商直接投资得分中，天津市在滨海新区的带动下保持吸引外资持续增长的良好势头，得分位列全国第 1，上海市、北京市、重庆市虽然在排名上紧随其后，但得分上分别与天津相差 12.7 分、38.5 分和 49.1 分。在金融存款余额得分中，北京近年来不断提升金融服务首都功能和服务实体经济能力，该项得分位列全国第 1；作为建设中的国际金融中心，上海市在金融支持科技创新方面不断推陈出新，该项得分仅次于北京市，高达 84.8 分。重庆市、天津市虽然排名在全国分列第 7 位和第 8 位，但是得分仅为 22.8 分和 22 分，与北京市、上海市仍存在较大差距。

三 中国直辖市城市创新环境竞争力评价与比较分析

城市创新环境竞争力是城市创新竞争力培育的重要基石，也是城市创新竞争力的主要动力。中国直辖市在城市创新环境竞争力方面表现出较大的差异（见表 6 - 5、表 6 - 6）。

表 6 - 5　直辖市城市创新环境竞争力排名情况

城市	城市创新环境竞争力三级指标排名						城市创新环境竞争力排名
	千人因特网用户数	千人手机用户数	国家高新技术园区数	国家高新技术企业数	高等院校数	电子政务发展指数	
北京市	58	11	8	1	1	2	1
天津市	3	120	8	8	10	26	11
上海市	30	36	2	2	5	5	4
重庆市	55	114	8	17	6	27	15

表 6 - 6　直辖市城市创新环境竞争力得分情况

城市	城市创新环境竞争力三级指标得分						城市创新环境竞争力得分
	千人因特网用户数	千人手机用户数	国家高新技术园区数	国家高新技术企业数	高等院校数	电子政务发展指数	
北京市	14.3	77.1	33.3	100	100	83.5	68.0
天津市	51.8	35.0	33.3	6.9	60.7	63.2	41.8
上海市	18.5	54.4	66.7	26.1	74.2	74.4	52.4
重庆市	14.6	35.7	33.3	3.5	70.8	63.2	36.9

（一）中国直辖市城市创新环境竞争力总体情况对比分析

从城市创新环境竞争力整体排名来看，各直辖市的表现有较大差异。其中，北京市的城市创新环境竞争力居全国第 1 位，上海市列全国第 4 位，但天津市和重庆市分别居第 11 位和第 15 位，创新环境竞争力有待进一步提高。

从城市创新环境竞争力得分可以看出，北京市、上海市的得分均超过了50 分，分别为 68 分和 52.4 分，天津市和重庆市的得分偏低，但与北京市和上海市的差距不大，分别为 41.8 分和 36.9 分（见图 6 - 4）。

（二）中国直辖市城市创新环境竞争力三级指标对比分析

在反映城市创新环境竞争力的 6 个三级指标中，直辖市的千人因特网用

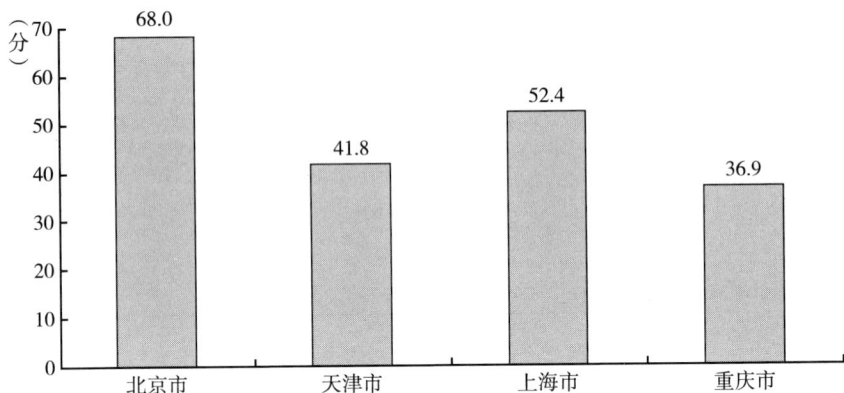

图6-4　直辖市城市创新环境竞争力得分情况

户数和千人手机用户数排名均相对靠后。在千人因特网用户数排名中，除天津市居全国第3位之外，上海市仅列第30位，重庆市、北京市分别列第55位和第58位。而千人手机用户数排名表现最好的北京市也只列第11位，上海市列第36位，而重庆市、天津市则排在百名之外。在国家高新技术园区数排名中，上海市居全国第2位，其他三个直辖市均并列居第8位。在国家高新技术企业数排名中，北京市和上海市分别列第1位和第2位，天津市居第8位，重庆市列第17位。在高等院校数排名中，四个直辖市均居全国前10位。在电子政务发展指数排名中，北京市、上海市较为靠前，分别居第2位和第5位，而天津市、重庆市相对靠后，分别居第25位和第26位。

在城市创新环境竞争力的6个三级指标得分中，四个直辖市各项得分均不平衡。其中，在千人因特网用户数得分中，天津表现最为突出，得分为51.8分，其他三个直辖市的得分均不足20分。在千人手机用户数得分中，北京市、上海市、重庆市和天津市与得分第1位的杭州市相比分别低了22.9分、45.6分、64.3分和65分。在国家高新技术园区数得分中，上海市得分为66.7分，而其他三个直辖市的得分均为33.3分。北京市创新创业活动十分活跃，拥有全国最多的国家高新技术企业数，上海市次之，但与北京市相比差距较大，该项得分仅为 26.1 分，而天津市和重庆市的得分分别为 6.9 分、3.5 分。直辖市集中了全国一批重要的大学和研究机构，在高等院校数得分中，四个直辖市均超过 50 分。在电子政务发展指数得分中，四个直辖市的得分均超过了 60 分，各个创新主体通过电子政务紧密相连，共同提升直辖市的创新竞争力。

四 中国直辖市城市创新投入竞争力评价与比较分析

城市创新竞争力的提升需要大量资金、技术、人力的投入，城市创新投入竞争力是衡量城市创新竞争力的重要因素（见表 6 - 7、表 6 - 8）。

表 6 - 7 　直辖市城市创新投入竞争力排名情况

城市	城市创新投入竞争力三级指标排名						城市创新投入竞争力排名
	R&D 经费支出总额	R&D 经费支出占GDP 比重	人均 R&D经费支出	R&D人员	研发人员占从业人员比重	财政科技支出占一般预算支出比重	
北京市	1	2	2	1	15	10	1
天津市	4	10	11	3	6	24	6
上海市	2	7	5	2	37	17	3
重庆市	13	77	80	6	148	117	76

表 6 - 8 　直辖市城市创新投入竞争力得分情况

城市	城市创新投入竞争力三级指标得分						城市创新投入竞争力得分
	R&D 经费支出总额	R&D 经费支出占GDP 比重	人均 R&D经费支出	R&D 人员	研发人员占从业人员比重	财政科技支出占一般预算支出比重	
北京市	100.0	85.9	99.1	100.0	56.1	54.7	82.6
天津市	36.9	43.9	51.2	50.0	74.3	40.4	49.5
上海市	66.8	53.2	59.5	68.4	41.1	47.7	56.1
重庆市	17.8	22.3	12.6	27.5	11.6	12.2	17.3

（一）中国直辖市城市创新投入竞争力总体情况对比分析

从城市创新投入竞争力整体排名来看，北京市、上海市、天津市的排名均列全国前 10 位，其中北京市居全国第 1 位，上海市、天津市分列第 3 位和第 6 位。重庆的创新投入竞争力排名相对靠后，仅排在第 76 位，这也反映了重庆市创新投入不足的现状，迫切需要补齐短板。

从城市创新投入竞争力得分可以看出，北京市得分达到 82.6 分，位居全国首位，上海市、天津市的得分分别为 56.1 分和 49.5 分，分别比北京市低了 26.5 分和 33.1 分，而重庆市的得分仅为 17.3 分，与其他三个直辖市存在较大差距（见图 6 – 5）。

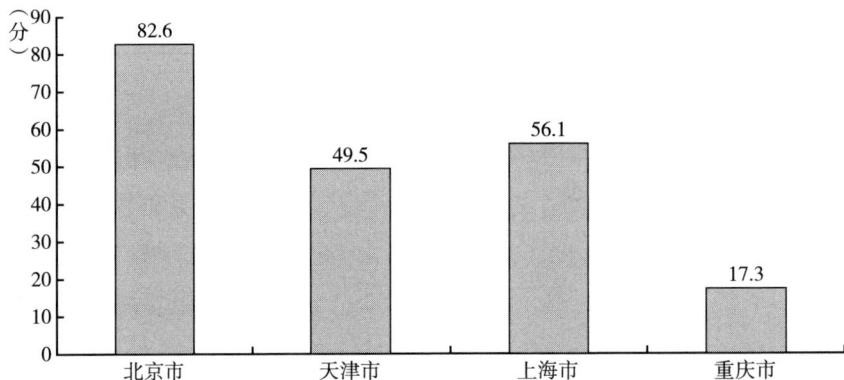

图 6 – 5　直辖市城市创新投入竞争力得分情况

（二）中国直辖市城市创新投入竞争力三级指标对比分析

在反映城市创新投入竞争力的 6 个三级指标中，除研发人员占从业人员比重外，其余 5 个三级指标都表现出相同特征，即在四个直辖市中，北京市排名最高，上海市次之，天津市再次之，重庆市排名靠后。直辖市在R&D 经费支出总额和 R&D 人员这 2 项指标中表现突出，其中北京市、上海市、天津市的 R&D 经费支出总额居全国前 5 位，重庆市与其他三个直辖市相比排名靠后，但在中西部地区表现优异，排名居全国第 13 位。北京市、上海市、天津市拥有全国最多的 R&D 人员，重庆市该项指标排名也居全国第 6 位。但直辖市的 R&D 经费支出占 GDP 比重和人均 R&D 经费支出排名存在较大差异，北京市、上海市、天津市的 R&D 经费支出占 GDP 比重排名居全国前 10 位，但重庆市该项排名相对靠后，仅列第 77 位。北京市、上海市、天津市人均 R&D 经费支出的排名分别为第 2 位、第 5 位和第 11 位，但重庆市仅列第 80 位。四个直辖市在研发人员占从业人员比重和财政科技支出占一般预算支出比重这 2 项指标的排名表现一般。在研发人员占从业人员比重的排名中，除天津市列全国第 6 位之外，北京市、上海市仅列第 15 位和第 37 位，而重庆市的排名则居第 148 位。在财政科技支出占一般预算支出比重的排名中，北京市、上海市、天津市分别列第 10 位、第 17 位和第 24 位，而重庆市仅列第 117 位，显示了重庆市的创新投入不足。

在城市创新投入竞争力的 6 个三级指标得分中，除重庆市之外，其他三个直辖市均显示了强大的创新投入能力。其中，北京市 R&D 经费支出总额、R&D 人员这 2 个三级指标的得分均为 100 分，人均 R&D 经费支出和 R&D 经费支出占 GDP 比重这 2 个三级指标的得分也高达 99.1 分和 85.9 分，在四个直辖市中居首位。天津市研发人员占从业人员比重的得分为 74.3 分，位列四个直辖市之首。而上海市各项三级指标的得分较为均衡，R&D 经费支出总额、R&D 人员这 2 个三级指标的得分均仅次于北京，分别达到 66.8 分和 68.4 分。重庆市的创新投入竞争力相对落后，除了 R&D 人员、R&D 经费支出占 GDP 比重这两项超过 20 分之外，其余各指标得分均低于 20 分。因此，创新投入强度不足、高层次创新人才短缺成为重庆城市创新竞争力提升的主要制约因素。

五　中国直辖市城市创新产出竞争力评价与比较分析

创新产出竞争力作为城市创新竞争力的具体呈现，其得分直接反映城市的科技创新成果和创新效益情况。四个直辖市的城市创新产出竞争力无论排名还是得分，都存在一定差距，反映了不同直辖市创新活动的成果与效益差别。总体而言，北京市与上海市在城市创新产出方面明显领先于天津市和重庆市（见表6-9、表6-10）。

表6-9　直辖市城市创新产出竞争力排名情况

城市	城市创新产出竞争力三级指标排名							城市创新产出竞争力排名
	专利授权数	高新技术产业产值	高新技术产品出口总额	高技术产品出口比重	全社会劳动生产率	注册商标数	单位工业产值污染排放量	
北京市	1	—	8	18	226	1	1	2
天津市	12	6	7	13	36	20	15	16
上海市	3	10	3	28	177	2	36	4
重庆市	5	—	4	—	268	7	135	47

表6-10　直辖市城市创新产出竞争力得分情况

城市	城市创新产出竞争力三级指标得分							城市创新产出竞争力得分
	专利授权数	高新技术产业产值	高新技术产品出口总额	高技术产品出口比重	全社会劳动生产率	注册商标数	单位工业产值污染排放量	
北京市	100.0	—	10.0	25.1	36.3	100.0	100.0	61.9
天津市	13.2	47.4	14.0	37.5	73.1	14.9	98.1	42.6
上海市	51.1	39.3	61.4	16.8	43.4	78.0	96.6	55.2
重庆市	29.5	—	20.0	—	17.3	26.9	90.5	36.8

（一）中国直辖市城市创新产出竞争力总体情况对比分析

从城市创新产出竞争力整体排名来看，除北京市和上海市排在前5名外，另外两个直辖市排名在10名以后，其中重庆市排在第47名。可见，除北京市和上海市外，另外两个直辖市城市创新产出竞争力并不强。

从城市创新产出竞争力得分可以看出，只有北京市与上海市的得分超过了50分。北京、天津、上海和重庆四个直辖市的城市创新产出竞争力得分，与最高分深圳市的73.8分相比，分别相差11.9分、31.2分、18.6分和37分。天津市、重庆市的城市创新产出得分较低，表明这两个直辖市在创新产出方面仍有较大的提升空间（见图6-6）。

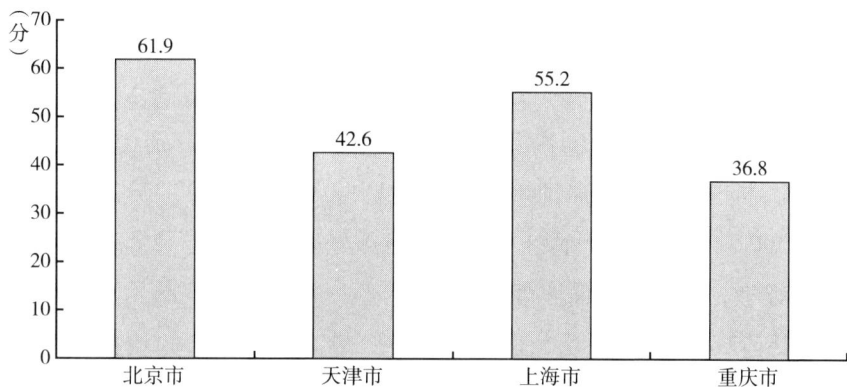

图6-6　直辖市城市创新产出竞争力得分情况

（二）中国直辖市城市创新产出竞争力三级指标对比分析

在反映城市创新产出竞争力的7个三级指标中，专利授权数的排名，除天津市排在第12位外，其他三个直辖市均排在前5位，表明直辖市整体专利授权数较多。在高新技术产业产值排名中，天津市和上海市分列第6位和第10位，实力较强。在高新技术产品出口总额排名中，四个直辖市均排在前10位，整体高新技术产品出口总额较大。在高技术产品出口比重排名中，直辖市整体排名不高，北京市和天津市排在第10名以后，上海市则是排在第28位，表明这三个直辖市高技术产品出口占比并不高。在全社会劳动生产率排名中，除天津市排名第36位外，其他三个直辖市均排在第100名以后，北京市和重庆市更排在了第200名以后，反映了直辖市全社会劳动生产率总体水平较低。在注册商标数排名中，北京市排名位列第1，上海市与重

121

庆市名列前 10 位，天津市则为第 20 名，直辖市注册商标数整体实力较强。在单位工业产值污染排放量排名中，北京市、天津市和上海市分别位列第 1 名、第 15 名和第 36 名，而重庆市则排在第 100 名以后，反映了直辖市在这一方面的发展不平衡。

从城市创新产出竞争力 7 个三级指标得分可以看出，四个直辖市既有整体得分较为接近的指标，也有差距较为明显、发展不均衡的情形。其中，专利授权数得分北京市最高，为 100 分，天津市、上海市和重庆市与北京市相比，分别相差 86.8 分、48.9 分和 70.5 分，各直辖市间存在较大差距。天津市与上海市的高新技术分产业产值得分，分别为 47.4 分和 39.3 分，与得分最高的深圳市相比，相差 52.65 分和 60.7 分。在高新技术产品出口总额得分中，除上海市超过 60 分以外，其他三个直辖市均在 20 分及以下，与最高分深圳市相比差距较大。直辖市的高技术产品出口比重得分整体较低，均在 40 分以下，与得分最高的长沙市相比存在较大差距。在全社会劳动生产率得分中，除天津市超过 70 分外，其他三个直辖市均在 50 分以下，与得分最高的常州市存在较大差距。在注册商标数得分中，北京市最高，为 100 分，上海市得分 78 分，其他两个直辖市得分均在 30 分以下，与北京市的差距较大。四个直辖市的单位工业产值污染排放量得分整体较高，均在 90 分以上，北京市最高，为 100 分，表明直辖市整体注重环境保护。

六　中国直辖市城市创新可持续发展竞争力
评价与比较分析

创新可持续发展竞争力反映了城市创新竞争力长期发展的持续动力和潜能。同样，在激烈的市场竞争中，直辖市能否保持城市创新的持续性，提升城市的持续创新能力，都取决于城市创新可持续发展竞争力。从表 6-11 与表 6-12 中可以看出，直辖市整体城市创新可持续发展竞争力排名靠前，得分也相对较高，各直辖市间差距不大。

表 6 – 11　直辖市城市创新可持续发展竞争力排名情况

城市	城市创新可持续发展竞争力三级指标排名						城市创新可持续发展竞争力排名
	公共教育支出总额	公共教育支出占GDP比重	人均公共教育支出额	R&D人员增长率	R&D经费增长率	城镇居民人均可支配收入	
北京市	1	95	3	96	137	2	1
天津市	4	144	5	70	130	40	6
上海市	2	143	4	104	144	1	2
重庆市	3	—	—	86	48	118	8

表 6 – 12　直辖市城市创新可持续发展竞争力得分情况

城市	城市创新可持续发展竞争力三级指标得分						城市创新可持续发展竞争力得分
	公共教育支出总额	公共教育支出占GDP比重	人均公共教育支出额	R&D人员增长率	R&D经费增长率	城镇居民人均可支配收入	
北京市	100	5.5	76.5	27.9	19.5	99.7	54.9
天津市	59.1	4.3	57.7	30.4	19.7	44.6	36.0
上海市	89.6	4.3	62.7	27.4	19.0	100	50.5
重庆市	62.5	—	—	28.7	23.2	24.4	34.7

（一）中国直辖市城市创新可持续发展竞争力总体情况对比分析

从城市创新可持续发展竞争力整体排名来看，直辖市整体排名在前10位，其中北京市和上海市排在前2名，天津市排在第6名，重庆市则排在第8名，可以说直辖市整体城市创新可持续发展竞争力较强。

从城市创新可持续发展竞争力得分可以看出，只有北京市与上海市两个直辖市的得分超过了50分。天津市、上海市和重庆市的城市创新可持续发展竞争力得分，与最高分北京市的54.9分相比，分别相差和18.9分、4.4分和20.2分，整体差距不太大（见图6 – 7）。

（二）中国直辖市城市创新产出竞争力三级指标对比分析

在城市创新可持续发展竞争力的6个三级指标中，四个直辖市的公共教

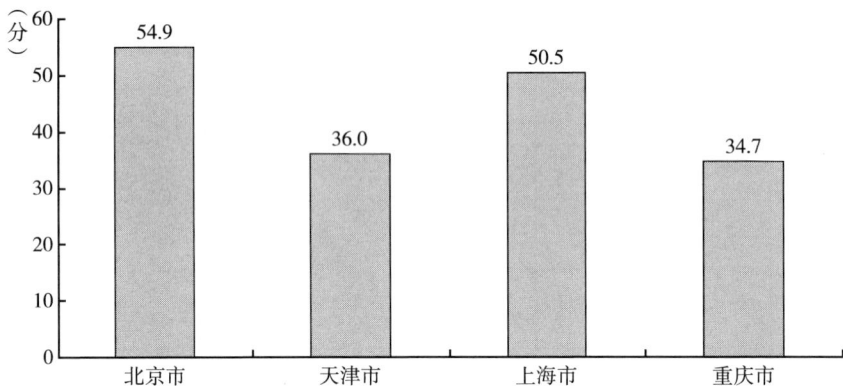

图 6 - 7　直辖市城市创新可持续发展竞争力得分情况

育支出总额排名居前 4 位，反映了直辖市整体注重公共教育，公共教育支出
总额较大。在公共教育支出占 GDP 比重排名中，北京市排名第 95 位，天津
市和上海市则排在了第 140 位以后，表明尽管直辖市整体公共教育支出额较
高，但占 GDP 比重相对较小。在人均公共教育支出额排名中，北京市、天
津市和上海市分列第 3、5、4 位，排名靠前。在 R&D 人员增长率排名中，
整体都在第 70 位及以后，但除上海市排在第 104 位外，其他三个直辖市皆
排在第 100 位以前。在 R&D 经费增长率排名中，除重庆市排在第 48 位外，
其他三个直辖市均排名第 100 位以后，主要是由于北京市、天津市和上海市
R&D 经费总量较大，使得 R&D 经费增长速度放缓。在城镇居民人均可支配
收入排名中，上海市与北京市分列第 1 名和第 2 名，天津市为第 40 名，重
庆市排名较为靠后，为第 118 名，反映了直辖市在城镇居民人均可支配收入
上发展不均衡，相互间存在较大差距。

　　从城市创新可持续发展竞争力的 6 个三级指标得分可以看出，四个直辖
市既有整体得分较为接近的指标，也有差距较为明显的指标。在公共教育支
出总额得分中，北京市最高，为 100 分，天津市、上海市和重庆市与其相
比，分别相差 40.9 分、10.4 分和 37.5 分，直辖市之间存在一定差距。北
京市、天津市与上海市公共教育支出占 GDP 比重的得分整体较低，分别为

5.5 分、4.3 分和 4.3 分，与得分最高的城市相比差距非常大。在人均公共教育支出额得分中，北京市、天津市和上海市的得分分别为 76.5 分、57.7 分和 62.7 分，与最高分深圳市相比，差距并不明显。在 R&D 人员增长率得分中，四个直辖市的得分接近，均在 25～30 分，与得分最高的防城港市相比，存在较大差距，反映了直辖市整体 R&D 人员增长较为缓慢。在 R&D 经费增长率得分上，四个直辖市接近，均在 20 分左右，与最高分相比存在较大差距，表明直辖市整体的 R&D 经费投入增长放缓。在城镇居民人均可支配收入上，四个直辖市得分差距较大，其中北京市与上海市分别为 99.7 分、100 分，反映了这两个城市居民收入水平较高，而天津市和重庆市的得分仅为 44.6 分和 24.4 分，与前二者相比存在较大差距。

七　中国直辖市城市创新竞争力主要特征分析

（一）发展不平衡，差距较为明显

从城市创新竞争力综合排名可以看出，北京市、天津市和上海市分列第 1 位、第 4 位和第 2 位，差距不大，但重庆市排名第 15 位，与其他三个直辖市存在一定差距。从综合得分看，上海市与北京市仅差 9.5 分，天津市则与北京市相差 23.6 分，而重庆市与北京市的差距则扩大为 37.1 分。

从 5 个二级指标的排名和得分来看，创新基础竞争力和创新可持续发展竞争力尽管也存在发展差距，但四个直辖市的排名均在前 10 位，差距并不明显。差距较大的主要有创新环境竞争力、创新投入竞争力和创新产出竞争力。在创新环境竞争力排名中，北京市和上海市分列第 1 位和第 4 位，而天津市和重庆市则排在第 11 位和第 15 位，与前两者相比存在一定差距。在创新环境竞争力得分中，上海市与北京市仅差 15.6 分，而天津市和重庆市则与北京市相差 26.2 分和 31.1 分。在创新投入竞争力排名中，北京市、天津市和上海市分列第 1 位、第 6 位和第 3 位，均在前 10 名，而重庆市则排在第 76 位，与其他三个直辖市的差距较为明显。在创新投入竞争力得分上，重庆市与北京市的差距高达到 65.3 分。在创新产出竞争力排名中，北京市和上海市分列第 2 位和第 4 位，远远领先排名第 16 位和第 47 位的天津市和重庆市。在创新产出竞争力得分上，差距也较为明显，上海市与北京市仅差 6.7 分，而天津市和重庆市与北京市相比，则差了 19.3 分和 25.1 分。

从三级指标来看，四个直辖市的排名大体可分成三个层次，北京市和上海市的指标大都处于领先位置，处于第一层次；天津市处于第二层次，重庆市与前三者相比存在一定差距，处于第三层次。较为明显的如人均 GDP、研发人员占从业人员比重、财政科技支出占一般预算支出比重和单位工业产值污染排放量等，北京市、天津市和上海市排名靠近，而重庆市则排名在第 100 名以后，差距明显。在千人手机用户数排名中，北京市和上海市排名均在 40 名以内，而天津市和重庆市则排名在 100 名以后。

（二）总量指标整体较强，比重指标与增速指标实力一般

基于较强的经济发展实力，直辖市反映创新竞争力的指标中，凡涉及总量的指标大都排名靠前，但涉及反映比重和增速的指标时，领先优势则不明显，甚至排名靠后。例如，二级指标中的创新基础竞争力，四个直辖市排名均在前 10 位，因为反映此指标的三级指标是 GDP、人均 GDP、财政收入、人均财政收入、外商直接投资与金融存款余额等总量指标，因此，直辖市的整体得分较高。创新投入竞争力指标也是如此，直辖市中除重庆市排在第 76 位外，另外三个直辖市均排在前 6 名，因为反映此指标的三级指标有 R&D 经费支出总额、R&D 经费支出占 GDP 比重、人均 R&D 经费支出、R&D 人员等指标，其中反映总量的 R&D 经费支出总额，除重庆市排名第 13 位外，其他三个直辖市均排在前 5 名。同样，R&D 人员指标排名中，四个直辖市均排在前 10 名，北京市、上海市和天津市分别列第 1 位、第 2 位和第 3 位。

当涉及比重指标和增速指标时，直辖市的领先优势不明显，甚至排名靠后，如研发人员占从业人员比重指标，仅有上海市排在前 10 位，重庆市则排在第 100 名以后；财政科技支出占一般预算支出比重，北京市仅排

在第 10 位，天津市和上海市列第 24 位和第 17 位，重庆市同样排在第 100 名以后。公共教育支出占 GDP 比重北京市仅排名第 95 位，天津市和上海市则排在第 140 名以后。全社会劳动生产率除天津市排名第 36 位外，另外三个直辖市皆在第 100 名以后，北京市和重庆市甚至位于第 200 名以后。涉及增长率的指标也呈现同样特征，R&D 人员增长率排名中天津市最靠前，也才排在第 70 位，而上海市则排在第 100 名以后。R&D 经费增长率排名中重庆市最靠前，排在第 48 位，其他三个直辖市皆排在第 100 名以后。

（三）创新投入指标较好，创新产出指标领先优势不明显

直辖市在创新投入方面相较于其他城市较为领先，但在创新产出方面领先优势不明显，反映了直辖市在创新产出效率上仍有较大提升空间。在创新投入竞争力这个二级指标的排名中，北京市、天津市、上海市和重庆市分别列第 1 位、第 6 位、第 3 位和第 76 位，除重庆市排名略显靠后外，其他三个直辖市排名均靠前，反映了直辖市在创新投入上较为领先。但在创新产出竞争力这个二级指标中，北京市、天津市、上海市和重庆市分别列第 2 位、第 16 位、第 4 位和第 47 位，除重庆市的创新产出竞争力排名比创新投入竞争力靠前外，其他三个直辖市皆落后于其创新投入竞争力排名。

在反映创新投入竞争力的三级指标中，R&D 经费支出总额和 R&D 人员两个反映创新资金和人员投入的指标中，直辖市排名均在前列。其中 R&D 经费支出总额排名中，北京市、天津市、上海市和重庆市分别列第 1 位、第 4 位、第 2 位和第 13 位。北京市、天津市、上海市和重庆市 R&D 人员这一指标的排名分别为第 1 位、第 3 位、第 2 位和第 6 位。然而，在创新产出竞争力的三级指标中，体现社会生产效率的全社会劳动生产率直辖市整体排名靠后，北京市、天津市、上海市和重庆市分别列第 226 位、第 36 位、第 177 位和第 268 位，除天津市排名稍微靠前外，其他三个直辖市排名均在第 100 名以后，北京市和上海市更排在了第 200 名以后。

（四）直辖市的创新可持续发展指标整体领先

四个直辖市的城市创新可持续发展竞争力排名皆在前10位，其中北京市和上海市分列第1位和第2位，天津市和重庆市则列第6位和第8位，整体排名靠前，反映了直辖市整体的创新可持续发展潜力巨大。这主要得益于直辖市注重教育事业投入，四个城市的教育事业发展良好，为培养创新精神和提升创新能力奠定了良好基础。在公共教育支出总额排名中，四个直辖市包揽了前4名。即便是人均公共教育支出额，直辖市的排名也较为靠前，北京市、天津市和上海市分列第3位、第5位和第4位，仅次于深圳市和东莞市。较为充足的教育投入和众多科研机构云集，使四个直辖市聚集了较多的科研人员，2015年R&D人员排名中，北京市、天津市、上海市和重庆市分列第1位、第3位、第2位和第6位，非直辖市中仅有深圳市和西安市领先于重庆市，表明直辖市具有较为充足的科研创新人员。

B.7
中国副省级城市创新竞争力分析报告

副省级市（副省级城市）正式施行于 1994 年 2 月 25 日，其前身为计划单列市，受省级行政区管辖，经过多次调整，目前中国有 15 座副省级市。副省级城市不仅在行政管理级别上高于一般城市，在管理体制改革、资源配置上有独特的优势，其创新能力有不同的表现。

一 中国副省级城市创新竞争力综合评价分析

根据中国城市创新竞争力评价指标体系测算得到 15 个副省级城市创新竞争力一级指标、二级指标得分和排名（见表 7 – 1 和图 7 – 1）。

表 7 – 1 副省级城市创新竞争力综合排名

城市	创新基础竞争力	创新环境竞争力	创新投入竞争力	创新产出竞争力	创新可持续发展竞争力	创新竞争力
深　圳	3	8	2	1	3	3
广　州	5	2	18	7	11	5
杭　州	7	3	7	88	10	7
西　安	27	7	4	13	29	8
宁　波	11	12	9	110	5	9
武　汉	9	5	20	23	43	10
南　京	10	14	16	61	14	13
青　岛	13	26	19	49	16	14
成　都	14	10	48	21	38	16
厦　门	19	22	31	202	12	22
济　南	23	9	28	191	33	25
沈　阳	25	23	43	31	60	26
长　春	41	13	42	25	81	27
大　连	17	43	45	100	67	30
哈尔滨	72	19	69	24	96	40

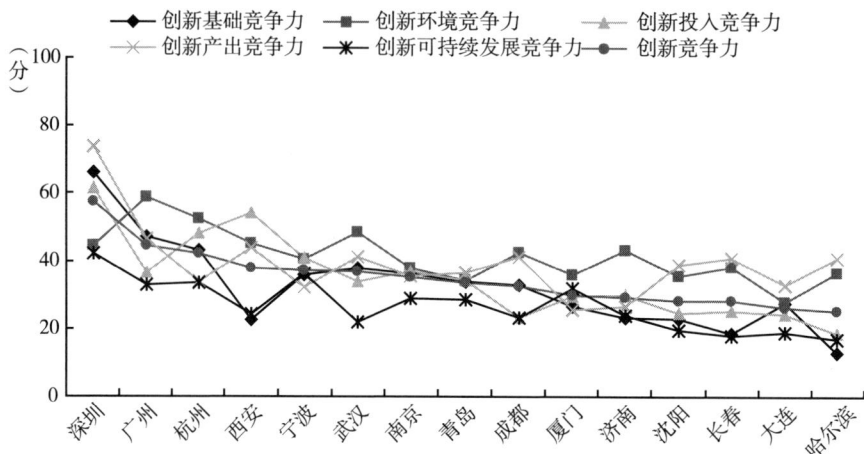

图 7 - 1　副省级城市创新竞争力综合得分比较

从创新竞争力综合排名来看，15 个副省级城市排名最前列的是深圳，居第 3 名，其后依次是广州、杭州、西安、宁波和武汉，都处于前 10 名，而且全部副省级城市都处于第一梯队（第 1 ~ 50 名）。这表明，副省级城市创新竞争力总体较强，并显示出较强的实力和较大潜力。

从 15 个副省级城市地域分布来看，排名靠前的基本是东部省份的副省级城市，城市创新竞争力整体呈现东高西低态势。15 个副省级城市中，东部 12 个，分别是深圳、广州、杭州、宁波、南京、青岛、厦门、济南、沈阳、长春、大连、哈尔滨；中部 1 个，是武汉；西部 2 个，分别是西安和成都。其中，前 10 个副省级城市中，东部省份的副省级城市占了 70%。

排名靠前的城市，主要是由于创新基础竞争力、创新环境竞争力和创新投入竞争力 3 个二级指标排名靠前且日益呈现走强趋势，这种拉动作用使得部分副省级城市创新竞争力排位靠前。

排名靠后的城市，主要是由于创新产出竞争力和创新可持续发展竞争力指标排位靠后影响城市创新竞争力，这些城市的创新竞争力协调发展有一定不足，阻碍了城市创新竞争力的提升。

从创新竞争力二级指标得分来看，副省级城市创新竞争力的优势主要是创新基础竞争力、创新环境竞争力和创新投入竞争力，但副省级城市在创新产出竞争力和创新可持续发展竞争力等方面表现较弱，其劣势在于创新产出竞争力和创新可持续发展竞争力。

从得分的分布来看，副省级城市创新竞争力得分比较均衡。其中深圳创新竞争力得分最高，达 57.6 分，高于 15 个副省级城市平均分 22.6 分，广州 44.4 分、杭州 42.2 分，其余 12 个副省级城市的创新竞争力得分均匀分布在 25~40 分区间，哈尔滨创新竞争力得分最低，仅 25.2 分，低于平均分 9.8 分。其中，15 个副省级城市创新基础竞争力、创新环境竞争力、创新投入竞争力和创新可持续发展竞争力的得分主要分布在 20~40 分区间，而创新产出竞争力在 40~60 分区间，呈现较好的发展势头。

从城市创新竞争力排名的要素贡献来看，主要是创新基础竞争力和创新环境竞争力，其中：深圳、广州、杭州、武汉、南京、成都等 6 个城市的创新基础竞争力和创新环境竞争力表现较好，西安、宁波、青岛、厦门、济南等 5 个城市的创新基础竞争力和创新环境竞争力表现中等，沈阳、长春、大连和哈尔滨等 4 个城市的创新基础竞争力和创新环境竞争力表现较差。

二　中国副省级城市创新基础竞争力评价与比较分析

根据中国城市创新竞争力评价指标体系测算得到 15 个副省级城市创新基础竞争力二级、三级指标得分和排名（见表 7-2、图 7-2）。

从创新基础竞争力排名来看，15 个副省级城市排名最前列的是深圳，居第 3 名，其后依次是广州、杭州、武汉和南京，都处于前 10 名；除哈尔滨市外，都处于第一梯队（第 1~50 名），表明副省级城市的城市创新基础水平较高，对城市创新竞争力形成有力支撑。

从 15 个副省级城市地域分布来看，城市创新基础竞争力排名靠前的基本是东部省份的副省级城市。其中，前 10 个副省级城市中，除了武汉市、成都市以外，其他 8 个副省级城市都隶属于东部省份。

表 7 - 2　副省级城市创新基础竞争力排名

城市	GDP	人均 GDP	财政收入	人均财政收入	外商直接投资	金融存款余额	创新基础竞争力
深　圳	4	1	3	1	9	3	3
广　州	3	3	7	20	11	4	5
杭　州	10	8	9	7	7	6	7
武　汉	8	16	8	14	6	11	9
南　京	11	6	11	13	18	9	10
宁　波	16	19	12	6	15	14	11
青　岛	12	18	13	16	8	20	13
成　都	9	46	10	39	5	5	14
大　连	17	10	22	33	22	18	17
厦　门	51	25	21	9	31	32	19
济　南	25	31	19	30	39	17	23
沈　阳	19	29	20	48	53	16	25
西　安	26	56	17	44	16	12	27
长　春	30	86	38	79	13	27	41
哈尔滨	27	241	34	99	20	29	72

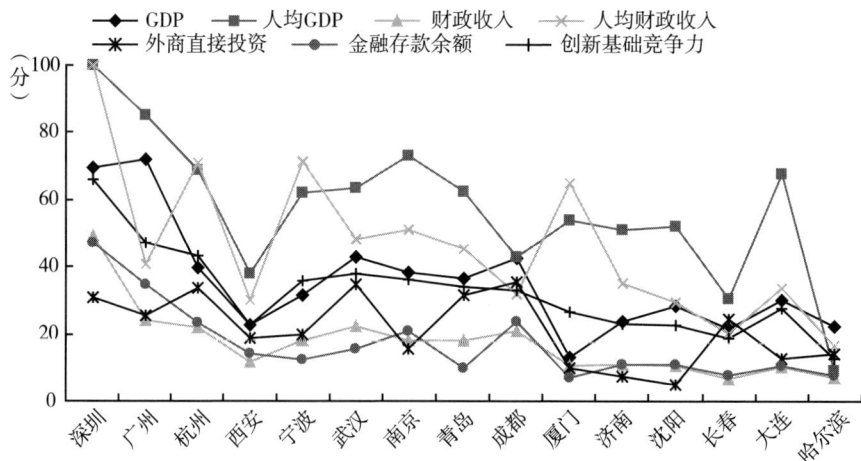

图 7 - 2　副省级城市创新基础竞争力综合得分比较

　　排名靠前的城市，主要是由于 GDP、财政收入、外商直接投资、金融存款余额等指标排名靠前，且呈现增强趋势，这种拉动作用使得部分副省级城市创新竞争力排序靠前。这些指标不仅体现了区域经济和社会发展的基础和能力，同时也反映了各地区对城市创新基础竞争力的支撑能力，具有基础性、持久性和公共性。以上指标的强化，进一步夯实了副省级城市的创新基础，为加快提升城市创新竞争力、进一步落实城市创新战略提供基础和保障。

排名靠后的城市，主要是由于人均财政收入和人均 GDP 指标对城市创新基础竞争力的影响，阻碍了城市创新基础竞争力的提升。

从创新基础竞争力三级指标得分来看，优势指标主要是 GDP、人均 GDP、人均财政收入等，劣势指标主要是财政收入、外商直接投资、金融存款余额等。

从得分分布来看，副省级城市创新基础竞争力得分分布十分不均衡。其中深圳创新基础竞争力得分最高，达 66.1 分，高出平均分 33.6 分，广州 47.1 分、杭州 43.1 分，哈尔滨创新基础竞争力得分最低，仅 12.8 分，低于平均分 19.7 分，最高分与最低分相差 53.3 分。

从城市创新基础竞争力排名的要素贡献来看，主要是 GDP、人均 GDP 和人均财政收入等 3 个指标的作用。深圳、广州、杭州、武汉、南京等 5 个城市的 GDP、人均 GDP 和人均财政收入指标等 3 个指标表现较好，西安、宁波、成都、青岛、厦门、济南等 6 个城市的 GDP、人均 GDP 和人均财政收入等 3 个指标表现中等，沈阳、长春、大连和哈尔滨等 4 个城市的 GDP、人均 GDP 和人均财政收入等 3 个指标表现较差。此外，15 个副省级城市的金融存款余额、财政收入和外商直接投资等 3 个指标对城市创新基础竞争力的作用还未充分发挥，未来将成为提升城市创新基础竞争力的关键。

三　中国副省级城市创新环境竞争力评价与比较分析

根据中国城市创新竞争力评价指标体系测算得到 15 个副省级城市创新环境竞争力二级、三级指标得分和排名（见表 7 - 3 和图 7 - 3）。

表7-3 副省级城市创新环境竞争力排名

城市	千人因特网用户数	千人手机用户数	国家高新技术园区数	国家高新技术企业数	高等院校数	电子政务发展指数	创新环境竞争力
广　州	25	2	8	5	3	1	2
杭　州	13	1	2	10	20	6	3
武　汉	10	25	8	4	2	16	5
西　安	20	7	8	131	7	32	7
深　圳	4	3	8	6	41	3	8
济　南	23	21	8	20	4	36	9
成　都	24	22	8	7	8	10	10
宁　波	7	5	8	23	37	12	12
长　春	168	29	2	42	21	50	13
南　京	29	38	8	14	17	13	14
哈尔滨	125	37	8	31	13	21	19
厦　门	16	23	8	16	34	4	22
沈　阳	65	19	8	36	16	92	23
青　岛	34	26	8	25	29	7	26
大　连	100	75	8	19	24	90	43

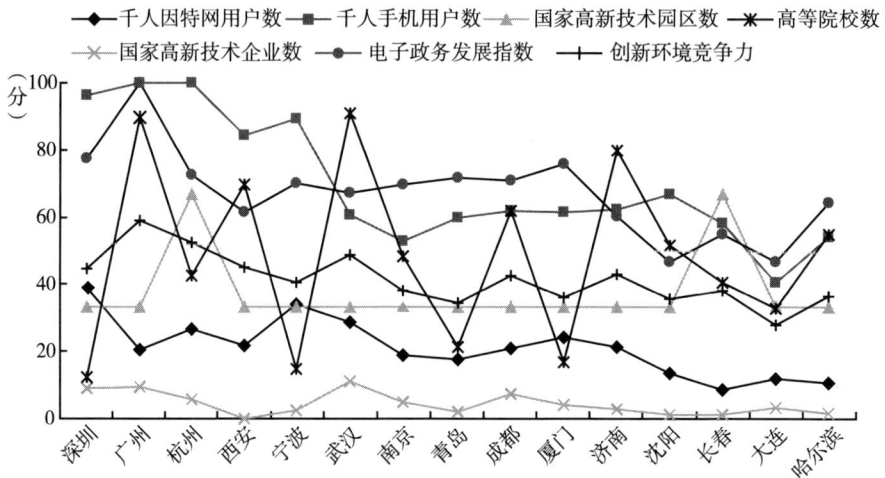

图7-3 副省级城市创新环境竞争力综合得分比较

从创新环境竞争力排名来看，15 个副省级城市排名最前列的是广州，居第 2 名，其后依次是杭州、武汉、西安、深圳、济南和成都，都处于前 10 名，而且全部处于第一梯队（第 1~50 名），表明副省级城市环境是孕育城市创新的土壤，同时也是城市创新扩散和发展的必要条件，对城市创新竞争力提升起到非常重要的作用。

从 15 个副省级城市地域分布来看，城市创新环境竞争力排名靠前的基本上是东部省份的副省级城市。其中，前 10 个副省级城市中，除了武汉、西安、成都以外，其他都隶属于东部省份。

排名靠前的城市，主要是由于高等院校数、国家高新技术园区数、电子政务发展指数等指标排名靠前，并形成城市创新环境竞争力提升的动力。这些指标分别代表了城市创新的人才培养环境、市场环境和制度环境，通过引导和配置创新资源，进一步影响城市创新环境竞争力，从而影响城市创新活动。

排名靠后的城市，主要是由于千人因特网用户数、千人手机用户数和电子政务发展指数等指标对城市创新环境竞争力的影响，阻碍了城市创新环境竞争力的提升。

从创新环境竞争力三级指标得分来看，优势指标主要是千人手机用户数、电子政务发展指数、高等院校数等，劣势指标主要是千人因特网用户数、国家高新技术园区数、国家高新技术企业数等。

从得分的分布来看，副省级城市创新环境竞争力得分较为不均衡。其中广州创新环境竞争力得分最高，达 58.8 分，高出平均分 17.3 分，杭州 52.4 分，武汉 48.6 分，大连创新环境竞争力得分最低，仅 28.1 分，低于平均分 13.4 分，最高分与最低分相差 30.7 分。

从城市创新环境竞争力排名的要素贡献来看，主要是千人手机用户数、电子政务发展指数、高等院校数等 3 个指标作用显著。其中：15 个副省级城市的千人手机用户数和电子商务发展指数均有较好表现，绝大部分城市指标得分在 60 分以上；15 个副省级城市的高等院校数指标得分呈现两极分化，广州、西安、武汉、成都、济南等 5 个城市的高等院校数指标得分均在

60 分以上，但深圳、宁波、厦门等城市的高等院校数指标得分均在 20 分以下。此外，从整体上来看，15 个副省级城市的千人因特网用户数和国家高新技术园区数等 2 个指标表现中等，国家高新技术企业数指标表现较差。可见，15 个副省级城市的千人因特网用户数、国家高新技术企业数和国家高新技术园区数指标的潜力有待进一步挖掘。

四　中国副省级城市创新投入竞争力评价与比较分析

根据中国城市创新竞争力评价指标体系测算得到 15 个副省级城市创新投入竞争力及其三级指标得分和排名（见表 7 - 4、图 7 - 4）。

表 7 - 4　副省级城市创新投入竞争力排名

城市	R&D 经费支出总额	R&D 经费支出占 GDP 比重	人均 R&D 经费支出	R&D 人员	研发人员占从业人员比重	财政科技支出占一般预算支出比重	创新投入竞争力
深　圳	3	5	1	4	29	4	2
西　安	8	3	9	5	1	41	4
杭　州	9	12	4	—	—	5	7
宁　波	—	—	—	—	—	23	9
南　京	10	14	8	16	56	11	16
广　州	6	47	16	7	48	8	18
青　岛	11	15	15	11	14	53	19
武　汉	7	11	13	27	90	9	20
济　南	23	43	35	9	8	84	28
厦　门	29	12	19	22	34	40	31
长　春	28	48	43	14	11	121	42
沈　阳	25	63	44	20	27	37	43
大　连	24	73	36	21	18	74	45
成　都	12	35	38	15	128	44	48
哈尔滨	32	64	61	23	36	132	69

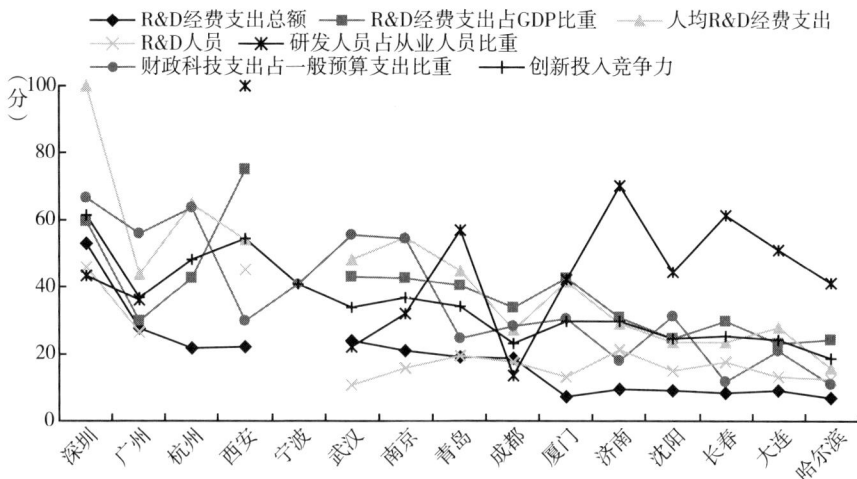

图7-4　副省级城市创新投入竞争力综合得分比较

　　从创新投入竞争力排名来看，15个副省级城市排名最前列的是深圳，居第2名，其后依次是西安、杭州和宁波，都处于前10名，且除了哈尔滨（第69名）处于第二梯队外，其他副省级城市都处于第一梯队（第1~50名）。城市创新仅仅依靠增加投入是不够的，还需要转变城市创新投入结构。副省级城市的城市创新投入竞争力仍有不足，其潜在优势尚未得到充分发挥。

　　从15个副省级城市地域分布来看，城市创新投入竞争力排名靠前的基本上是东部省份的副省级城市。其中，前10个副省级城市中，除了武汉、西安以外，其他8个副省级城市都隶属于东部省份，东部省份的副省级城市占了80%。

　　排名靠前的城市，主要是由于R&D经费支出总额、R&D经费支出占GDP比重、人均R&D经费支出、R&D人员、研发人员占从业人员比重等指标排名靠前，并形成城市创新投入竞争力提升的动力。城市创新投入竞争力最本质的特征是提高生产效率，R&D投入直接决定着知识的生产和积累，从而促进新知识、新工艺、新技能的提升，进一步推进社会技术进步和生产效率提高，对城市创新竞争力产生重要影响。

排名靠后的城市，主要是由于 R&D 经费支出总额、R&D 经费支出占GDP 比重、人均 R&D 经费支出、R&D 人员、研发人员占从业人员比重和财政科技支出占一般预算支出比重等指标排名靠后，体现了该城市的创新资本投入、创新人才投入强度不足，阻碍了城市创新投入竞争力的提升。

从创新投入竞争力三级指标得分来看，优势指标主要是人均 R&D 经费支出、R&D 经费支出占 GDP 比重、财政科技支出占一般预算支出比重、研发人员占从业人员比重等，劣势指标主要是 R&D 经费支出总额、R&D 人员等。

从得分的分布来看，副省级城市创新投入竞争力得分非常不均衡。其中深圳创新投入竞争力得分最高，达61.5 分，高出平均分26.7 分，西安54.3分，杭州48.2 分，哈尔滨创新投入竞争力得分最低，仅18.7 分，低于平均分16.1 分，最高分与最低分相差42.8 分。

从城市创新投入竞争力排名的要素贡献来看，主要是人均 R&D 经费支出、R&D 经费支出占 GDP 比重、财政科技支出占一般预算支出比重、研发人员占从业人员比重等 4 个指标作用显著。15 个副省级城市的人均 R&D 经费支出、R&D 经费支出占 GDP 比重、财政科技支出占一般预算支出比重、研发人员占从业人员比重均有较好表现，但人均研发经费支出等指标表现一般，15 个副省级城市的 R&D 经费支出总额、R&D 人员指标表现较差，绝大部分城市这两项指标的得分低于 20 分。

五　中国副省级城市创新产出竞争力评价与比较分析

根据中国城市创新竞争力评价指标体系测算得到 15 个副省级城市创新产出竞争力二级、三级指标得分和排名（见表 7 – 5 和图 7 – 5）。

从创新产出竞争力排名来看，15 个副省级城市排名最前列的是深圳，居第 1 名，其次是广州，居于第 7 名。西安、成都、武汉、哈尔滨、长春、沈阳、青岛等 7 个副省级城市也处于第一梯队；南京、杭州、大连等 3 个副省级城市处于第二梯队；宁波处于第三梯队；济南处于第四梯队；厦门处于

表 7-5 副省级城市创新产出竞争力排名

城市	专利授权数	高新技术产业产值	高技术产品出口总额	高技术产品出口比重	全社会劳动生产率	注册商标数	单位工业产值污染排放量	创新产出竞争力
深 圳	2	1	1	8	150	4	3	1
广 州	10	5	9	30	34	3	12	7
西 安	6	—	—	—	229	17	40	13
成 都	4	18	—	—	260	8	16	21
武 汉	11	7	14	10	52	22	32	23
哈尔滨	18	—	—	—	114	36	111	24
长 春	30	—	—	—	108	44	21	25
沈 阳	21	29	—	—	65	33	62	31
青 岛	14	9	21	39	16	24	9	49
南 京	9	14	13	21	93	21	81	61
杭 州	7	20	16	31	176	5	97	88
大 连	24	—	25	38	6	40	181	100
宁 波	16	16	20	45	72	13	38	110
济 南	17	39	51	59	84	29	114	191
厦 门	31	42	10	26	251	19	136	202

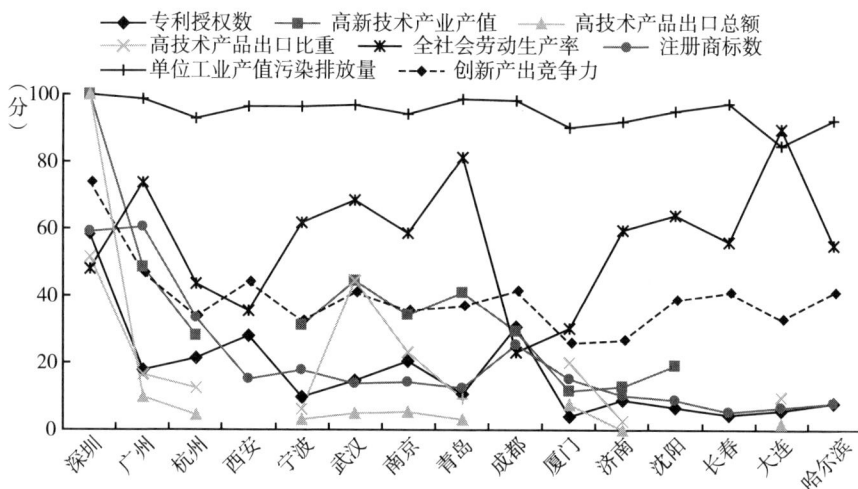

图 7-5 副省级城市创新产出竞争力综合得分比较

第五梯队。表明 15 个副省级城市的创新产出竞争力整体水平较低，且各副省级城市的创新产出差距较大，结构性矛盾突出。

从 15 个副省级城市的地域分布来看，除深圳、广州外，西安、成都和武汉等 3 个中西部副省级城市的城市创新产出竞争力排名也相对靠前，甚至超过了其他东部省份的副省级城市，呈现明显的区域差异。

排名靠前的城市，主要是由于专利授权数、高新技术产业产值、高技术产品出口总额、高技术产品出口比重等指标排名靠前，并形成城市创新产出竞争力的提升动力。这些指标体现了城市创新活动的执行力度和产出效率，也反映了城市创新产出竞争力的水平。

排名靠后的城市，主要是由于专利授权数、高新技术产业产值、高技术产品出口总额、高技术产品出口比重、全社会劳动生产率、注册商标数和单位工业产值污染排放量等指标排名靠后，尤其是全社会劳动生产率、注册商标数和单位工业产值污染排放量等指标对城市创新产出竞争力的影响，导致城市创新产出效率不足，从而阻碍了城市创新产出竞争力的提升。

从创新产出竞争力三级指标得分来看，优势指标主要是单位工业产值污染排放量、全社会劳动生产率等，劣势指标主要是专利授权数、高新技术产业产值、高技术产品出口总额、高技术产品出口比重和注册商标数等。

从得分的分布来看，副省级城市创新产出竞争力得分非常不均衡。其中深圳创新产出竞争力得分最高，达 73.8 分，高出平均分 34.4 分，广州 46.4 分，西安 43.9 分，厦门创新产出竞争力得分最低，仅 25.7 分，低于平均分 13.7 分，最高分与最低分相差 48.1 分。

从城市创新产出竞争力排名的要素贡献来看，主要是单位工业产值污染排放量、全社会劳动生产率等 2 个指标作用显著。15 个副省级城市的单位工业产值污染排放量、全社会劳动生产率指标均有较好表现，但高新技术产业产值和注册商标数等 2 个指标表现中等，15 个副省级城市的高技术产品出口总额、高技术产品出口比重指标表现较差，绝大部分城市这两项指标的得分低于 20 分（或无数据）。

六　中国副省级城市创新可持续发展竞争力 评价与比较分析

根据中国城市创新竞争力评价指标体系测算得到 15 个副省级城市创新可持续发展竞争力二级、三级指标得分和排名（见表 7 - 6 和图 7 - 6）。

表 7 - 6　副省级城市创新可持续发展竞争力排名

城市	公共教育支出总额	公共教育支出占GDP比重	人均公共教育支出额	R&D人员增长率	R&D经费增长率	城镇居民人均可支配收入	创新可持续发展竞争力
深　圳	5	257	1	158	84	12	3
宁　波	11	202	13	—	—	5	5
杭　州	10	215	14	—	125	4	10
广　州	6	261	11	145	91	7	11
厦　门	43	154	6	—	145	17	12
南　京	13	248	16	144	119	8	14
青　岛	7	192	15	98	142	19	16
西　安	33	231	116	4	152	48	29
济　南	35	240	48	68	121	21	33
成　都	9	224	49	89	67	46	38
武　汉	12	255	30	175	103	33	43
沈　阳	40	265	111	124	197	32	60
大　连	39	268	51	164	192	37	67
长　春	41	239	124	59	90	77	81
哈尔滨	27	220	155	147	166	60	96

从创新可持续发展竞争力排名来看，15 个副省级城市排名最靠前的是深圳，居第 3 名，其后依次是宁波和杭州，分别居第 5 名和第 10 名，这 3 个副省级城市以及广州、厦门、南京、青岛、西安、济南、成都和武汉 11 个副省级城市处于第一梯队；沈阳、大连、长春和哈尔滨等 4 个副省级城市处于第二梯队。这表明，15 个副省级城市的创新可持续发展差距较大，这也是城市经济发展失衡的重要原因。

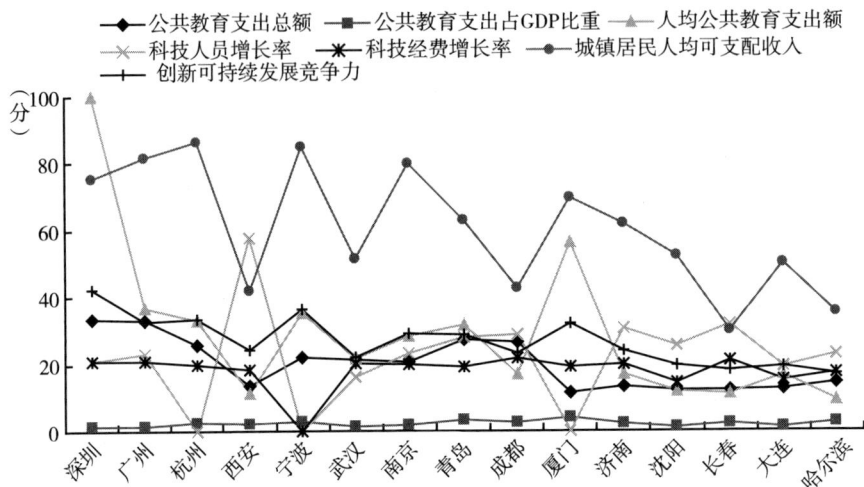

图7-6 副省级城市创新可持续发展竞争力综合得分比较

从 15 个副省级城市的地域分布来看，城市创新可持续发展竞争力排名
靠前的基本上是东部省份的副省级城市。其中，前 10 个副省级城市中，除
了成都和西安以外，其他 8 个副省级城市都隶属于东部省份，东部副省级城
市占了 80%。

排名靠前的城市，主要是由于公共教育支出总额、公共教育支出占
GDP 比重、人均公共教育支出额、R&D 人员增长率、R&D 经费增长率和城
镇居民人均可支配收入等创新可持续发展竞争力指标排名靠前，并形成城市
创新可持续发展竞争力提升的动力。这些指标体现了城市创新活动对城市转
型的重要性，也是副省级城市创新发展的重要任务，同时也是各副省级城
市，尤其是东北老工业基地和西部地区资源型城市转型的重要保障。

排名靠后的城市，主要是由于公共教育支出占 GDP 比重、人均公共教
育支出额、R&D 人员增长率和 R&D 经费增长率等指标表现较差，体现了城
市的创新可持续发展动力不足，阻碍了城市创新可持续发展竞争力的提升。

从创新可持续发展竞争力三级指标得分来看，优势指标主要是城镇居民
人均可支配收入，劣势指标主要是公共教育支出总额、公共教育支出占

GDP 比重、人均公共教育支出额、R&D 人员增长率和 R&D 经费增长率等。

从得分的分布来看，副省级城市创新可持续发展竞争力得分较为均衡，但是低水平的均衡。其中深圳创新可持续发展竞争力得分最高，达 42.1 分，高出平均分 15.4 分，宁波 36.3 分，杭州 33.5 分，哈尔滨创新可持续发展竞争力得分最低，仅 17.0 分，低于平均分 9.7 分，最高分与最低分相差 25.1 分。

从城市创新可持续发展竞争力排名的要素贡献来看，主要是城镇居民人均可支配收入指标作用显著。15 个副省级城市的城镇居民人均可支配收入指标均有较好表现，但公共教育支出总额、人均公共教育支出额、R&D 人员增长率等 3 个指标表现中等，15 个副省级城市的公共教育支出占 GDP 比重指标表现均较差，绝大部分城市该项指标得分低于 4 分。

七 中国副省级城市创新竞争力主要特征分析

（一）副省级城市创新竞争力指标排名都比较靠前

副省级城市是特定历史条件下国务院给予特殊政策的城市，部分是省会城市，部分是沿海发达城市，不但拥有较大规模的人口和经济总量，在行政管理上也具有特殊地位。副省级城市在发展政策上也拥有较多优势和便利条件，一般对外开放较早，经济发展水平更高，更有利于吸收国外资本、技术和人才，创新要素的集聚能力较强，创新竞争力普遍较高。

15 个副省级城市的城市竞争力综合排名全部都在第一梯队，其中深圳和广州分别居第 3 位和第 5 位，处于绝对优势地位。另外，杭州、西安、宁波、武汉四市综合排名也都处于前 10 名，说明副省级城市的创新竞争力整体水平很高，普遍优于其他城市。具体二级指标则有所不同，特别是创新产出竞争力方面，副省级城市的竞争力相对较弱，只有 2 个城市的创新产出竞争力处于前 10 名，处于第一梯队的也只有 9 个城市，特别是有 3 个城市的创新产出竞争力排位在第 100 名后，其中宁波、济南和厦门的创新产出能力排位靠后，落后于大部分城市，与其他指标的排位不相匹配。这些城市的创新效率还有待提升，需要加大改革力度，促进创新产出有效增加（见表7-7）。

表7-7 副省级城市创新竞争力指标排位分布

指标排位区间	1~50	51~100	101~150	151~200	201~274
创新竞争力（个）	15	0	0	0	0
占比（%）	100	0	0	0	0
创新基础竞争力（个）	14	1	0	0	0
占比（%）	93.3	6.7	0	0	0
创新环境竞争力（个）	15	0	0	0	0
占比（%）	100	0	0	0	0
创新投入竞争力（个）	14	1	0	0	0
占比（%）	93.3	6.7	0	0	0
创新产出竞争力（个）	9	3	1	1	1
占比（%）	60.0	20.0	6.7	6.7	6.7
创新可持续发展竞争力（个）	11	4	0	0	0
占比（%）	73.3	26.7	0.0	0.0	0.0

（二）副省级城市创新竞争力区域差别比较明显

副省级城市的确定有其历史原因和特定的时代背景，15个副省级城市在全国的分布并不均衡。按照我国传统区域划分方法，副省级城市主要分布在东部沿海地区，中西部地区较少，只有武汉、西安和成都三个城市纳入副省级城市管理范围。

从区域分布来看，东部地区有8个副省级城市，超过总数的一半（见表7-8）。总体而言东部城市创新竞争力排名比较靠前，但这些城市的创新竞争力排名也有较大差异，其中深圳、广州和杭州、宁波等城市的创新竞争力处于前10位，主要是广东和浙江两省的城市，而江苏、山东和福建的城市创新竞争力排位相对靠后。中西部省份的副省级城市较少，只有武汉和西安、成都三个城市，由于这三个城市都是区域核心城市，对周边区域有巨大的辐射作用，在经济总量、人口规模、创新能力上都有非常强的优势，能够吸引周边区域的各类资源要素，创新能力非常强，所以这三个城市的创新竞争力排名在全国都是非常靠前的，其中，西安和武汉都进入前 10 名。东北地区有四个副省级城市，除了三个省会城市外，还有大连。但是受到管理体制、经济结构等因素的影响，这四个城市的创新竞争力在 15 个副省级城市中处于末尾，排位不但落后于其他副省级城市，也落后于很多非副省级城市。从二级指标来看，影响东北地区城市竞争力的主要是创新可持续发展竞争力，沈阳等城市的创新可持续发展竞争力排名都在第 60 名及以后，远远落后于其他副省级城市。

表 7-8　副省级城市创新竞争力指标排名分布

	地级市	创新基础竞争力	创新环境竞争力	创新投入竞争力	创新产出竞争力	创新可持续发展竞争力	创新竞争力
东部地区（8个）	深　圳	3	8	2	1	3	3
	广　州	5	2	18	7	11	5
	杭　州	7	3	7	88	10	7
	宁　波	11	12	9	110	5	9
	南　京	10	14	16	61	14	13
	青　岛	13	26	19	49	16	14
	厦　门	19	22	31	202	12	22
	济　南	23	9	28	191	33	25
西部地区（2个）	西　安	27	7	4	13	29	8
	成　都	14	10	48	21	38	16
中部地区（1个）	武　汉	9	5	20	23	43	10
东北地区（4个）	沈　阳	25	23	43	31	60	26
	长　春	41	13	42	25	81	27
	大　连	17	43	45	100	67	30
	哈尔滨	72	19	69	24	96	40

（三）创新竞争力和经济发展水平关系密切

创新体系和经济发展存在密不可分的关系，经济发展为创新提供了必要的基础和环境，经济发展水平高的城市，更有能力聚集各种创新要素，吸引创新资本和人才，为创新活动提供必要的条件和载体。同时，经济发展到一定阶段，其动力机制必定有所变化，从要素驱动逐步过渡到创新驱动，对创新的要求越来越高，创新成果的应用也将越来越广泛。因此，两者是相互影响、相互促进的。

图7-7是副省级城市创新竞争力得分和GDP关系图，两者存在比较明显的正向线性关系，也即经济总量越高的城市，其创新竞争力得分越高，竞争力排名的位次就越靠前，从而证实了经济发展对创新竞争力的促进作用。当然，如前所述，城市创新竞争力是一个综合表现结果，由多种因素共同决定，不完全取决于某一个指标。在15个副省级城市当中，城市创新竞争力虽然与GDP有高度相关性，但仍然有一些偏离，如广州的GDP是高于深圳的，但深圳的创新竞争力得分反而更高，其他一些城市也有这样的情况。

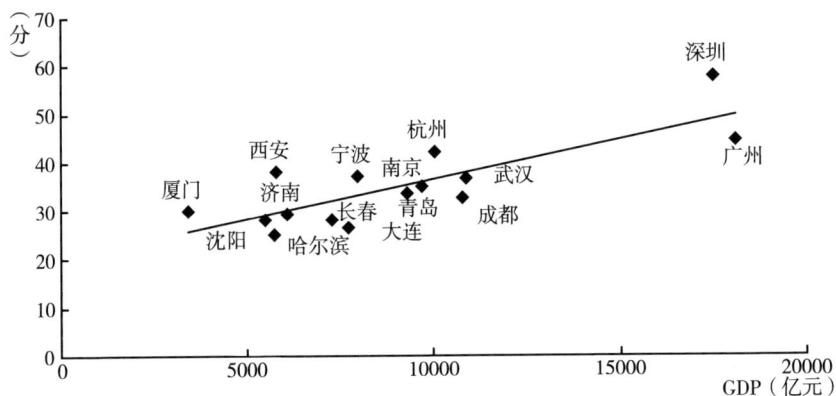

图7-7　创新竞争力得分与GDP关系

图7-8是副省级城市创新竞争力得分和人均GDP关系图，两者存在非常明显的正向线性关系。人均GDP一般代表经济发展水平，图中的线性关系表明，经济发展水平越高的城市，其创新竞争力得分越高，竞争力排名位次就越靠前，也证实了经济发展对创新竞争力的促进作用，而且两者的关系要比创新竞争力与GDP的关系更为显著。由此可见，应当把提升创新竞争

力和发展经济紧密结合起来，把提升创新竞争力作为经济发展战略的重要组成部分，特别是在我国不断强化创新战略的背景下，各个城市更应突出创新驱动发展战略，发挥城市聚集创新要素作用，提高创新效率，使创新成为经济发展的第一推动力。

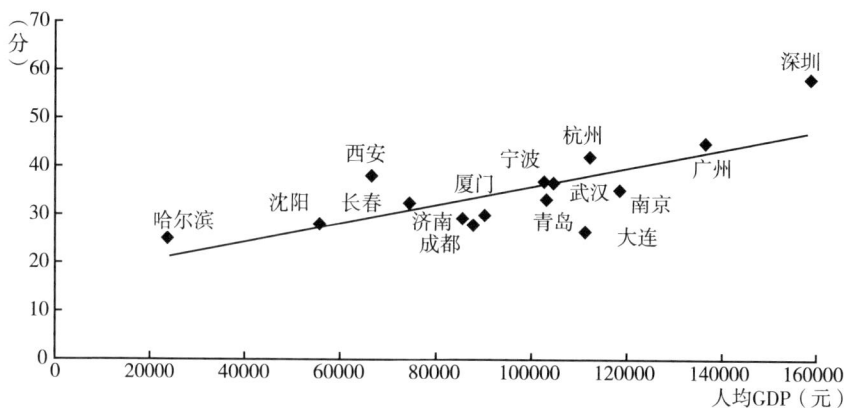

图7-8 创新竞争力得分与人均GDP关系

B.8
中国区域城市创新竞争力分析报告

为进一步反映我国区域城市创新竞争力水平，本报告将我国区域分为东部、中部、西部和东北部，深入分析每个区域城市创新竞争力各个二级指标的排名及得分情况。在此基础上，总结我国区域城市创新竞争力的特征以及未来提升区域城市创新竞争力的着力点。

一 中国城市创新竞争力综合得分分析

图 8-1 统计了全国 274 个城市创新竞争力综合得分的分布情况，所考察的 274 个城市的创新竞争力综合得分取值在 0~70 分。从结果可以看到，全国城市创新竞争力的空间分布极不均衡，差异较大，共有 182 个城市创新竞争力综合得分在 10~20 分，占总数的 66.42%；创新竞争力综合得分最高的是北京（70.0 分），其次是上海（60.5 分）、深圳（57.6 分）、天津（46.4 分），综合得分高于 40 分的城市还有广州（44.4 分）、苏州（44.4 分）、杭州（42.2 分）。上述这些城市都集中在我国东部沿海地区，说明东部沿海城市创新综合竞争力较强。相比之下，中部和西部城市创新竞争力综合得分主要分布在 10~20 分，与东部发达城市有一定差距，得分低于 10 分的城市包括运城、忻州、阜新、铁岭、定西、固原、河池、平凉等。当前我国区域经济分化日益明显，这种分化不仅体现在东部、中部、西部、东北地区四大区域，也体现在各大区域内部。为了全面、科学、细致地比较全国各城市创新竞争力情况，下文将分区域，以各区域内部城市作为研究对象，分析其创新竞争力的强弱和特征。

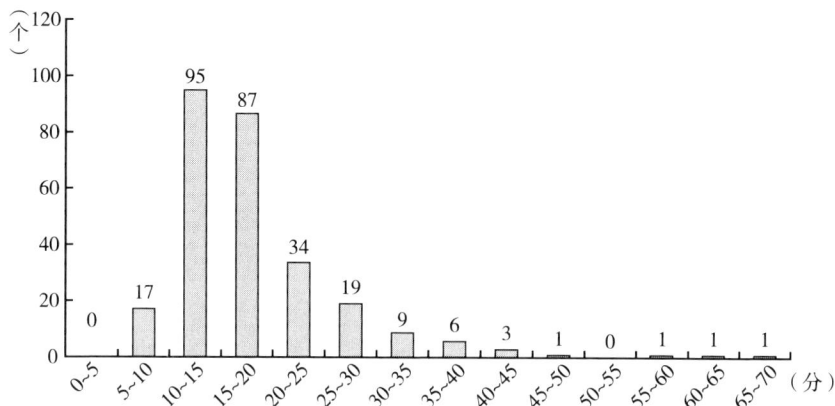

图8-1 274个城市创新竞争力综合得分分布

二 中国四大区域城市创新竞争力分析

(一)东部地区城市创新竞争力比较分析

由于早期的开放政策和良好的发展机遇,东部地区成为全国经济最发达的区域。表8-1统计了86个东部地区城市创新竞争力综合得分以及其二级指标的排名情况。从综合得分来看,全国274个城市中,创新竞争力综合得分排名前100的城市中,东部地区有53个,占总数的一半以上,可见东部地区创新发展走在全国前列,对全国创新发展的引领作用十分突出。其中北京和上海得分最高,二者得分均超过60分;深圳综合得分57.6分,排在第3位;天津、广州、苏州、杭州等4个城市得分超过40分,也排在前列。宁波、无锡、南京、青岛、绍兴、东莞、佛山、常州等8个城市得分超过30分,厦门、济南、嘉兴等30个城市得分超过20分,泰安、济宁、连云港等40个城市得分在10~20分,占东部地区城市总数的46.5%。东部地区仅有梅州的创新竞争力得分低于10分,梅州作为广东省的一个地级市,与东部其他城市相比仍然存在较大差距,其经济发展水平低于广东省平均水平。

表 8-1　东部地区城市创新竞争力得分及排名

城市	综合得分	全国排名	创新基础竞争力	创新环境竞争力	创新投入竞争力	创新产出竞争力	创新可持续发展竞争力
北　京	70.0	1	2	1	1	2	1
上　海	60.5	2	1	4	3	4	2
深　圳	57.6	3	3	8	2	1	3
天　津	46.4	4	4	11	6	16	6
广　州	44.4	5	5	2	18	7	11
苏　州	44.4	6	6	6	11	3	9
杭　州	42.2	7	7	3	7	88	10
宁　波	37.2	9	11	12	9	110	5
无　锡	36.0	12	12	18	25	6	21
南　京	35.1	13	10	14	16	61	14
青　岛	33.6	14	13	26	19	49	16
绍　兴	32.0	17	35	30	5	235	15
东　莞	31.0	18	26	36	32	44	7
佛　山	30.2	19	20	35	27	66	24
常　州	30.2	20	21	25	29	48	28
珠　海	30.0	21	16	29	21	205	17
厦　门	30.0	22	19	22	31	202	12
济　南	29.8	25	23	9	28	191	33
嘉　兴	26.5	28	33	46	24	196	20
金　华	26.4	29	61	41	14	208	22
中　山	26.3	31	38	38	33	166	25
南　通	26.2	32	24	48	47	59	37
烟　台	26.1	33	28	75	35	43	52
福　州	25.9	35	34	28	59	93	46
镇　江	25.8	36	29	70	40	74	31
威　海	25.8	37	31	40	38	167	36
潍　坊	25.3	39	56	57	39	26	56
台　州	25.0	41	73	73	10	204	27

城市	综合得分	全国排名	创新基础竞争力	创新环境竞争力	创新投入竞争力	创新产出竞争力	创新可持续发展竞争力
温　州	24.7	42	68	33	53	173	18
淄　博	24.7	43	43	55	44	53	50
舟　山	24.6	44	40	21	52	258	19
湖　州	24.1	45	59	52	22	222	30
东　营	23.6	46	74	77	34	117	39
惠　州	23.1	48	53	54	63	69	59
扬　州	22.3	52	39	113	64	71	66
泰　州	22.1	53	48	91	71	77	58
泉　州	21.9	55	47	45	88	150	47
徐　州	21.7	58	49	85	91	32	83
廊　坊	21.6	60	70	80	173	9	41
石家庄	21.4	62	66	34	96	148	80
盐　城	21.1	64	54	98	81	73	63
海　口	21.0	65	99	42	61	113	156
唐　山	21.0	66	46	78	111	55	75
衢　州	20.6	70	123	53	26	247	105
龙　岩	20.5	71	83	51	79	90	123
泰　安	20.0	74	85	96	57	103	121
济　宁	19.6	76	77	94	80	118	94
连云港	19.5	78	79	61	103	92	111
临　沂	19.3	79	117	87	90	87	76
江　门	18.3	90	91	64	74	236	88
滨　州	18.2	92	78	150	49	228	99
丽　水	18.1	96	127	111	62	207	77
沧　州	18.0	98	108	213	231	8	55
聊　城	17.5	103	126	183	87	42	198
德　州	17.3	105	113	146	92	60	222
莆　田	17.2	109	100	39	116	252	114
莱　芜	17.2	110	142	142	55	206	115
淮　安	17.2	111	63	135	105	198	87
枣　庄	17.0	114	109	79	118	149	155
三　明	17.0	115	90	71	106	185	176
南　平	16.6	119	132	106	119	112	173

城市	综合得分	全国排名	创新基础竞争力	创新环境竞争力	创新投入竞争力	创新产出竞争力	创新可持续发展竞争力
日 照	16.6	120	93	170	109	119	124
漳 州	16.4	123	86	83	98	229	170
宁 德	16.2	132	119	112	143	105	189
保 定	15.9	139	157	155	130	86	144
宿 迁	15.9	141	106	199	124	135	112
邯 郸	15.7	142	140	206	166	70	104
肇 庆	15.6	146	104	118	107	221	138
承 德	15.4	151	166	117	228	54	162
菏 泽	14.8	169	186	202	133	85	213
韶 关	14.7	170	171	101	128	211	171
阳 江	14.3	175	147	175	182	104	212
邢 台	14.2	178	199	131	210	106	187
潮 州	13.9	186	218	177	144	122	229
衡 水	13.9	187	213	196	221	57	209
清 远	13.0	205	189	236	190	171	136
汕 头	13.0	206	174	162	161	234	152
云 浮	12.9	209	224	148	150	186	243
茂 名	12.6	215	158	193	179	218	160
湛 江	12.5	220	185	124	215	243	157
张家口	12.5	222	182	217	238	138	228
秦皇岛	12.3	229	134	141	183	262	145
汕 尾	11.7	240	262	257	174	181	164
河 源	11.7	242	233	140	201	220	246
揭 阳	11.3	249	210	227	202	227	210
梅 州	9.4	265	241	208	222	263	245

从二级指标排名来看，北京创新竞争力水平最高，无论创新环境竞争力、创新投入竞争力，还是创新基础竞争力、创新产出竞争力以及创新可持续发展竞争力，在东部地区都位居前列。上海、深圳、天津、广州、苏州等城市的创新竞争力二级指标在全国排名也较为靠前。相比之下，杭州、宁波的创新基础竞争力、创新环境竞争力、创新投入竞争力、创新可持续发展竞争力指标在全国处于绝对优势地位，但其创新产出竞争力排位相对靠后，杭

州创新产出竞争力排在第 88 位，宁波排在第 110 位，其排名相对靠后主要是因为全社会劳动生产率和单位工业产值污染排放量排名相对靠后。与杭州、宁波情况相似的城市还包括绍兴、珠海、厦门、济南、嘉兴、金华、中山、威海、台州、温州、舟山、湖州等。出现这一情况的原因如下：一是创新产出数据较难获取，部分指标难以量化，本报告所计算的创新产出竞争力主要由专利授权数、高新技术产业产值、高技术产品出口总额、高技术产品出口比重、全社会劳动生产率、注册商标数、单位工业产值污染排放量等指标构成；二是创新投入多少并不会立即对创新产出产生影响，创新产出存在滞后性。在国家创新发展战略的指导下，东部地区创新投入力度不断加大，与全国其他城市相比，东部地区具有良好的经济基础，创新基础和创新环境都较为优越，为进一步提升东部地区城市创新竞争力，应注重提高创新产出能力，加强科技成果转化。

（二）中部地区城市创新竞争力比较分析

表 8-2 统计了 80 个中部地区城市创新竞争力综合得分以及其二级指标的排名情况。从综合得分来看，全国 274 个城市中，创新竞争力综合得分排名前 100 的城市中，中部地区有 21 个，其中武汉和长沙得分最高，二者得分均超过 35 分，分别排在全国第 10 位和第 11 位；其次是郑州、合肥、芜湖、太原、洛阳、宜昌、襄阳、马鞍山、南昌、蚌埠等 10 个城市，得分超过 20 分；铜陵、新余、株洲等 64 个城市得分在 10~20 分，占中部地区城市总数的 80%；阳泉、临汾、运城、忻州等 4 个城市得分低于 10 分。

表 8-2 中部地区城市创新竞争力得分及排名

城市	综合得分	全国排名	创新基础竞争力	创新环境竞争力	创新投入竞争力	创新产出竞争力	创新可持续发展竞争力
武汉	36.7	10	9	5	20	23	43
长沙	36.2	11	15	27	12	5	26
郑州	29.8	23	18	20	56	11	53
合肥	29.4	24	30	24	13	84	65

城市	综合得分	全国排名	创新基础竞争力	创新环境竞争力	创新投入竞争力	创新产出竞争力	创新可持续发展竞争力
芜 湖	25.7	38	52	58	8	174	106
太 原	23.2	47	58	16	41	194	199
洛 阳	22.6	50	71	62	65	28	98
宜 昌	22.5	51	45	50	78	109	48
襄 阳	21.3	63	65	90	15	165	273
马鞍山	20.9	67	55	160	30	209	61
南 昌	20.7	69	37	17	113	219	203
蚌 埠	20.3	73	135	122	37	107	110
铜 陵	20.0	75	112	268	23	98	90
新 余	19.0	82	57	104	102	102	132
株 洲	18.8	84	67	74	70	239	95
鹰 潭	18.5	86	88	127	54	147	178
郴 州	18.4	87	98	72	146	76	89
宣 城	18.4	88	130	172	67	72	122
岳 阳	18.2	91	82	128	97	46	184
许 昌	18.1	94	111	186	89	27	190
湘 潭	18.0	99	76	66	99	137	227
荆 门	17.9	101	141	84	51	145	264
咸 宁	17.8	102	162	129	83	35	205
三门峡	17.5	104	101	123	132	45	140
滁 州	17.2	112	152	231	68	75	166
益 阳	16.9	116	214	86	140	121	71
新 乡	16.6	121	154	63	82	244	148
黄 石	16.4	122	124	110	75	225	149
衡 阳	16.4	125	136	102	158	142	92
常 德	16.3	127	118	156	129	58	211
随 州	16.2	129	204	166	94	15	274
黄 山	16.2	130	146	168	93	123	175
安 阳	16.0	135	165	76	136	120	224
南 阳	15.7	144	177	88	127	182	142
荆 州	15.5	147	209	126	85	96	268
萍 乡	15.4	149	110	221	156	169	51
焦 作	15.3	153	107	169	84	217	182
景德镇	15.1	157	116	154	101	200	191

城市	综合得分	全国排名	创新基础竞争力	创新环境竞争力	创新投入竞争力	创新产出竞争力	创新可持续发展竞争力
池　州	15.1	159	122	203	122	132	202
鄂　州	15.1	160	92	130	134	115	267
黄　冈	15.0	162	220	210	73	131	255
平顶山	14.9	163	180	137	117	157	208
九　江	14.9	165	95	173	180	155	119
十　堰	14.6	172	167	120	110	146	265
开　封	14.3	177	172	252	126	101	215
吉　安	14.2	179	173	226	153	161	100
安　庆	14.2	180	197	242	120	134	180
赣　州	14.1	181	159	181	162	187	103
漯　河	13.7	191	170	261	176	82	177
宜　春	13.5	193	151	253	141	175	150
抚　州	13.4	194	194	157	181	201	130
淮　北	13.3	197	191	245	104	197	220
商　丘	13.2	198	219	214	189	127	183
周　口	13.1	201	221	241	218	94	174
濮　阳	13.1	203	183	134	145	238	218
邵　阳	13.0	207	249	260	175	159	82
驻马店	13.0	208	212	238	211	136	151
晋　城	12.9	210	138	188	142	241	214
孝　感	12.9	211	193	114	137	237	263
阜　阳	12.8	212	256	246	178	141	146
朔　州	12.7	214	143	195	246	133	249
大　同	12.6	217	198	174	167	242	143
亳　州	12.5	218	254	204	194	168	167
上　饶	12.5	221	164	244	209	170	197
永　州	12.4	223	206	254	214	162	133
鹤　壁	12.4	225	149	189	198	246	135
娄　底	12.3	227	203	187	171	188	240
信　阳	12.3	228	200	200	224	214	118
长　治	12.2	230	175	95	170	260	236
怀　化	11.9	234	217	198	232	192	195
六　安	11.9	235	232	167	188	251	128
淮　南	11.9	236	225	266	86	259	194

城市	综合得分	全国排名	创新基础竞争力	创新环境竞争力	创新投入竞争力	创新产出竞争力	创新可持续发展竞争力
宿　州	11.7	238	237	163	227	250	120
晋　中	11.5	247	190	136	219	255	201
张家界	11.3	250	216	184	270	257	79
吕　梁	10.0	257	202	248	241	264	117
阳　泉	9.8	258	163	119	225	272	247
临　汾	9.5	263	223	212	239	261	235
运　城	9.3	266	259	215	195	265	234
忻　州	8.9	270	250	228	263	266	207

从二级指标排名来看，创新基础竞争力方面，武汉、长沙、郑州排在中部地区前三位，分别居全国第 9 位、第 15 位、第 18 位；创新环境竞争力方面，武汉、太原、南昌排在中部地区前列，分别居全国第 5 位、第 16 位、第 17 位；创新投入竞争力方面，芜湖、长沙、合肥排在中部地区前列，分别居全国第 8 位、第 12 位、第 13 位；创新产出竞争力方面，长沙、郑州、随州排在中部地区前列，分别居全国第 5 位、第 11 位、第 15 位；创新可持续发展竞争力方面，长沙、武汉、宜昌排在中部地区前列，分别居全国第 26 位、第 43 位、第 48 位。比较发现，与全国其他城市相比，中部地区城市创新可持续发展竞争力略显不足，在一定程度上制约了中部地区的创新发展。本报告所计算的创新可持续发展竞争力主要由公共教育支出总额、公共教育支出占 GDP 比重、R&D 人员增长率、R&D 经费增长率、城镇居民人均可支配收入等指标构成。提升中部地区创新可持续发展竞争力，需要进一步加大对公共教育的投资，增加 R&D 经费投入，增加 R&D 人员投入，不断提高城镇居民可支配收入。

（三）西部地区城市创新竞争力比较分析

表 8 - 3 统计了 85 个西部地区城市创新竞争力综合得分以及其二级指标的排名情况。从综合得分来看，全国 274 个城市中，创新竞争力综合得分排

名前100位的城市中,西部地区有20个,其中西安得分最高,在全国排第8位;其后是重庆和成都,二者得分均超过30分;昆明、呼和浩特、包头、乌鲁木齐、绵阳、鄂尔多斯、乌海、兰州、嘉峪关等9个城市得分超过20分;柳州、北海、贵阳等65个城市得分在10~20分,占西部地区城市总数的76.5%;巴中、汉中、定西等8个城市得分低于10分。

表8-3　西部地区城市创新竞争力得分及排名

城市	综合得分	全国排名	创新基础竞争力	创新环境竞争力	创新投入竞争力	创新产出竞争力	创新可持续发展竞争力
西　　安	38.0	8	27	7	4	13	29
重　　庆	32.9	15	8	15	76	47	8
成　　都	32.7	16	14	10	48	21	38
昆　　明	26.1	34	44	31	58	62	40
呼和浩特	22.8	49	36	60	66	164	42
包　　头	22.0	54	75	100	36	193	35
乌鲁木齐	21.8	56	42	44	60	231	69
绵　　阳	21.8	57	179	69	17	160	129
鄂尔多斯	21.6	59	22	138	95	158	34
乌　　海	21.4	61	32	93	115	67	57
兰　　州	20.9	68	80	49	72	111	84
嘉峪关	20.4	72	62	59	46	215	113
柳　　州	19.5	77	96	89	100	65	78
北　　海	19.2	80	139	65	217	10	86
贵　　阳	19.1	81	51	32	123	216	206
银　　川	19.0	83	64	37	121	184	165
南　　宁	18.3	89	81	47	157	89	181
桂　　林	18.1	95	144	105	139	33	91
防城港	18.0	97	87	185	135	183	13
宝　　鸡	17.9	100	150	103	114	38	147
通　　辽	17.3	106	102	145	204	19	137
玉　　溪	17.3	107	103	152	169	56	68
德　　阳	17.2	108	148	151	77	91	188
咸　　阳	17.1	113	160	56	220	63	126
赤　　峰	16.8	117	155	147	223	34	54
乌兰察布	16.4	124	176	121	240	41	72

城市	综合得分	全国排名	创新基础竞争力	创新环境竞争力	创新投入竞争力	创新产出竞争力	创新可持续发展竞争力
遵 义	16.4	126	153	178	187	29	101
榆 林	16.2	128	50	116	262	50	256
金 昌	16.1	134	129	164	50	254	131
延 安	16.0	136	69	240	207	79	97
攀 枝 花	15.9	140	84	125	112	224	107
玉 林	15.6	145	230	255	230	40	32
梧 州	15.4	148	184	232	213	17	158
呼伦贝尔	15.4	150	97	109	212	156	125
自 贡	15.4	152	196	108	151	83	233
钦 州	15.3	154	229	250	203	37	49
巴彦淖尔	15.1	156	128	139	200	52	238
铜 仁	15.1	158	252	237	247	114	23
安 康	15.0	161	253	171	268	36	73
六 盘 水	14.8	167	137	205	236	130	64
西 宁	14.8	168	121	67	164	210	216
乐 山	14.6	171	169	82	205	163	196
泸 州	14.5	173	188	97	196	177	134
渭 南	14.3	176	234	132	147	151	172
酒 泉	14.1	182	156	243	154	116	179
安 顺	14.0	183	215	201	125	153	186
曲 靖	14.0	184	247	264	184	269	4
百 色	13.9	185	231	251	245	81	70
崇 左	13.8	188	207	180	229	39	241
庆 阳	13.7	189	205	256	191	80	127
石 嘴 山	13.7	190	145	159	186	154	225
张 掖	13.6	192	245	182	155	226	62
宜 宾	13.3	195	187	143	138	230	204
武 威	13.3	196	264	247	177	144	85
内 江	13.2	200	226	176	208	180	108
雅 安	13.1	202	227	153	163	143	253
铜 川	12.8	213	181	161	243	176	192
广 安	12.6	216	222	190	264	68	259
资 阳	12.5	219	201	218	258	95	239
贺 州	12.4	224	255	259	242	78	193

城市	综合得分	全国排名	创新基础竞争力	创新环境竞争力	创新投入竞争力	创新产出竞争力	创新可持续发展竞争力
商 洛	12.3	226	258	229	249	128	163
丽 江	12.0	231	242	273	234	199	45
遂 宁	12.0	232	248	191	237	124	260
贵 港	12.0	233	266	262	257	99	154
吴 忠	11.8	237	211	233	216	140	261
达 州	11.7	239	246	223	256	203	116
中 卫	11.7	241	238	234	206	179	223
天 水	11.6	243	268	224	193	152	244
白 银	11.6	244	251	144	185	233	242
毕 节	11.6	245	244	165	266	248	102
眉 山	11.5	246	192	219	250	139	266
南 充	11.4	248	243	194	254	172	248
广 元	11.3	251	261	158	255	178	257
保 山	10.8	253	257	270	248	256	44
来 宾	10.5	254	260	267	235	249	93
昭 通	10.3	255	273	271	273	195	109
陇 南	10.1	256	269	220	274	245	169
巴 中	9.8	259	272	225	272	232	230
汉 中	9.6	262	236	216	168	267	237
定 西	9.3	267	274	258	271	213	232
普 洱	9.1	269	263	274	233	253	153
固 原	8.4	271	270	230	269	271	139
临 沧	8.3	272	265	272	261	270	74
河 池	6.8	273	271	265	260	273	217
平 凉	6.4	274	267	235	267	274	231

从二级指标排名来看，创新基础竞争力方面，重庆、成都、鄂尔多斯排在西部地区前三位，分别居全国第 8 位、第 14 位、第 22 位；创新环境竞争力方面，西安、成都、重庆排在西部地区前列，分别居全国第 7 位、第 10 位、第 15 位；创新投入竞争力方面，西安、绵阳、包头排在西部地区前列，

分别居全国第 4 位、第 17 位、第 36 位；创新产出竞争力方面，北海、西安、梧州排在西部地区前列，分别居全国第 10 位、第 13 位、第 17 位；创新可持续发展竞争力方面，曲靖、重庆、防城港排在西部地区前列，分别居全国第 4 位、第 8 位、第 13 位。综合来看，西部地区各城市中，西安创新竞争力最强，其创新环境竞争力、创新投入竞争力和创新产出竞争力在西部地区都具有绝对领先优势。其次是重庆和成都，作为西部最重要的两个城市，重庆和成都担负着西部大开发的重要使命，重庆和成都均为第三批自贸试验区所在的区域，通过不断推进制度创新，推动西部地区创新驱动发展。然而，从二级指标排名来看，这两个城市的创新投入竞争力和创新产出竞争力在全国排名并不靠前，出现类似情况的城市还包括昆明、呼和浩特、贵阳、银川等。受地理位置、社会环境等诸多因素的制约，西部地区在经济、教育、科技文化等方面都较为落后，创新活动需要大量的资金和人员投入，受限于经济发展水平，西部地区大多数城市创新投入不足，科技成果转化率也不高。西部地区要提升创新竞争力水平，必须加大科技创新投入，培育以企业为主体的自主创新体系，加大科技成果转化力度，努力营造良好的创新环境。

（四）东北地区城市创新竞争力比较分析

表 8-4 统计了 23 个东北地区城市[①]创新竞争力综合得分以及其二级指标的排名情况。从综合得分来看，沈阳、长春、大连和哈尔滨得分较高，均超过 25 分，排在全国前 50 位；吉林、营口、本溪等 15 个城市创新竞争力综合得分在 10~20 分，葫芦岛、朝阳、铁岭、阜新等 4 个城市创新竞争力综合得分低于 10 分。沈阳、长春和哈尔滨分别作为辽宁、吉林、黑龙江三省的省会城市，具有独特的创新发展优势，大连作为全国 15 个副省级城市之一，其创新基础竞争力位居东北地区城市前列，大连在经济实力、财政收入、金融发展等方面都有十分明显的优势。

---

① 因数据无法获得，其他城市未纳入评价范围。

表 8-4 东北地区城市创新竞争力得分及排名

城市	综合得分	全国排名	创新基础 竞争力	创新环境 竞争力	创新投入 竞争力	创新产出 竞争力	创新可持续 发展竞争力
沈 阳	28.3	26	25	23	43	31	60
长 春	28.2	27	41	13	42	25	81
大 连	26.4	30	17	43	45	100	67
哈尔滨	25.2	40	72	19	69	24	96
吉 林	18.7	85	131	68	148	22	161
营 口	18.2	93	94	115	131	18	226
本 溪	16.7	118	105	81	108	125	251
鞍 山	16.2	131	89	92	152	97	252
盘 锦	16.1	133	60	211	149	129	141
辽 阳	16.0	137	115	133	160	30	262
四 平	15.9	138	133	209	252	14	168
锦 州	15.7	143	161	99	165	51	250
辽 源	15.2	155	178	197	226	20	221
通 化	14.9	164	125	107	159	189	159
松 原	14.8	166	195	239	251	12	219
白 山	14.3	174	120	192	259	64	200
抚 顺	13.2	199	114	207	172	126	269
白 城	13.0	204	208	179	265	108	185
丹 东	11.3	252	168	222	199	212	254
葫芦岛	9.6	260	228	263	253	190	272
朝 阳	9.6	261	235	269	197	240	258
铁 岭	9.5	264	240	249	244	223	271
阜 新	9.2	268	239	149	192	268	270

注：因数据无法获得，东北地区其他城市未纳入评价范围。

从二级指标排名来看，大连创新基础竞争力排在东北地区首位，其次是沈阳，长春创新环境竞争力排在东北地区首位。相比之下，东北地区城市创新投入竞争力和创新可持续发展竞争力在全国排名均在第40位以后，特别是创新可持续发展竞争力在全国居第60位及以后。近些年来东北地区经济增速持续放缓，增长动力严重不足，成为人们关注的焦点。东北地区是我国老工业基地，全面振兴东北老工业基地，必须坚持创新发展理念，深入实施创新驱动发展战略。然而，创新投入不足和创新可持续发展滞后已成为东北地区经济发展的一个重要短板。无论是研发经费支出总额，还是研发人员数，东北三省均低于全国平均水平。此外，东北地区大型企业多数处于垄断地位，创新动力不足，中小企业多数为大型企业提供配套服务，难以成为创新主体，创新水平不高。未来发展中，要进一步加大对东北地区城市的创新投入，提高研发经费支出占 GDP 比重，提高财政科技支出比重，加大公共教育投入，提高城镇居民人均可支配收入。

三 中国区域城市创新竞争力主要特征分析

为深入分析四个地区城市的创新竞争力特征，我们根据各地区相关城市的二级指标排名对各个区域内的城市进行了梯队划分：排名第 1～50 位的城市为第一梯队，排名第 51～100 位的城市为第二梯队，排名第 101～150 位的城市为第三梯队，排名第 151～200 位的城市为第四梯队，排名第 201～274 位的城市为第五梯队。据此，可以统计出某一区域内相关城市二级指标在各梯队的分布，进而对各区域的创新竞争力具体特征进行详细分析。

第一，城市创新基础竞争力方面：西部地区创新基础较为薄弱，东部地区创新基础优势显著，中部及东北地区创新基础竞争力第一梯队城市数量较少，有待加强。

根据上文所述梯队分类方法，我们对各区域内相关城市的创新基础竞争力二级指标排名进行了数量统计，获得了各区域内考察城市的创新基础竞争力排序梯队分布图（见图 8-2）。图中横坐标表示各个不同的地区，纵坐标表示各梯队内城市数量占本区域城市数量的比重，柱内数字表示某一地区内城市的基础创新竞争力二级指标排名划分到相应梯队的城市数量。

从图中可以看出，中部地区及东北地区创新基础竞争力梯队分布较为均衡，而东部地区和西部地区创新基础竞争力梯队差异较大。东部地区的梯队分布呈现典型的"锥形分布"特征，第一梯队内城市最多，后续梯队内城市数量依次递减，第五梯队内城市最少。东部地区共有 86 个城市，其中超

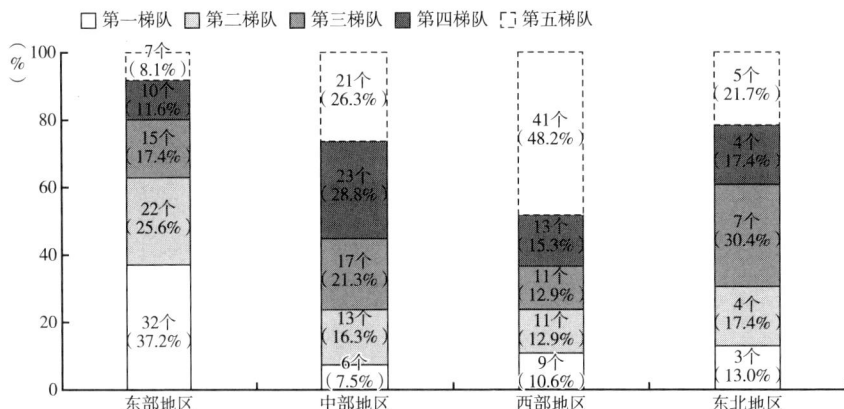

图 8-2　各区域创新基础竞争力排名梯队分布

过三分之一（32 个城市）分布在第一梯队，超过四分之一（22 个城市）分布在第二梯队，第三梯队内有 15 个城市，第四梯队内有 10 个城市，第五梯队内有 7 个城市。西部地区的梯队分布与东部地区正相反，呈现"倒锥形分布"特征，第一梯队内城市最少（9 个城市），后续梯队内城市数量依次递增（第二梯队 11 个城市，第三梯队 11 个城市，第四梯队 13 个城市），第五梯队内城市最多，有 41 个城市。中部地区和东北地区的梯队分布特征比较类似，均表现为第三、四、五梯队占据主体地位，第一梯队及第二梯队内城市数量较少。

第二，城市创新环境竞争力方面：东部地区创新环境竞争力表现优异，中部、西部地区创新环境并不乐观，东北地区第五梯队内城市改善创新环境压力较大。

我们对各区域内相关城市的创新环境竞争力二级指标排名进行了数量统计，获得了各区域内考察城市的创新环境竞争力排序梯队分布图（见图 8 - 3）。

东部地区的创新环境竞争力二级指标排名梯队分布依然呈现类似创新基础竞争力分布的"锥形分布"特征，第一梯队内城市最多，后续梯队内城市数量依次递减，第五梯队内城市最少。这一梯队分布特点赋予东部地区创

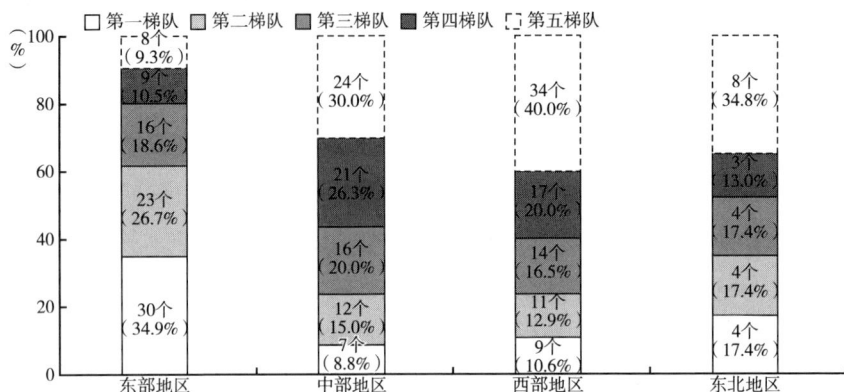

图8-3 各地区创新环境竞争力排名梯队分布

新环境持续改进、区域内城市创新能力进一步增强的环境基础。相对而言，中部地区及西部地区的创新环境竞争力二级指标排名梯队分布呈现与东部地区迥异的"倒锥形分布"特征。第五梯队城市数量最多（中部地区24个城市，西部地区34个城市），为后续创新环境改善带来较大压力，第四梯队（中部地区21个城市，西部地区17个城市）及第三梯队（中部地区16个城市，西部地区14个城市）也不容乐观。东北地区的城市创新环境竞争力二级指标排名在第五梯队的城市最多（8个城市），占据城市总量的三分之一，其他梯队较为均衡。

第三，城市创新投入竞争力方面：东部地区创新投入依然占优，中部地区创新投入潜力巨大，东北地区创新投入城市间差异较大且缺乏后续发展动力，西部地区大多数城市创新投入不足，亟待改善。

改革开放以来，我国东部地区快速发展，东部城市经济总量不断提升，为创新投入持续增加提供了雄厚的经济基础。如图8-4所示，东部地区内相关城市的创新投入竞争力排名梯队分布情况与上文所述东部地区创新基础竞争力排序梯队分布及创新环境竞争力排序梯队分布情况极为类似，均呈现下宽上窄的三角形特征，第四梯队及第五梯队内城市数量较少，第三、二、一梯队内城市数量逐步增加并占据主体地位。此外，中部地区的创新投入梯队分布较为均衡，五个梯队内城市数量差异较小，虽然第一梯队内城市数量仍然与东部地区差距较大（9个城市），但是第二、三梯队总共40个城市的大规模创新投入为本区域城市创新竞争力的进一步提升创造了条件。相比较而言，东北地区各城市的创新投入排名情况差异很大，并且第二梯队与第三梯队内城市数量过少，缺乏后续发展潜力。需要引起注意的是，我国西部地区超过一半的城市（44个城市）创新投入排名均列在200名以后，落在第五梯队内。这表明，当前我国西部大多数城市处于创新投入严重不足或短缺的状态，亟待采取多方位举措加以改善。

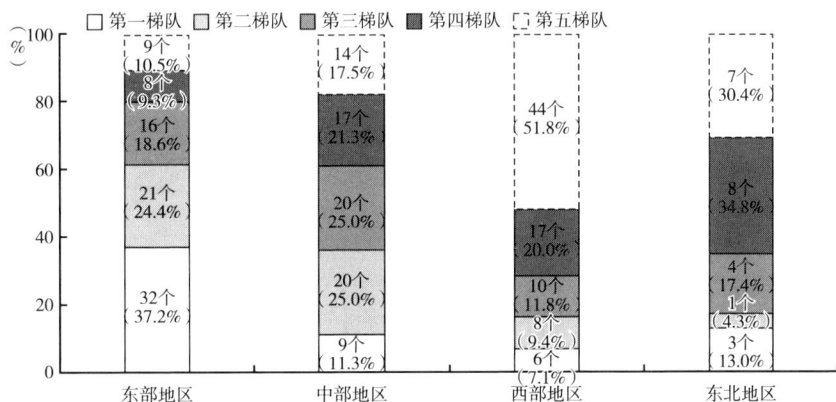

图8-4 各地区创新投入竞争力排名梯队分布

第四，城市创新产出竞争力方面：东部地区创新产出优势仍然明显，东北、西部地区创新产出紧随其后，中部地区创新产出尚有不足。

如图8-5所示，23个东北地区城市中有9个城市的创新产出竞争力排名列在第一梯队内，这对于前三个二级指标创新基础竞争力、创新环境竞争力、创新投入竞争力表现均较差的东北地区来说尤为不易。从全国范围内比较，东北地区各考察城市的普通高校数量及专业技术人才数量较高，拥有明显的科教优势，这为东北地区发挥创新产出优势提供了人才基础及智力支持。此外，东北地区是我国重要的老工业基地，拥有一批优势产业和举足轻重的战略产业，扩大了东北地区城市创新产出的规模与范围。如图8-5所示，西部地区城市创新产出呈现"中间小、两头大"的分布特征：第三梯队中仅有 10 个城市，第二梯队（15 个城市）、第四梯队（20 个城市）的城市数量略有增加，第一梯队（17 个城市）及第五梯队（23 个城市）的城市数量继续增加。东部地区 86 个城市中，位于第一梯队（15 个城市）和第二梯队（22 个城市），处于第一、第二梯队的城市数仍然是最多的，占了东部地区城市总数的 43%。而中部地区第一梯队和第二梯队城市共有 18 个，整体的创新产出尚有不足。

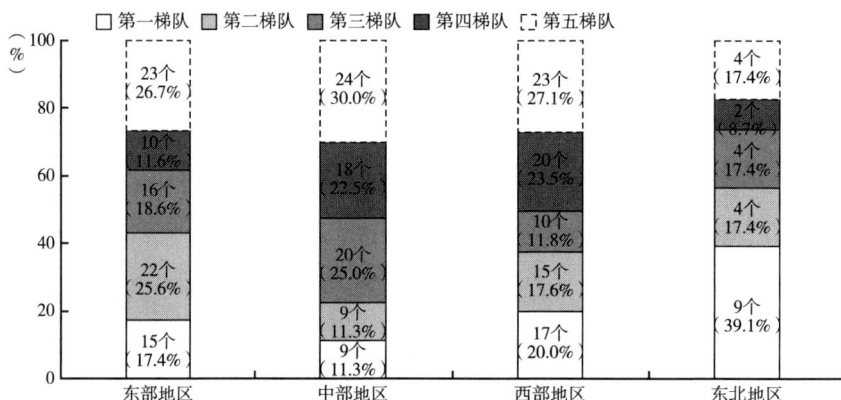

图 8-5　各地区创新产出竞争力排名梯队分布

不同于前 3 个二级指标的优异表现，东部地区的创新产出竞争力排序在各梯队间差异较小，并不能充分体现东部地区的经济发展速度及优势。东部地区处于创新产出第一梯队的只有 15 个城市，数量上低于西部地区，比例均低于东北地区及西部地区。通过地区间的横向比较可以发现，东部地区在科技创新上存在一定的"虚胖"现象，科技研发领域虽然投入了大量的人力、物力、财力，但是创新产出效率还有待提高。受创新环境及创新基础的影响，中部地区创新产出也呈现"倒锥形分布"特征，第三、四、五梯队内城市数量较多，仅有少数城市分布在第一梯队和第二梯队。因此，提高中部地区城市的创新产出水平迫在眉睫。

第五，创新可持续发展竞争力方面：东西部地区创新可持续发展势头良好，中部地区创新可持续发展尚需努力，东北地区创新可持续发展前景堪忧。

城市创新可持续发展竞争力二级指标强调城市创新能力的可持续性。从图 8-6 可以看出，东部地区的创新可持续发展竞争力在四个区域中显著领先，尤其是第一梯队内城市数量较多，85 个东部城市中 33 个城市处于第一梯队，其他四个梯队（第二梯队内 16 个城市、第三梯队内 13 个城市、第四梯队内 14 个城市及第五个梯队内 10 个城市）城市数量差异较小。西部地区城市创新可持续发展竞争力在五个梯队分布较为均衡，除第五梯队内数量稍多外（24 个城市），其他几个梯队内城市数量非常接近。中部地区则第一梯队内数量极少（3 个），第五梯队内数量最多（27 个城市），虽然第三梯队（21 个城市）及第二梯队（13 个城市）内相关城市可以为中部地区创新可持续发展竞争力的进一步提高起到推动作用，但是第五梯队城市仍然需要继续努力改善城市创新可持续发展环境，为中部地区城市创新竞争力的持续提升夯实基础。四个地区中，东北地区城市创新可持续发展竞争力普遍偏低，大多数东北地区城市创新可持续发展竞争力二级指标排名居第五梯队（13 个城市），少部分东北地区城市创新可持续发展竞争力二级指标排名位于第四梯队（5 个城市）、第三梯队（1 个城市）、第二梯队（4 个城市），整个东北地区 23 个考察城市无一创新可持续发展竞争力排名位于第一梯队，发展前景不容乐观。

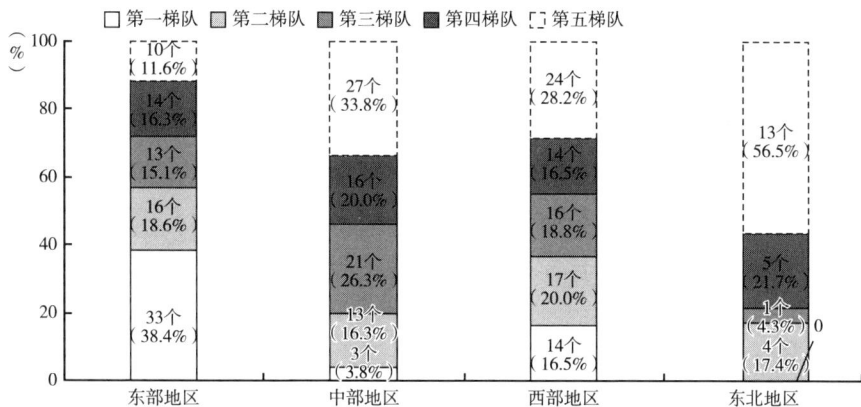

图 8-6　各地区创新可持续发展竞争力排名梯队分布

四 中国区域城市创新竞争力提升的思路建议

（一）东部地区：在保持竞争力优势的同时，应更加注重创新产出竞争力的提升

对于东部地区而言，各二级指标的排名均比较靠前，但相比其他四类指标，第一、第二梯队创新产出竞争力的指标分布相对较少，未来在保持竞争优势的同时，应更加注重创新产出竞争力的提升。创新产出竞争力指标主要包括专利授权数、高技术产业产值、高技术产品出口总额、高技术产品出口比重、全社会劳动生产率、注册商标数和单位工业产值污染排放量，提升创新产出竞争力，可以分别从这几个指标入手。在专利授权数方面，要进一步提高专利的新颖性和创造性，尤其是在海外的专利申请量比重过低，说明我国的专利创造性未达到国外专利授权的要求，或者缺乏实际应用价值，无法得到实际保护。在高技术产业产值提升方面，要加大政策扶持力度，营造良好的创新环境，健全知识产权服务体系，完善重点产业信息资源建设，开展企业专利数据库建设，加快建设主导产业专业数据库平台，实现主导产业、重点产业、新兴产业专利数据库全覆盖。加大资金投入，实现持续发展，加快园区建设，引导产业集聚，建设创新体系，提供服务支持，实施科技项目，加快成果转化，培养创新人才，提供智力支持。增加高技术产品出口总额，实施国际化战略，培育国际品牌，提高自主创新能力，加快外贸产品结构调整与升级，建立有效的激励机制。在全社会劳动生产率提升方面，要对劳动力进行合理配置，通过教育和培训提高劳动力素质。在增加注册商标数方面，要加强对商标重要性的认识，加大知识产权保护力度。在降低单位工业产值污染排放量方面，要强化提升重视程度，提高技术水平，严格限制高能耗、高污染、低效率企业投入，从源头上减少污染排放。当然，不同地区这些指标表现存在显著差异，可结合地区实际对症下药，采取针对性措施。

（二）中部地区：在保持竞争力优势的同时，应更加注重创新基础竞争力的提升

创新基础竞争力指标包括 GDP、人均 GDP、财政收入、人均财政收入、外商直接投资、金融存款余额，提升创新基础竞争力，可以分别从这几个指标入手。在 GDP 提升方面，可以通过制度创新，深化改革，培育科技创新能力，提高生产技术水平和劳动力素质。在人均 GDP 提升方面，要进一步优化产业结构，促进整体经济实力的提升。在财政收入增加方面，要研究制定有关财税征收政策，规范管理，狠抓财源建设。在提升外商直接投资吸引力方面，可以进一步完善国际化、法治化、便利化的营商环境，深化商事制度改革，加快推进政府职能转变，以市场为主导，减少政府对市场的干预，提高对外资的吸引力。

（三）西部地区：在保持竞争力优势的同时，应更加注重创新投入竞争力的提升

创新投入竞争力指标包括 R&D 经费支出总额、R&D 经费支出占 GDP 比重、人均 R&D 经费支出、R&D 人员、研发人员占从业人员比重、财政科技支出占一般预算支出比重。主要包括人员投入和经费投入两个部分，提高城市创新投入竞争力，可以分别从这几个指标入手。在 R&D 经费支出方面，要高度重视 R&D 的战略意义，确立 R&D 优先发展战略，加大财政投入力度，改善 R&D 经费支出结构，提高 R&D 经费支出的基础研究比例，优化支出结构，提高企业作为 R&D 经费投入主体的比例。在 R&D 人员投入方面，要优化基础研究和应用研究人员投入，促进 R&D 人员结构优化，要加强对 R&D 人员的培训，提高资源利用效率。要培养和引进创新型人才，重视培养技术带头人、科技骨干队伍、高层次的经营管理队伍、企业家队伍和外向型经济人才。要积极与高校、科研单位联系，培养具有城市规划、建设和管理能力的急需复合型人才。

（四）东北地区：在保持竞争力优势的同时，应更加注重创新环境竞争力和创新可持续发展竞争力的提升

创新环境竞争力三级指标包括千人因特网用户数、千人手机用户数、国家高新技术园区数、国家高新技术企业数、高等院校数和电子政务发展指数。提高创新环境竞争力，可以分别从这几个指标入手。在国家高新技术园区建设方面，可以进一步依托理工类大学或者科研院所，形成产学研一体化合作。进一步优化环境，培育良好的创业环境，合理规划园区功能，提高园区入驻率。在高等院校发展方面，要进一步优化师资队伍，提高产学研合作比例，提高科技成果转化率。在电子政务发展指数提升方面，要优化通信基础设施建设，推动地区合作与人力资源开发，提升在线服务指数、通信基础设施指数和人力资本指数。

创新可持续发展竞争力三级指标包括公共教育支出总额、公共教育支出占 GDP 比重、人均公共教育支出额、R&D 人员增长率、R&D 经费增长率和城镇居民人均可支配收入。提升创新可持续发展竞争力，可以分别从这几个指标入手。在公共教育支出方面，要加大教育投入力度，提高财政教育支出水平，缩小地区间基础教育支出差异，优化初等、中等、高等教育结构。在提升城镇居民人均可支配收入方面，要转变经济发展方式，降低失业率，加快城乡体制改革，推进新型城镇化进程。

附 录

Appendix

B.9

中国城市创新竞争力各级
指标得分和排名情况

附表1　中国城市创新竞争力一级和二级指标得分

序号	省、自治区、直辖市	地级市	创新基础竞争力	创新环境竞争力	创新投入竞争力	创新产出竞争力	创新可持续发展竞争力	创新竞争力综合得分
1	北京	北　京	82.4	68.0	82.6	61.9	54.9	70.0
2	天津	天　津	62.2	41.8	49.5	42.6	36.0	46.4
3	河北	石 家 庄	13.6	31.9	13.5	29.9	17.9	21.4
4	河北	唐　山	17.3	21.8	11.4	36.2	18.1	21.0
5	河北	秦 皇 岛	7.7	16.2	5.4	17.6	14.4	12.3
6	河北	邯　郸	7.4	13.0	6.4	35.1	16.6	15.7
7	河北	邢　台	5.1	16.6	4.1	32.7	12.8	14.2
8	河北	保　定	6.6	15.5	9.2	33.8	14.4	15.9
9	河北	张 家 口	5.8	12.4	2.5	30.6	11.0	12.5
10	河北	承　德	6.2	17.8	3.2	36.2	13.5	15.4

续表

序号	省、自治区、直辖市	地级市	创新基础竞争力	创新环境竞争力	创新投入竞争力	创新产出竞争力	创新可持续发展竞争力	创新竞争力综合得分
11	河北	沧 州	9.1	12.6	3.1	45.3	19.9	18.0
12	河北	廊 坊	13.2	21.5	5.8	44.5	22.8	21.6
13	河北	衡 水	4.4	13.3	3.6	36.0	12.2	13.9
14	山西	太 原	14.8	36.6	25.6	26.4	12.5	23.2
15	山西	大 同	5.2	14.2	6.4	22.6	14.4	12.6
16	山西	阳 泉	6.3	17.6	3.2	12.4	9.7	9.8
17	山西	长 治	6.0	20.0	6.1	18.3	10.5	12.2
18	山西	晋 城	7.7	13.7	8.4	22.8	11.9	12.9
19	山西	朔 州	7.3	13.4	2.3	31.0	9.6	12.7
20	山西	晋 中	5.6	16.4	3.6	19.4	12.4	11.5
21	山西	运 城	2.8	12.5	4.7	15.9	10.7	9.3
22	山西	忻 州	3.4	11.7	1.5	15.6	12.2	8.9
23	山西	临 汾	4.1	12.6	2.4	17.9	10.7	9.5
24	山西	吕 梁	4.7	10.8	2.4	16.6	15.5	10.0
25	内蒙古	呼和浩特	19.4	23.8	19.8	28.6	22.2	22.8
26	内蒙古	包 头	12.1	19.7	28.2	26.5	23.6	22.0
27	内蒙古	乌 海	20.7	20.4	11.0	35.2	19.7	21.4
28	内蒙古	赤 峰	6.8	15.9	3.5	37.9	20.0	16.8
29	内蒙古	通 辽	9.6	16.0	4.4	42.0	14.6	17.3
30	内蒙古	鄂尔多斯	25.0	16.4	14.0	28.9	23.7	21.6
31	内蒙古	呼伦贝尔	9.9	18.6	4.0	29.2	15.2	15.4
32	内蒙古	巴彦淖尔	8.1	16.4	4.5	36.3	10.4	15.1
33	内蒙古	乌兰察布	6.0	17.5	2.4	37.3	18.8	16.4
34	辽宁	沈 阳	22.8	35.5	24.6	38.8	19.5	28.3
35	辽宁	大 连	27.6	28.1	24.3	33.0	19.0	26.4
36	辽宁	鞍 山	10.6	20.5	7.6	33.2	9.0	16.2
37	辽宁	抚 顺	8.7	12.8	6.0	31.6	6.8	13.2
38	辽宁	本 溪	9.4	21.5	11.6	31.6	9.2	16.7
39	辽宁	丹 东	6.2	12.0	4.5	24.6	9.0	11.3
40	辽宁	锦 州	6.4	19.7	6.5	36.4	9.4	15.7
41	辽宁	营 口	10.0	18.2	9.2	42.2	11.2	18.2
42	辽宁	阜 新	3.7	15.8	4.8	15.0	6.7	9.2
43	辽宁	辽 阳	8.6	16.6	7.1	39.0	8.6	16.0

续表

序号	省、自治区、直辖市	地级市	创新基础竞争力	创新环境竞争力	创新投入竞争力	创新产出竞争力	创新可持续发展竞争力	创新竞争力综合得分
44	辽宁	盘　锦	14.4	12.7	7.8	31.3	14.4	16.1
45	辽宁	铁　岭	3.7	10.7	2.3	23.9	6.6	9.5
46	辽宁	朝　阳	3.8	8.0	4.6	22.8	8.8	9.6
47	辽宁	葫芦岛	3.9	9.0	1.9	26.6	6.6	9.6
48	吉林	长　春	18.6	38.3	25.4	40.8	17.9	28.2
49	吉林	吉　林	8.0	22.4	8.1	41.3	13.6	18.7
50	吉林	四　平	7.8	12.7	2.0	43.8	13.3	15.9
51	吉林	辽　源	5.9	13.3	3.2	42.0	11.4	15.2
52	吉林	通　化	8.2	18.9	7.1	26.6	13.6	14.9
53	吉林	白　山	8.4	13.5	1.6	35.6	12.5	14.3
54	吉林	松　原	5.3	11.4	2.0	44.0	11.5	14.8
55	吉林	白　城	4.5	14.0	1.3	32.5	12.8	13.0
56	黑龙江	哈尔滨	12.8	36.5	18.7	40.9	17.0	25.2
57	上海	上　海	88.5	52.4	56.1	55.2	50.5	60.5
58	江苏	南　京	36.2	37.9	36.7	35.7	28.9	35.1
59	江苏	无　锡	34.6	36.5	32.0	49.8	27.1	36.0
60	江苏	徐　州	16.5	21.0	14.9	38.7	17.5	21.7
61	江苏	常　州	25.3	34.7	29.8	36.7	24.3	30.2
62	江苏	苏　州	46.6	45.4	38.7	57.4	33.8	44.4
63	江苏	南　通	23.1	25.8	23.3	35.8	23.2	26.2
64	江苏	连云港	11.7	23.8	12.6	33.5	15.7	19.5
65	江苏	淮　安	14.0	16.4	12.3	25.9	17.4	17.2
66	江苏	盐　城	15.1	19.8	16.6	34.8	19.4	21.1
67	江苏	扬　州	18.8	18.6	20.1	34.9	19.0	22.3
68	江苏	镇　江	22.4	22.3	25.6	34.7	24.1	25.8
69	江苏	泰　州	17.0	20.7	18.5	34.5	19.6	22.1
70	江苏	宿　迁	9.3	13.2	10.1	30.9	15.7	15.9
71	浙江	杭　州	43.1	52.4	48.2	33.7	33.5	42.2
72	浙江	宁　波	35.9	40.6	40.9	32.3	36.3	37.2
73	浙江	温　州	13.4	32.1	22.2	28.0	27.9	24.7
74	浙江	嘉　兴	20.4	26.5	32.2	26.1	27.2	26.5
75	浙江	湖　州	14.6	25.1	32.9	24.0	24.1	24.1
76	浙江	绍　兴	20.1	33.9	54.2	23.2	28.7	32.0

续表

序号	省、自治区、直辖市	地级市	创新基础竞争力	创新环境竞争力	创新投入竞争力	创新产出竞争力	创新可持续发展竞争力	创新竞争力综合得分
77	浙江	金 华	14.3	28.6	37.4	25.0	26.8	26.4
78	浙江	衢 州	8.3	25.0	31.6	21.8	16.5	20.6
79	浙江	舟 山	18.6	36.0	22.5	18.6	27.5	24.6
80	浙江	台 州	12.7	22.2	39.5	25.2	25.1	25.0
81	浙江	丽 水	8.1	18.6	20.5	25.1	18.1	18.1
82	安徽	合 肥	20.8	35.4	37.8	33.9	19.2	29.4
83	安徽	芜 湖	15.7	24.0	44.2	28.0	16.5	25.7
84	安徽	蚌 埠	7.7	17.2	28.1	32.5	16.0	20.3
85	安徽	淮 南	4.1	8.5	15.7	18.4	12.7	11.9
86	安徽	马鞍山	15.1	15.2	29.7	25.0	19.5	20.9
87	安徽	淮 北	5.5	11.0	12.4	26.0	11.5	13.3
88	安徽	铜 陵	8.9	8.1	32.4	33.1	17.4	20.0
89	安徽	安 庆	5.2	11.2	10.6	31.0	13.0	14.2
90	安徽	黄 山	7.2	14.5	14.5	31.7	13.2	16.2
91	安徽	滁 州	6.9	11.6	19.3	34.7	13.4	17.2
92	安徽	阜 阳	2.9	10.9	5.7	30.4	14.3	12.8
93	安徽	宿 州	3.8	15.0	3.2	21.3	15.4	11.7
94	安徽	六 安	3.9	14.6	5.0	20.8	15.2	11.9
95	安徽	亳 州	3.2	13.0	4.7	28.4	13.3	12.5
96	安徽	池 州	8.4	13.1	10.4	31.2	12.4	15.1
97	安徽	宣 城	8.0	14.3	19.5	34.9	15.4	18.4
98	福建	福 州	20.4	34.2	20.8	33.4	20.8	25.9
99	福建	厦 门	26.7	36.0	29.6	25.7	32.1	30.0
100	福建	莆 田	9.7	29.3	10.9	20.6	15.7	17.2
101	福建	三 明	10.4	22.3	12.2	26.9	13.2	17.0
102	福建	泉 州	17.1	26.8	15.1	29.7	20.6	21.9
103	福建	漳 州	10.7	21.1	13.3	23.7	13.3	16.4
104	福建	南 平	7.9	19.1	10.7	32.3	13.2	16.6
105	福建	龙 岩	11.2	25.1	17.1	33.6	15.3	20.5
106	福建	宁 德	8.4	18.6	8.4	32.7	12.7	16.2
107	江西	南 昌	19.2	36.6	11.4	24.1	12.3	20.7
108	江西	景德镇	8.6	15.5	12.9	25.9	12.7	15.1
109	江西	萍 乡	9.0	12.0	7.4	28.4	20.2	15.4

续表

序号	省、自治区、直辖市	地级市	创新基础竞争力	创新环境竞争力	创新投入竞争力	创新产出竞争力	创新可持续发展竞争力	创新竞争力综合得分
110	江西	九 江	10.0	14.3	5.4	29.3	15.4	14.9
111	江西	新 余	14.9	19.4	12.9	32.9	15.0	19.0
112	江西	鹰 潭	10.6	16.7	22.1	30.0	13.0	18.5
113	江西	赣 州	6.6	13.9	6.7	26.9	16.6	14.1
114	江西	吉 安	6.1	11.8	7.5	28.7	16.8	14.2
115	江西	宜 春	6.9	10.2	8.4	27.9	14.1	13.5
116	江西	抚 州	5.3	15.4	5.4	25.7	15.1	13.4
117	江西	上 饶	6.3	11.1	4.1	28.3	12.6	12.5
118	山东	济 南	23.2	43.2	29.9	26.6	24.0	29.4
119	山东	青 岛	34.0	34.3	34.3	36.7	28.7	33.6
120	山东	淄 博	18.0	24.7	24.3	36.3	20.3	24.7
121	山东	枣 庄	9.1	21.8	10.7	29.9	13.8	17.0
122	山东	东 营	12.7	21.8	28.7	32.0	22.8	23.6
123	山东	烟 台	22.6	22.0	28.6	37.3	20.2	26.1
124	山东	潍 坊	14.9	24.4	26.5	40.7	19.9	25.3
125	山东	济 宁	12.0	20.1	16.9	31.9	17.2	19.6
126	山东	泰 安	10.8	19.9	21.0	32.8	15.4	20.0
127	山东	威 海	20.7	29.1	27.3	28.5	23.4	25.8
128	山东	日 照	10.1	14.3	11.5	31.8	15.3	16.6
129	山东	莱 芜	7.3	16.1	21.8	25.1	15.7	17.2
130	山东	临 沂	8.5	20.9	14.9	33.7	18.1	19.3
131	山东	德 州	8.8	15.9	14.8	35.8	11.4	17.3
132	山东	聊 城	8.2	13.9	15.7	37.3	12.5	17.5
133	山东	滨 州	11.8	15.8	23.0	23.7	16.9	18.2
134	山东	菏 泽	5.7	13.1	9.2	33.9	12.0	14.8
135	河南	郑 州	27.1	36.4	21.2	44.0	20.1	29.8
136	河南	开 封	6.1	10.3	10.0	32.9	11.9	14.3
137	河南	洛 阳	12.9	23.7	19.9	39.6	16.9	22.6
138	河南	平 顶 山	5.9	16.4	10.8	29.2	12.2	14.9
139	河南	安 阳	6.3	21.9	9.0	31.7	11.3	16.0
140	河南	鹤 壁	7.0	13.7	4.6	21.8	14.9	12.4
141	河南	新 乡	6.8	23.5	16.1	22.2	14.2	16.6
142	河南	焦 作	9.3	14.5	15.9	24.2	12.9	15.3

续表

序号	省、自治区、直辖市	地级市	创新基础竞争力	创新环境竞争力	创新投入竞争力	创新产出竞争力	创新可持续发展竞争力	创新竞争力综合得分
143	河南	濮 阳	5.8	16.6	8.2	23.1	11.6	13.1
144	河南	许 昌	8.9	13.8	15.1	40.1	12.7	18.1
145	河南	漯 河	6.1	9.1	5.7	34.2	13.1	13.7
146	河南	三门峡	9.6	17.0	9.2	37.0	14.5	17.5
147	河南	南 阳	6.0	20.8	10.0	27.1	14.4	15.7
148	河南	商 丘	4.3	12.5	5.0	31.5	12.9	13.2
149	河南	信 阳	5.0	13.2	3.4	24.3	15.5	12.3
150	河南	周 口	4.2	11.2	3.6	33.4	13.2	13.1
151	河南	驻马店	4.4	11.4	4.0	30.9	14.1	13.0
152	湖北	武 汉	37.9	48.6	33.9	41.1	22.1	36.7
153	湖北	黄 石	8.3	18.6	17.3	23.8	14.1	16.4
154	湖北	十 堰	6.2	17.5	11.5	30.0	8.0	14.6
155	湖北	宜 昌	17.4	25.3	17.2	32.4	20.4	22.5
156	湖北	襄 阳	13.6	20.7	37.2	28.6	6.5	21.3
157	湖北	鄂 州	10.2	16.6	9.1	32.1	7.3	15.1
158	湖北	荆 门	7.3	21.0	22.5	30.0	8.5	17.9
159	湖北	孝 感	5.4	18.4	8.9	23.1	8.6	12.9
160	湖北	荆 州	4.5	16.8	15.8	33.2	7.3	15.5
161	湖北	黄 冈	4.2	12.7	17.7	31.2	8.9	15.0
162	湖北	咸 宁	6.4	16.6	16.0	37.8	12.3	17.8
163	湖北	随 州	4.7	14.7	14.3	42.7	4.7	16.2
164	湖南	长 沙	31.5	34.2	37.9	52.1	25.2	36.2
165	湖南	株 洲	13.6	22.2	18.5	22.9	17.1	18.8
166	湖南	湘 潭	12.1	22.9	13.1	30.6	11.1	18.0
167	湖南	衡 阳	7.7	19.6	7.1	30.3	17.2	16.4
168	湖南	邵 阳	3.5	9.2	5.8	28.9	17.7	13.0
169	湖南	岳 阳	11.3	16.7	13.4	37.0	12.9	18.2
170	湖南	常 德	8.5	15.5	9.3	35.9	12.1	16.3
171	湖南	张家界	4.3	13.9	1.1	19.2	18.0	11.3
172	湖南	益 阳	4.4	20.9	8.5	31.7	18.8	16.9
173	湖南	郴 州	9.8	22.3	8.1	34.6	17.4	18.4
174	湖南	永 州	4.6	10.1	3.8	28.7	15.0	12.4
175	湖南	怀 化	4.3	13.2	2.9	26.5	12.6	11.9

序号	省、自治区、直辖市	地级市	创新基础竞争力	创新环境竞争力	创新投入竞争力	创新产出竞争力	创新可持续发展竞争力	创新竞争力综合得分
176	湖南	娄底	4.7	13.7	6.0	26.9	10.2	12.3
177	广东	广州	47.1	58.8	36.6	46.4	32.8	44.4
178	广东	韶关	6.1	19.6	9.7	24.6	13.3	14.7
179	广东	深圳	66.1	44.6	61.5	73.8	42.1	57.6
180	广东	珠海	28.7	34.0	33.5	25.2	28.6	30.0
181	广东	汕头	6.0	15.0	6.7	23.2	14.0	13.0
182	广东	佛山	26.4	31.9	31.1	35.4	26.2	30.2
183	广东	江门	10.4	23.2	17.4	23.1	17.4	18.3
184	广东	湛江	5.7	16.9	3.8	22.4	13.7	12.5
185	广东	茂名	6.6	13.5	5.4	24.1	13.6	12.6
186	广东	肇庆	9.4	17.8	12.2	24.0	14.6	15.6
187	广东	惠州	15.4	24.9	20.5	35.2	19.5	23.1
188	广东	梅州	3.7	12.7	3.5	17.5	9.8	9.4
189	广东	汕尾	2.6	9.6	5.8	27.2	13.4	11.7
190	广东	河源	3.9	16.3	4.5	24.0	9.7	11.7
191	广东	阳江	7.1	14.1	5.4	32.7	12.1	14.3
192	广东	清远	5.6	11.5	4.9	28.3	14.8	13.0
193	广东	东莞	22.6	30.6	29.1	37.1	35.6	31.0
194	广东	中山	19.1	29.5	29.0	28.6	25.4	26.3
195	广东	潮州	4.3	14.0	8.4	31.7	11.0	13.9
196	广东	揭阳	4.5	11.8	4.5	23.7	12.1	11.3
197	广东	云浮	4.1	15.9	7.7	26.9	10.0	12.9
198	广西	南宁	11.4	26.4	7.4	33.6	12.9	18.3
199	广西	柳州	10.0	20.8	13.1	35.5	18.0	19.5
200	广西	桂林	7.3	19.2	8.5	38.3	17.3	18.1
201	广西	梧州	5.7	11.6	4.0	42.2	13.7	15.4
202	广西	北海	7.6	22.9	3.7	44.3	17.4	19.2
203	广西	防城港	10.7	13.8	9.1	27.1	29.5	18.0
204	广西	钦州	3.9	10.4	4.4	37.4	20.3	15.3
205	广西	贵港	2.2	9.1	1.8	33.0	13.9	12.0
206	广西	玉林	3.9	9.8	3.1	37.4	24.1	15.6
207	广西	百色	3.9	10.3	2.3	34.2	18.8	13.9
208	广西	贺州	3.1	9.5	2.4	34.4	12.7	12.4

续表

序号	省、自治区、直辖市	地级市	创新基础竞争力	创新环境竞争力	创新投入竞争力	创新产出竞争力	创新可持续发展竞争力	创新竞争力综合得分
209	广西	河 池	1.6	8.7	1.6	10.3	11.7	6.8
210	广西	来 宾	2.8	8.2	2.7	21.4	17.2	10.5
211	广西	崇 左	4.6	13.9	3.2	37.4	10.1	13.8
212	海南	海 口	9.7	28.6	20.7	32.2	13.7	21.0
213	重庆	重 庆	38.6	36.9	17.3	36.8	34.7	32.9
214	四川	成 都	33.0	42.7	23.2	41.4	23.1	32.7
215	四川	自 贡	5.3	18.9	7.7	34.2	10.7	15.4
216	四川	攀枝花	10.9	16.9	11.4	23.9	16.3	15.9
217	四川	泸 州	5.6	19.9	4.6	27.7	14.9	14.5
218	四川	德 阳	7.1	15.7	17.2	33.5	12.7	17.2
219	四川	绵 阳	5.9	22.4	36.6	28.8	15.1	21.8
220	四川	广 元	2.8	15.3	1.9	27.6	8.9	11.3
221	四川	遂 宁	3.5	13.6	2.6	31.7	8.7	12.0
222	四川	内 江	4.1	14.1	4.2	27.4	16.1	13.2
223	四川	乐 山	6.2	21.3	4.4	28.7	12.6	14.6
224	四川	南 充	3.6	13.4	1.9	28.2	9.6	11.4
225	四川	眉 山	5.4	12.2	2.1	30.6	7.4	11.5
226	四川	宜 宾	5.7	16.1	8.9	23.6	12.3	13.3
227	四川	广 安	4.1	13.6	1.3	35.2	8.8	12.6
228	四川	达 州	3.6	12.0	1.9	25.5	15.6	11.7
229	四川	雅 安	4.0	15.7	6.6	30.1	9.0	13.1
230	四川	巴 中	1.4	11.9	0.9	23.5	11.0	9.8
231	四川	资 阳	4.9	12.2	1.8	33.3	10.4	12.5
232	贵州	贵 阳	16.2	32.7	10.3	24.3	12.2	19.1
233	贵州	六盘水	7.7	13.0	2.7	31.2	19.4	14.8
234	贵州	遵 义	6.9	14.0	5.1	39.3	16.6	16.4
235	贵州	安 顺	4.4	13.2	10.0	29.7	12.8	14.0
236	贵州	毕 节	3.6	14.9	1.3	21.5	16.6	11.6
237	贵州	铜 仁	3.3	11.4	2.2	32.2	26.4	15.1
238	云南	昆 明	18.0	33.1	20.9	35.7	22.8	26.1
239	云南	曲 靖	3.5	8.8	5.3	14.8	37.5	14.0
240	云南	玉 溪	9.5	15.7	6.1	36.1	18.9	17.3
241	云南	保 山	2.9	8.0	2.2	19.2	21.8	10.8

续表

序号	省、自治区、直辖市	地级市	创新基础竞争力	创新环境竞争力	创新投入竞争力	创新产出竞争力	创新可持续发展竞争力	创新竞争力综合得分
242	云南	昭 通	1.3	6.8	0.9	26.4	16.0	10.3
243	云南	丽 江	3.7	6.1	2.8	25.9	21.7	12.0
244	云南	普 洱	2.4	6.1	2.8	20.4	14.0	9.1
245	云南	临 沧	2.2	6.2	1.6	13.1	18.5	8.3
246	陕西	西 安	22.6	45.1	54.3	43.9	24.2	38.0
247	陕西	铜 川	5.9	15.0	2.4	27.8	12.7	12.8
248	陕西	宝 鸡	7.0	19.4	11.3	37.4	14.3	17.9
249	陕西	咸 阳	6.6	24.4	3.6	35.6	15.2	17.1
250	陕西	渭 南	3.8	16.6	8.1	29.7	13.2	14.3
251	陕西	延 安	13.2	11.3	4.2	34.4	16.9	16.0
252	陕西	汉 中	3.8	12.4	6.4	15.0	10.4	9.6
253	陕西	榆 林	16.3	17.9	1.6	36.5	8.9	16.2
254	陕西	安 康	3.2	14.3	1.2	37.7	18.6	15.0
255	陕西	商 洛	2.9	11.7	2.1	31.3	13.4	12.3
256	甘肃	兰 州	11.4	25.4	17.7	32.3	17.5	20.9
257	甘肃	嘉 峪 关	14.2	23.9	23.7	24.3	15.7	20.4
258	甘肃	金 昌	8.1	14.9	22.8	19.7	15.0	16.1
259	甘肃	白 银	3.3	16.0	5.2	23.3	10.1	11.6
260	甘肃	天 水	1.9	11.9	4.8	29.7	9.8	11.6
261	甘肃	武 威	2.4	10.8	5.7	30.0	17.5	13.3
262	甘肃	张 掖	3.6	13.9	7.5	23.8	19.5	13.6
263	甘肃	平 凉	2.0	11.5	1.2	6.3	10.9	6.4
264	甘肃	酒 泉	6.7	11.1	7.5	32.0	13.0	14.1
265	甘肃	庆 阳	4.6	9.6	4.8	34.2	15.2	13.7
266	甘肃	定 西	0.7	9.5	1.0	24.5	10.2	9.3
267	甘肃	陇 南	1.9	12.2	0.7	22.2	13.3	10.1
268	青海	西 宁	8.4	22.4	6.6	24.7	11.8	14.8
269	宁夏	银 川	13.8	30.3	10.4	27.0	13.4	19.0
270	宁夏	石 嘴 山	7.2	15.2	5.2	29.4	11.3	13.7
271	宁夏	吴 忠	4.5	11.5	3.7	30.5	8.7	11.8
272	宁夏	固 原	1.8	11.7	1.1	12.8	14.5	8.4
273	宁夏	中 卫	3.7	11.5	4.4	27.5	11.4	11.7
274	新疆	乌鲁木齐	18.1	27.6	20.7	23.6	18.9	21.8

附表2　中国城市创新竞争力一级和二级指标排名

综合排名	省、自治区、直辖市	地级市	创新基础竞争力	创新环境竞争力	创新投入竞争力	创新产出竞争力	创新可持续发展竞争力	创新竞争力综合排名
1	北京	北　京	2	1	1	2	1	1
2	天津	天　津	4	11	6	16	6	4
3	河北	石 家 庄	66	34	96	148	80	62
4	河北	唐　山	46	78	111	55	75	66
5	河北	秦 皇 岛	134	141	183	262	145	229
6	河北	邯　郸	140	206	166	70	104	142
7	河北	邢　台	199	131	210	106	187	178
8	河北	保　定	157	155	130	86	144	139
9	河北	张 家 口	182	217	238	138	228	222
10	河北	承　德	166	117	228	54	162	151
11	河北	沧　州	108	213	231	8	55	98
12	河北	廊　坊	70	80	173	9	41	60
13	河北	衡　水	213	196	221	57	209	187
14	山西	太　原	58	16	41	194	199	47
15	山西	大　同	198	174	167	242	143	217
16	山西	阳　泉	163	119	225	272	247	258
17	山西	长　治	175	95	170	260	236	230
18	山西	晋　城	138	188	142	241	214	210
19	山西	朔　州	143	195	246	133	249	214
20	山西	晋　中	190	136	219	255	201	247
21	山西	运　城	259	215	195	265	234	266
22	山西	忻　州	250	228	263	266	207	270
23	山西	临　汾	223	212	239	261	235	263
24	山西	吕　梁	202	248	241	264	117	257
25	内蒙古	呼 和 浩 特	36	60	66	164	42	49
26	内蒙古	包　头	75	100	36	193	35	54
27	内蒙古	乌　海	32	93	115	67	57	61
28	内蒙古	赤　峰	155	147	223	34	54	117
29	内蒙古	通　辽	102	145	204	19	137	106
30	内蒙古	鄂 尔 多 斯	22	138	95	158	34	59
31	内蒙古	呼 伦 贝 尔	97	109	212	156	125	150

综合排名	省、自治区、直辖市	地级市	创新基础竞争力	创新环境竞争力	创新投入竞争力	创新产出竞争力	创新可持续发展竞争力	创新竞争力综合排名
32	内蒙古	巴彦淖尔	128	139	200	52	238	156
33	内蒙古	乌兰察布	176	121	240	41	72	124
34	辽宁	沈　阳	25	23	43	31	60	26
35	辽宁	大　连	17	43	45	100	67	30
36	辽宁	鞍　山	89	92	152	97	252	131
37	辽宁	抚　顺	114	207	172	126	269	199
38	辽宁	本　溪	105	81	108	125	251	118
39	辽宁	丹　东	168	222	199	212	254	252
40	辽宁	锦　州	161	99	165	51	250	143
41	辽宁	营　口	94	115	131	18	226	93
42	辽宁	阜　新	239	149	192	268	270	268
43	辽宁	辽　阳	115	133	160	30	262	137
44	辽宁	盘　锦	60	211	149	129	141	133
45	辽宁	铁　岭	240	249	244	223	271	264
46	辽宁	朝　阳	235	269	197	240	258	261
47	辽宁	葫芦岛	228	263	253	190	272	260
48	吉林	长　春	41	13	42	25	81	27
49	吉林	吉　林	131	68	148	22	161	85
50	吉林	四　平	133	209	252	14	168	138
51	吉林	辽　源	178	197	226	20	221	155
52	吉林	通　化	125	107	159	189	159	164
53	吉林	白　山	120	192	259	64	200	174
54	吉林	松　原	195	239	251	12	219	166
55	吉林	白　城	208	179	265	108	185	204
56	黑龙江	哈尔滨	72	19	69	24	96	40
57	上海	上　海	1	4	3	4	2	2
58	江苏	南　京	10	14	16	61	14	13
59	江苏	无　锡	12	18	25	6	21	12
60	江苏	徐　州	49	85	91	32	83	58
61	江苏	常　州	21	25	29	48	28	20
62	江苏	苏　州	6	6	11	3	9	6

续表

综合排名	省、自治区、直辖市	地级市	创新基础竞争力	创新环境竞争力	创新投入竞争力	创新产出竞争力	创新可持续发展竞争力	创新竞争力综合排名
63	江苏	南 通	24	48	47	59	37	32
64	江苏	连云港	79	61	103	92	111	78
65	江苏	淮 安	63	135	105	198	87	111
66	江苏	盐 城	54	98	81	73	63	64
67	江苏	扬 州	39	113	64	71	66	52
68	江苏	镇 江	29	70	40	74	31	36
69	江苏	泰 州	48	91	71	77	58	53
70	江苏	宿 迁	106	199	124	135	112	141
71	浙江	杭 州	7	3	7	88	10	7
72	浙江	宁 波	11	12	9	110	5	9
73	浙江	温 州	68	33	53	173	18	42
74	浙江	嘉 兴	33	46	24	196	20	28
75	浙江	湖 州	59	52	22	222	30	45
76	浙江	绍 兴	35	30	5	235	15	17
77	浙江	金 华	61	41	14	208	22	29
78	浙江	衢 州	123	53	26	247	105	70
79	浙江	舟 山	40	21	52	258	19	44
80	浙江	台 州	73	73	10	204	27	41
81	浙江	丽 水	127	111	62	207	77	96
82	安徽	合 肥	30	24	13	84	65	24
83	安徽	芜 湖	52	58	8	174	106	38
84	安徽	蚌 埠	135	122	37	107	110	73
85	安徽	淮 南	225	266	86	259	194	236
86	安徽	马鞍山	55	160	30	209	61	67
87	安徽	淮 北	191	245	104	197	220	197
88	安徽	铜 陵	112	268	23	98	90	75
89	安徽	安 庆	197	242	120	134	180	180
90	安徽	黄 山	146	168	93	123	175	130
91	安徽	滁 州	152	231	68	75	166	112
92	安徽	阜 阳	256	246	178	141	146	212
93	安徽	宿 州	237	163	227	250	120	238

续表

综合排名	省、自治区、直辖市	地级市	创新基础竞争力	创新环境竞争力	创新投入竞争力	创新产出竞争力	创新可持续发展竞争力	创新竞争力综合排名
94	安徽	六　安	232	167	188	251	128	235
95	安徽	亳　州	254	204	194	168	167	218
96	安徽	池　州	122	203	122	132	202	159
97	安徽	宣　城	130	172	67	72	122	88
98	福建	福　州	34	28	59	93	46	35
99	福建	厦　门	19	22	31	202	12	22
100	福建	莆　田	100	39	116	252	114	109
101	福建	三　明	90	71	106	185	176	115
102	福建	泉　州	47	45	88	150	47	55
103	福建	漳　州	86	83	98	229	170	123
104	福建	南　平	132	106	119	112	173	119
105	福建	龙　岩	83	51	79	90	123	71
106	福建	宁　德	119	112	143	105	189	132
107	江西	南　昌	37	17	113	219	203	69
108	江西	景德镇	116	154	101	200	191	157
109	江西	萍　乡	110	221	156	169	51	149
110	江西	九　江	95	173	180	155	119	165
111	江西	新　余	57	104	102	102	132	82
112	江西	鹰　潭	88	127	54	147	178	86
113	江西	赣　州	159	181	162	187	103	181
114	江西	吉　安	173	226	153	161	100	179
115	江西	宜　春	151	253	141	175	150	193
116	江西	抚　州	194	157	181	201	130	194
117	江西	上　饶	164	244	209	170	197	221
118	山东	济　南	23	9	28	191	33	25
119	山东	青　岛	13	26	19	49	16	14
120	山东	淄　博	43	55	44	53	50	43
121	山东	枣　庄	109	79	118	149	155	114
122	山东	东　营	74	77	34	117	39	46
123	山东	烟　台	28	75	35	43	52	33
124	山东	潍　坊	56	57	39	26	56	39

综合排名	省、自治区、直辖市	地级市	创新基础竞争力	创新环境竞争力	创新投入竞争力	创新产出竞争力	创新可持续发展竞争力	创新竞争力综合排名
125	山东	济　宁	77	94	80	118	94	76
126	山东	泰　安	85	96	57	103	121	74
127	山东	威　海	31	40	38	167	36	37
128	山东	日　照	93	170	109	119	124	120
129	山东	莱　芜	142	142	55	206	115	110
130	山东	临　沂	117	87	90	87	76	79
131	山东	德　州	113	146	92	60	222	105
132	山东	聊　城	126	183	87	42	198	103
133	山东	滨　州	78	150	49	228	99	92
134	山东	菏　泽	186	202	133	85	213	169
135	河南	郑　州	18	20	56	11	53	23
136	河南	开　封	172	252	126	101	215	177
137	河南	洛　阳	71	62	65	28	98	50
138	河南	平顶山	180	137	117	157	208	163
139	河南	安　阳	165	76	136	120	224	135
140	河南	鹤　壁	149	189	198	246	135	225
141	河南	新　乡	154	63	82	244	148	121
142	河南	焦　作	107	169	84	217	182	153
143	河南	濮　阳	183	134	145	238	218	203
144	河南	许　昌	111	186	89	27	190	94
145	河南	漯　河	170	261	176	82	177	191
146	河南	三门峡	101	123	132	45	140	104
147	河南	南　阳	177	88	127	182	142	144
148	河南	商　丘	219	214	189	127	183	198
149	河南	信　阳	200	200	224	214	118	228
150	河南	周　口	221	241	218	94	174	201
151	河南	驻马店	212	238	211	136	151	208
152	湖北	武　汉	9	5	20	23	43	10
153	湖北	黄　石	124	110	75	225	149	122
154	湖北	十　堰	167	120	110	146	265	172
155	湖北	宜　昌	45	50	78	109	48	51

续表

综合排名	省、自治区、直辖市	地级市	创新基础竞争力	创新环境竞争力	创新投入竞争力	创新产出竞争力	创新可持续发展竞争力	创新竞争力综合排名
156	湖北	襄　阳	65	90	15	165	273	63
157	湖北	鄂　州	92	130	134	115	267	160
158	湖北	荆　门	141	84	51	145	264	101
159	湖北	孝　感	193	114	137	237	263	211
160	湖北	荆　州	209	126	85	96	268	147
161	湖北	黄　冈	220	210	73	131	255	162
162	湖北	咸　宁	162	129	83	35	205	102
163	湖北	随　州	204	166	94	15	274	129
164	湖南	长　沙	15	27	12	5	26	11
165	湖南	株　洲	67	74	70	239	95	84
166	湖南	湘　潭	76	66	99	137	227	99
167	湖南	衡　阳	136	102	158	142	92	125
168	湖南	邵　阳	249	260	175	159	82	207
169	湖南	岳　阳	82	128	97	46	184	91
170	湖南	常　德	118	156	129	58	211	127
171	湖南	张 家 界	216	184	270	257	79	250
172	湖南	益　阳	214	86	140	121	71	116
173	湖南	郴　州	98	72	146	76	89	87
174	湖南	永　州	206	254	214	162	133	223
175	湖南	怀　化	217	198	232	192	195	234
176	湖南	娄　底	203	187	171	188	240	227
177	广东	广　州	5	2	18	7	11	5
178	广东	韶　关	171	101	128	211	171	170
179	广东	深　圳	3	8	2	1	3	3
180	广东	珠　海	16	29	21	205	17	21
181	广东	汕　头	174	162	161	234	152	206
182	广东	佛　山	20	35	27	66	24	19
183	广东	江　门	91	64	74	236	88	90
184	广东	湛　江	185	124	215	243	157	220
185	广东	茂　名	158	193	179	218	160	215
186	广东	肇　庆	104	118	107	221	138	146

综合排名	省、自治区、直辖市	地级市	创新基础竞争力	创新环境竞争力	创新投入竞争力	创新产出竞争力	创新可持续发展竞争力	创新竞争力综合排名
187	广东	惠 州	53	54	63	69	59	48
188	广东	梅 州	241	208	222	263	245	265
189	广东	汕 尾	262	257	174	181	164	240
190	广东	河 源	233	140	201	220	246	242
191	广东	阳 江	147	175	182	104	212	175
192	广东	清 远	189	236	190	171	136	205
193	广东	东 莞	26	36	32	44	7	18
194	广东	中 山	38	38	33	166	25	31
195	广东	潮 州	218	177	144	122	229	186
196	广东	揭 阳	210	227	202	227	210	249
197	广东	云 浮	224	148	150	186	243	209
198	广西	南 宁	81	47	157	89	181	89
199	广西	柳 州	96	89	100	65	78	77
200	广西	桂 林	144	105	139	33	91	95
201	广西	梧 州	184	232	213	17	158	148
202	广西	北 海	139	65	217	10	86	80
203	广西	防 城 港	87	185	135	183	13	97
204	广西	钦 州	229	250	203	37	49	154
205	广西	贵 港	266	262	257	99	154	233
206	广西	玉 林	230	255	230	40	32	145
207	广西	百 色	231	251	245	81	70	185
208	广西	贺 州	255	259	242	78	193	224
209	广西	河 池	271	265	260	273	217	273
210	广西	来 宾	260	267	235	249	93	254
211	广西	崇 左	207	180	229	39	241	188
212	海南	海 口	99	42	61	113	156	65
213	重庆	重 庆	8	15	76	47	8	15
214	四川	成 都	14	10	48	21	38	16
215	四川	自 贡	196	108	151	83	233	152
216	四川	攀 枝 花	84	125	112	224	107	140
217	四川	泸 州	188	97	196	177	134	173

综合排名	省、自治区、直辖市	地级市		创新基础竞争力	创新环境竞争力	创新投入竞争力	创新产出竞争力	创新可持续发展竞争力	创新竞争力综合排名
218	四川	德	阳	148	151	77	91	188	108
219	四川	绵	阳	179	69	17	160	129	57
220	四川	广	元	261	158	255	178	257	251
221	四川	遂	宁	248	191	237	124	260	232
222	四川	内	江	226	176	208	180	108	200
223	四川	乐	山	169	82	205	163	196	171
224	四川	南	充	243	194	254	172	248	248
225	四川	眉	山	192	219	250	139	266	246
226	四川	宜	宾	187	143	138	230	204	195
227	四川	广	安	222	190	264	68	259	216
228	四川	达	州	246	223	256	203	116	239
229	四川	雅	安	227	153	163	143	253	202
230	四川	巴	中	272	225	272	232	230	259
231	四川	资	阳	201	218	258	95	239	219
232	贵州	贵	阳	51	32	123	216	206	81
233	贵州	六 盘 水		137	205	236	130	64	167
234	贵州	遵	义	153	178	187	29	101	126
235	贵州	安	顺	215	201	125	153	186	183
236	贵州	毕	节	244	165	266	248	102	245
237	贵州	铜	仁	252	237	247	114	23	158
238	云南	昆	明	44	31	58	62	40	34
239	云南	曲	靖	247	264	184	269	4	184
240	云南	玉	溪	103	152	169	56	68	107
241	云南	保	山	257	270	248	256	44	253
242	云南	昭	通	273	271	273	195	109	255
243	云南	丽	江	242	273	234	199	45	231
244	云南	普	洱	263	274	233	253	153	269
245	云南	临	沧	265	272	261	270	74	272

续表

综合排名	省、自治区、直辖市	地级市	创新基础竞争力	创新环境竞争力	创新投入竞争力	创新产出竞争力	创新可持续发展竞争力	创新竞争力综合排名
246	陕西	西安	27	7	4	13	29	8
247	陕西	铜川	181	161	243	176	192	213
248	陕西	宝鸡	150	103	114	38	147	100
249	陕西	咸阳	160	56	220	63	126	113
250	陕西	渭南	234	132	147	151	172	176
251	陕西	延安	69	240	207	79	97	136
252	陕西	汉中	236	216	168	267	237	262
253	陕西	榆林	50	116	262	50	256	128
254	陕西	安康	253	171	268	36	73	161
255	陕西	商洛	258	229	249	128	163	226
256	甘肃	兰州	80	49	72	111	84	68
257	甘肃	嘉峪关	62	59	46	215	113	72
258	甘肃	金昌	129	164	50	254	131	134
259	甘肃	白银	251	144	185	233	242	244
260	甘肃	天水	268	224	193	152	244	243
261	甘肃	武威	264	247	177	144	85	196
262	甘肃	张掖	245	182	155	226	62	192
263	甘肃	平凉	267	235	267	274	231	274
264	甘肃	酒泉	156	243	154	116	179	182
265	甘肃	庆阳	205	256	191	80	127	189
266	甘肃	定西	274	258	271	213	232	267
267	甘肃	陇南	269	220	274	245	169	256
268	青海	西宁	121	67	164	210	216	168
269	宁夏	银川	64	37	121	184	165	83
270	宁夏	石嘴山	145	159	186	154	225	190
271	宁夏	吴忠	211	233	216	140	261	237
272	宁夏	固原	270	230	269	271	139	271
273	宁夏	中卫	238	234	206	179	223	241
274	新疆	乌鲁木齐	42	44	60	231	69	56

附表3 中国城市创新基础竞争力及三级得分和排名

城市\指标	创新基础竞争力 排名	得分	GDP 排名	得分	人均GDP 排名	得分	财政收入 排名	得分	人均财政收入 排名	得分	外商直接投资 排名	得分	金融存款余额 排名	得分
上海	1	88.5	1	100	17	63.3	1	100	2	95.3	2	87.3	2	84.8
北京	2	82.4	2	91.6	15	65.0	2	85.5	4	90.7	3	61.5	1	100
深圳	3	66.1	4	69.5	1	100	3	49.3	1	100	9	30.7	3	47.1
天津	4	62.2	5	65.6	13	66.0	4	48.2	5	71.5	1	100	8	22.0
广州	5	47.1	3	71.9	3	85.2	7	24.2	20	40.9	11	25.6	4	34.9
苏州	6	46.6	7	57.5	2	85.5	6	28.1	10	60.8	10	28.4	10	19.1
杭州	7	43.1	10	39.6	8	68.9	9	22.1	7	70.7	7	33.7	6	23.5
重庆	8	38.6	6	62.3	102	28.1	5	38.9	56	28.8	4	50.9	7	22.8
武汉	9	37.9	8	43.0	16	63.4	8	22.4	14	48.3	6	34.7	11	15.6
南京	10	36.2	11	38.3	6	72.9	11	18.3	13	51.0	18	15.8	9	21.0
宁波	11	35.9	16	31.4	19	62.2	12	18.0	6	71.2	15	20.0	14	12.4
无锡	12	34.6	13	33.5	4	81.6	15	14.8	12	52.5	19	15.1	19	10.2
青岛	13	34.0	12	36.6	18	62.3	13	18.0	16	45.4	8	31.7	20	10.0
成都	14	33.0	9	42.6	46	43.1	10	20.8	39	32.0	5	35.6	5	23.9
长沙	15	31.5	14	33.4	7	71.1	16	12.8	23	39.5	14	20.8	15	11.2
珠海	16	28.7	97	7.5	5	77.4	66	4.6	8	68.5	30	10.3	49	4.0
大连	17	27.6	17	30.3	10	67.8	22	10.3	33	33.7	22	12.8	18	10.7
郑州	18	27.1	18	28.6	39	45.0	14	16.9	22	40.3	17	18.1	13	13.4
厦门	19	26.7	51	13.2	25	54.0	21	10.7	9	65.0	31	9.9	32	7.0
佛山	20	26.4	15	31.4	12	66.2	25	9.9	43	30.3	26	11.2	22	9.4
常州	21	25.3	33	20.5	9	68.9	32	8.2	21	40.5	35	8.1	38	5.8

续表

城市 \ 指标	创新基础竞争力 排名	得分	GDP 排名	得分	人均GDP 排名	得分	财政收入 排名	得分	人均财政收入 排名	得分	外商直接投资 排名	得分	金融存款余额 排名	得分
鄂尔多斯	22	25.0	37	16.3	—	—	33	7.8	3	90.9	34	8.2	83	2.0
济南	23	23.2	25	23.8	31	51.0	19	10.9	30	35.0	39	7.5	17	10.8
南通	24	23.1	22	24.0	32	49.8	18	11.1	31	34.8	27	11.0	30	7.7
沈阳	25	22.8	19	28.5	29	52.2	20	10.7	48	29.5	53	5.0	16	11.1
东莞	26	22.6	21	24.5	42	44.0	28	9.1	66	25.1	12	25.2	26	7.9
西安	27	22.6	26	22.6	56	38.1	17	11.6	44	30.2	16	19.0	12	14.3
烟台	28	22.6	20	25.2	24	55.1	26	9.6	40	31.3	33	9.1	42	5.2
镇江	29	22.4	49	13.4	11	67.6	55	5.2	24	38.9	45	6.2	60	3.0
合肥	30	20.8	28	22.0	47	42.3	23	10.1	47	29.6	25	11.9	23	8.7
威海	31	20.7	63	11.4	14	65.3	69	4.3	28	36.2	49	5.3	86	1.9
乌海	32	20.7	248	1.6	21	61.1	186	1.2	11	59.9	249	0.0	251	0.3
嘉兴	33	20.4	48	13.4	40	44.8	44	6.1	19	41.0	23	12.7	46	4.5
福州	34	20.4	29	21.8	43	43.7	24	9.9	45	30.2	36	7.9	24	8.7
绍兴	35	20.1	36	17.2	26	53.8	43	6.3	35	33.2	62	4.5	40	5.3
呼和浩特	36	19.4	61	11.7	20	61.6	70	4.2	37	32.8	102	2.1	48	4.1
南昌	37	19.2	42	15.4	41	44.1	36	6.8	46	29.6	21	12.8	34	6.6
中山	38	19.1	62	11.4	23	56.5	62	4.9	26	36.5	100	2.2	58	3.1
扬州	39	18.8	40	15.4	27	53.5	49	5.8	42	30.4	72	4.0	53	3.6
舟山	40	18.6	186	3.7	22	57.2	132	1.8	15	47.6	204	0.4	152	1.1
长春	41	18.6	30	21.5	86	30.7	38	6.8	79	20.4	13	24.6	27	7.8

续表

城市	创新基础竞争力 排名	创新基础竞争力 得分	GDP 排名	GDP 得分	人均GDP 排名	人均GDP 得分	财政收入 排名	财政收入 得分	人均财政收入 排名	人均财政收入 得分	外商直接投资 排名	外商直接投资 得分	金融存款余额 排名	金融存款余额 得分
乌鲁木齐	42	18.1	75	9.9	45	43.1	41	6.4	18	42.5	131	1.4	39	5.5
淄博	43	18.0	39	15.9	28	53.2	51	5.5	57	27.6	92	2.8	63	2.8
昆明	44	18.0	43	15.2	73	33.1	29	8.8	41	30.4	29	10.7	21	9.5
宜昌	45	17.4	55	12.9	33	48.6	47	5.9	34	33.4	115	1.7	77	2.1
唐山	46	17.3	24	23.8	36	45.9	50	5.8	95	16.7	46	5.9	37	5.9
泉州	47	17.1	23	23.9	48	41.8	37	6.8	89	17.9	38	7.5	43	4.9
泰州	48	17.0	46	14.1	35	46.6	52	5.5	58	27.4	52	5.0	54	3.4
徐州	49	16.5	32	20.7	66	34.4	27	9.4	69	24.5	40	6.8	51	3.6
榆林	50	16.3	76	9.8	38	45.1	59	5.1	29	35.4	191	0.5	79	2.0
贵阳	51	16.2	65	10.9	62	35.4	40	6.5	36	32.8	64	4.4	33	6.9
芜湖	52	15.7	78	9.2	55	38.5	67	4.5	52	29.1	28	10.9	91	1.8
惠州	53	15.4	60	11.9	58	37.6	46	5.9	55	28.8	50	5.2	65	2.7
盐城	54	15.1	38	16.2	79	32.2	31	8.4	62	26.5	78	3.8	55	3.3
马鞍山	55	15.1	143	4.8	68	33.9	80	3.5	25	37.9	32	9.2	159	1.1
潍坊	56	14.9	34	20.1	87	30.5	30	8.5	77	20.7	58	4.7	45	4.7
新余	57	14.9	204	3.1	34	47.9	153	1.5	32	34.4	112	1.7	228	0.5
太原	58	14.8	72	10.3	60	35.7	65	4.7	65	25.4	71	4.0	25	8.4
湖州	59	14.6	95	7.7	49	40.8	85	3.2	50	29.3	60	4.5	72	2.2
盘锦	60	14.4	160	4.4	30	51.9	159	1.5	61	26.6	141	1.1	170	0.9
金华	61	14.3	54	13.0	63	35.0	53	5.4	64	26.0	132	1.3	41	5.3
嘉峪关	62	14.2	273	0.1	37	45.8	274	0.0	67	24.8	—	—	274	0.0

续表

城市	指标	创新基础竞争力		GDP		人均GDP		财政收入		人均财政收入		外商直接投资		金融存款余额	
		排名	得分	排名	得分	排名	得分	排名	得分	排名	得分	排名	得分	排名	得分
淮安		63	14.0	70	10.3	85	30.9	45	6.1	54	29.0	47	5.7	102	1.6
银川		64	13.8	133	5.3	50	39.9	95	2.8	38	32.1	162	0.8	73	2.2
襄阳		65	13.6	56	12.9	70	33.6	47	5.9	70	24.1	83	3.4	84	1.9
石家庄		66	13.6	31	21.1	108	27.2	39	6.5	131	13.4	48	5.4	28	7.8
株洲		67	13.6	85	8.7	77	32.4	61	5.0	49	29.3	61	4.5	112	1.5
温州		68	13.4	35	17.8	110	27.1	35	7.0	85	19.6	127	1.4	31	7.2
延安		69	13.2	173	4.1	95	29.2	97	2.7	51	29.1	—	—	184	0.9
廊坊		70	13.2	71	10.3	94	29.6	54	5.2	60	26.7	81	3.6	50	3.8
洛阳		71	12.9	50	13.2	104	27.7	63	4.9	98	16.6	24	12.1	56	3.2
哈尔滨		72	12.8	27	22.4	241	9.1	34	7.1	99	16.5	20	14.2	29	7.7
台州		73	12.7	47	13.6	74	32.6	57	5.1	84	19.7	186	0.5	44	4.8
东营		74	12.7	52	13.2	—	—	76	3.7	17	42.7	144	1.0	66	2.7
包头		75	12.1	45	14.3	—	—	68	4.3	27	36.3	74	3.9	81	2.0
湘潭		76	12.1	118	6.2	69	33.6	94	2.9	68	24.6	65	4.3	145	1.2
济宁		77	12.0	41	15.4	120	25.5	42	6.4	92	17.4	66	4.3	59	3.0
滨州		78	11.8	83	8.8	67	34.2	82	3.4	75	21.0	105	1.9	101	1.7
连云港		79	11.7	90	8.0	121	25.5	60	5.0	63	26.2	76	3.8	114	1.5
兰州		80	11.4	93	7.7	83	31.3	87	3.1	83	19.8	178	0.6	36	6.1
南宁		81	11.4	53	13.0	117	25.9	58	5.1	97	16.6	124	1.5	35	6.5
岳阳		82	11.3	66	10.9	106	27.5	56	5.2	74	21.3	114	1.7	146	1.2

续表

城市	创新基础竞争力 排名	创新基础竞争力 得分	GDP 排名	GDP 得分	人均GDP 排名	人均GDP 得分	财政收入 排名	财政收入 得分	人均财政收入 排名	人均财政收入 得分	外商直接投资 排名	外商直接投资 得分	金融存款余额 排名	金融存款余额 得分
龙岩	83	11.2	115	6.3	57	38.0	117	2.0	87	18.8	134	1.2	164	1.0
攀枝花	84	10.9	207	3.0	44	43.6	224	0.7	94	16.9	193	0.5	231	0.4
泰安	85	10.8	58	12.0	84	31.0	81	3.5	120	14.1	95	2.3	82	2.0
漳州	86	10.7	68	10.4	90	30.3	89	3.0	123	13.7	51	5.1	105	1.6
防城港	87	10.7	241	1.8	53	38.8	227	0.7	71	22.6	231	0.1	267	0.2
鹰潭	88	10.6	238	1.9	91	30.3	184	1.2	53	29.0	139	1.1	257	0.2
鞍山	89	10.6	84	8.8	59	36.5	113	2.1	125	13.7	197	0.4	70	2.3
三明	90	10.4	116	6.2	52	38.8	165	1.4	117	14.2	170	0.7	188	0.8
江门	91	10.4	87	8.3	114	26.3	83	3.3	93	17.2	68	4.2	64	2.8
鄂州	92	10.2	227	2.3	51	39.4	240	0.6	91	17.4	138	1.2	266	0.2
日照	93	10.1	120	6.0	80	32.1	120	1.9	100	16.4	93	2.7	138	1.2
营口	94	10.0	132	5.4	64	34.7	145	1.6	96	16.6	222	0.2	104	1.6
九江	95	10.0	104	7.0	149	19.4	71	4.2	80	20.2	37	7.7	111	1.5
柳州	96	10.0	86	8.5	75	32.6	101	2.4	113	14.4	243	0.1	78	2.0
呼伦贝尔	97	9.9	127	5.7	61	35.5	148	1.6	105	15.9	229	0.2	192	0.8
郴州	98	9.8	98	7.4	141	21.6	75	3.7	88	18.3	44	6.4	130	1.3
海口	99	9.7	178	4.0	101	28.3	133	1.8	82	19.8	130	1.4	61	3.0
莆田	100	9.7	121	6.0	81	31.9	126	1.8	107	15.6	109	1.8	160	1.1
三门峡	101	9.6	163	4.4	88	30.4	163	1.4	102	16.3	57	4.8	208	0.6
通辽	102	9.6	108	6.9	71	33.4	121	1.9	111	14.9	237	0.1	238	0.4

续表

城市 指标	创新基础竞争力 排名	得分	GDP 排名	得分	人均GDP 排名	得分	财政收入 排名	得分	人均财政收入 排名	得分	外商直接投资 排名	得分	金融存款余额 排名	得分
玉溪	103	9.5	166	4.3	99	28.5	116	2.0	76	20.9	205	0.4	189	0.8
肇庆	104	9.4	101	7.2	119	25.6	104	2.3	130	13.5	41	6.6	143	1.2
本溪	105	9.4	177	4.0	54	38.6	223	0.7	142	11.8	196	0.5	202	0.7
宿迁	106	9.3	92	7.9	135	22.4	73	4.0	86	19.1	128	1.4	142	1.2
焦作	107	9.3	103	7.1	93	29.7	127	1.8	136	12.4	79	3.7	173	0.9
沧州	108	9.1	57	12.6	132	23.0	79	3.6	157	10.6	98	2.2	62	2.9
枣庄	109	9.1	96	7.5	100	28.4	99	2.4	112	14.9	194	0.5	176	0.9
萍乡	110	9.0	210	3.0	122	25.3	141	1.7	72	22.2	125	1.5	242	0.4
许昌	111	8.9	88	8.0	111	26.7	105	2.2	138	12.1	84	3.2	147	1.2
铜陵	112	8.9	211	3.0	82	31.6	206	0.9	101	16.3	143	1.1	240	0.4
德州	113	8.8	69	10.4	123	25.2	88	3.0	139	12.0	185	0.6	93	1.8
抚顺	114	8.7	171	4.2	78	32.4	195	1.1	127	13.6	232	0.1	166	1.0
辽阳	115	8.6	194	3.5	89	30.4	204	1.0	119	14.1	113	1.7	156	1.1
景德镇	116	8.6	222	2.4	127	24.6	172	1.4	73	21.9	160	0.8	239	0.4
临沂	117	8.5	44	14.4	163	17.5	64	4.9	165	10.2	175	0.7	52	3.6
常德	118	8.5	73	10.2	128	24.1	100	2.4	176	9.3	82	3.5	108	1.6
宁德	119	8.4	134	5.3	103	27.9	143	1.6	121	14.0	151	1.0	197	0.7
白山	120	8.4	236	2.0	76	32.6	244	0.5	126	13.7	133	1.3	255	0.2
西宁	121	8.4	183	3.9	116	26.0	160	1.4	103	15.9	216	0.3	67	2.6
池州	122	8.4	251	1.5	157	18.4	158	1.5	59	26.8	117	1.6	247	0.3

续表

城市\指标	创新基础竞争力 排名	得分	GDP 排名	得分	人均GDP 排名	得分	财政收入 排名	得分	人均财政收入 排名	得分	外商直接投资 排名	得分	金融存款余额 排名	得分
衡州	123	8.3	181	3.9	96	29.2	162	1.4	118	14.1	217	0.3	149	1.1
黄石	124	8.3	169	4.3	112	26.6	150	1.6	104	15.9	182	0.6	187	0.8
通化	125	8.2	197	3.4	97	28.7	191	1.1	129	13.5	103	2.0	207	0.6
聊城	126	8.2	74	10.0	134	23.0	93	2.9	152	11.0	218	0.3	88	1.8
丽水	127	8.1	185	3.8	105	27.7	161	1.4	128	13.6	147	1.0	135	1.2
巴彦淖尔	128	8.1	216	2.9	98	28.6	208	0.9	109	15.2	172	0.7	243	0.4
金昌	129	8.1	271	0.2	125	25.0	272	0.1	108	15.2	—	—	273	0.0
宣城	130	8.0	201	3.2	160	18.1	109	2.1	81	20.0	77	3.8	196	0.7
吉林	131	8.0	81	8.9	159	18.2	108	2.1	143	11.8	55	5.0	94	1.8
南平	132	7.9	150	4.7	109	27.2	176	1.3	135	12.4	173	0.7	179	0.9
四平	133	7.8	168	4.3	72	33.2	209	0.9	218	6.6	134	1.2	206	0.6
秦皇岛	134	7.7	164	4.3	146	20.2	129	1.8	115	14.3	69	4.1	98	1.7
蚌埠	135	7.7	162	4.4	156	18.6	123	1.9	122	14.0	42	6.6	157	1.1
衡阳	136	7.7	77	9.8	169	16.7	84	3.3	171	9.8	56	4.9	80	2.0
六盘水	137	7.7	172	4.2	142	20.8	112	2.1	90	17.6	150	1.0	217	0.5
晋城	138	7.7	191	3.5	131	23.1	164	1.4	106	15.7	136	1.2	144	1.2
北海	139	7.6	215	2.9	92	30.1	237	0.6	153	11.0	156	0.9	246	0.3
邯郸	140	7.4	59	11.9	181	15.3	86	3.2	210	7.1	75	3.9	57	3.1
荆门	141	7.3	141	4.9	124	25.2	187	1.2	160	10.3	120	1.6	177	0.9
莱芜	142	7.3	237	2.0	115	26.1	233	0.6	116	14.3	179	0.6	234	0.4

续表

城市\指标	创新基础竞争力 排名	得分	GDP 排名	得分	人均GDP 排名	得分	财政收入 排名	得分	人均财政收入 排名	得分	外商直接投资 排名	得分	金融存款余额 排名	得分
朔州	143	7.3	213	2.9	107	27.4	222	0.7	145	11.6	209	0.3	199	0.7
桂林	144	7.3	102	7.1	151	19.3	106	2.2	169	10.0	88	3.1	87	1.9
石嘴山	145	7.2	259	1.3	65	34.6	265	0.2	274	0.0	—	—	268	0.1
黄山	146	7.2	254	1.5	152	18.9	199	1.0	78	20.6	165	0.8	225	0.5
阳江	147	7.1	165	4.3	113	26.5	203	1.0	170	10.0	201	0.4	213	0.6
德阳	148	7.1	126	5.8	129	23.6	173	1.3	178	9.2	153	1.0	120	1.4
鹤壁	149	7.0	230	2.2	133	23.0	225	0.7	134	12.5	80	3.6	261	0.2
宝鸡	150	7.0	113	6.5	126	24.9	182	1.3	198	8.1	252	0.0	117	1.5
宜春	151	6.9	124	5.8	204	12.6	77	3.6	110	15.1	87	3.1	113	1.5
滁州	152	6.9	153	4.6	186	14.7	103	2.3	124	13.7	54	5.0	153	1.1
遵义	153	6.9	89	8.0	172	16.4	91	3.0	156	10.7	171	0.7	69	2.4
新乡	154	6.8	99	7.3	176	15.9	102	2.4	177	9.3	59	4.5	115	1.5
赤峰	155	6.8	110	6.8	137	22.0	142	1.6	183	8.9	200	0.4	167	1.0
酒泉	156	6.7	247	1.6	118	25.8	255	0.4	144	11.7	226	0.2	221	0.5
保定	157	6.6	64	11.4	208	12.3	78	3.6	223	6.4	104	2.0	47	4.2
茂名	158	6.6	79	9.1	147	20.0	130	1.8	220	6.5	161	0.8	127	1.4
赣州	159	6.6	100	7.2	248	8.3	72	4.2	155	10.7	43	6.5	68	2.5
咸阳	160	6.6	91	8.0	136	22.1	179	1.3	233	5.8	180	0.6	107	1.6
锦州	161	6.4	146	4.8	139	21.9	194	1.1	181	9.0	199	0.4	119	1.4
咸宁	162	6.4	192	3.5	144	20.6	188	1.2	137	12.1	215	0.3	210	0.6

续表

城市＼指标	创新基础竞争力 排名	得分	GDP 排名	得分	人均GDP 排名	得分	财政收入 排名	得分	人均财政收入 排名	得分	外商直接投资 排名	得分	金融存款余额 排名	得分
阳泉	163	6.3	245	1.7	140	21.6	246	0.5	141	11.9	126	1.4	186	0.8
上饶	164	6.3	122	6.0	240	9.3	74	3.8	132	12.6	63	4.4	106	1.6
安阳	165	6.3	106	6.9	162	17.6	136	1.7	204	7.6	97	2.3	125	1.4
承德	166	6.2	145	4.8	153	18.7	154	1.5	164	10.2	166	0.8	132	1.3
十堰	167	6.2	155	4.5	154	18.7	166	1.4	163	10.2	140	1.1	141	1.2
丹东	168	6.2	199	3.3	145	20.3	207	0.9	166	10.2	137	1.2	154	1.1
乐山	169	6.2	154	4.6	148	19.7	178	1.3	172	9.7	187	0.5	148	1.2
漯河	170	6.1	198	3.3	158	18.4	202	1.0	174	9.6	70	4.0	233	0.4
韶关	171	6.1	180	3.9	150	19.3	180	1.3	154	10.9	223	0.2	165	1.0
开封	172	6.1	125	5.8	170	16.6	138	1.7	187	8.7	90	2.9	171	0.9
吉安	173	6.1	151	4.7	222	11.0	96	2.7	133	12.5	67	4.2	131	1.3
汕头	174	6.0	109	6.8	180	15.5	110	2.1	190	8.6	149	1.0	76	2.1
长治	175	6.0	175	4.1	174	16.4	156	1.5	159	10.5	101	2.1	123	1.4
乌兰察布	176	6.0	209	3.0	138	21.9	220	0.7	173	9.6	225	0.2	230	0.5
南阳	177	6.0	67	10.8	210	12.0	98	2.6	241	5.2	89	2.9	71	2.3
辽源	178	5.9	228	2.3	130	23.3	263	0.2	193	8.4	129	1.4	269	0.1
绵阳	179	5.9	119	6.2	166	16.8	144	1.6	202	7.8	142	1.1	75	2.1
平顶山	180	5.9	117	6.2	178	15.6	125	1.9	188	8.6	106	1.9	124	1.4
铜川	181	5.9	266	0.6	155	18.6	270	0.1	167	10.1	—	—	270	0.1
张家口	182	5.8	144	4.8	196	13.5	107	2.1	148	11.3	122	1.6	100	1.7

续表

城市\指标	创新基础竞争力 排名	得分	GDP 排名	得分	人均GDP 排名	得分	财政收入 排名	得分	人均财政收入 排名	得分	外商直接投资 排名	得分	金融存款余额 排名	得分
濮阳	183	5.8	152	4.7	161	17.6	190	1.2	201	7.8	94	2.7	201	0.7
梧州	184	5.7	187	3.7	164	17.1	169	1.4	146	11.6	245	0.1	224	0.5
湛江	185	5.7	82	8.9	185	14.9	119	1.9	236	5.7	168	0.7	85	1.9
菏泽	186	5.7	80	9.0	211	11.8	90	3.0	205	7.4	148	1.0	90	1.8
宜宾	187	5.7	130	5.5	177	15.7	128	1.8	175	9.4	219	0.3	133	1.3
泸州	188	5.6	148	4.8	189	14.1	114	2.1	151	11.2	212	0.3	137	1.2
清远	189	5.6	157	4.5	183	15.2	137	1.7	158	10.5	176	0.7	151	1.1
晋中	190	5.6	190	3.5	190	13.9	152	1.5	149	11.3	110	1.7	122	1.4
淮北	191	5.5	225	2.4	173	16.4	211	0.8	162	10.3	91	2.8	209	0.6
眉山	192	5.4	193	3.5	175	15.9	183	1.2	161	10.3	177	0.7	174	0.9
孝感	193	5.4	137	5.2	200	12.9	118	2.0	179	9.2	118	1.6	134	1.3
抚州	194	5.3	184	3.8	217	11.4	115	2.0	140	12.0	107	1.8	175	0.9
松原	195	5.3	123	5.9	168	16.7	232	0.6	227	6.2	116	1.7	222	0.5
自贡	196	5.3	182	3.9	143	20.7	243	0.5	239	5.4	236	0.1	190	0.8
安庆	197	5.2	140	5.0	192	13.7	140	1.7	195	8.4	158	0.9	92	1.8
大同	198	5.2	189	3.6	195	13.6	168	1.4	168	10.0	155	0.9	97	1.7
邢台	199	5.1	114	6.4	243	9.0	92	2.9	184	8.8	146	1.0	74	2.1
信阳	200	5.0	107	6.9	199	13.0	170	1.4	252	4.6	99	2.2	99	1.7

续表

城市\指标	创新基础竞争力 排名	创新基础竞争力 得分	GDP 排名	GDP 得分	人均GDP 排名	人均GDP 得分	财政收入 排名	财政收入 得分	人均财政收入 排名	人均财政收入 得分	外商直接投资 排名	外商直接投资 得分	金融存款余额 排名	金融存款余额 得分
资阳	201	4.9	159	4.4	167	16.8	210	0.8	232	5.9	183	0.6	182	0.9
吕梁	202	4.7	203	3.2	237	9.5	171	1.4	189	8.6	—	—	158	1.1
娄底	203	4.7	156	4.5	182	15.3	212	0.8	245	5.1	118	1.6	191	0.8
随州	204	4.7	220	2.5	165	16.9	247	0.5	215	6.9	189	0.5	219	0.5
庆阳	205	4.6	243	1.8	220	11.1	218	0.7	180	9.1	—	—	237	0.4
永州	206	4.6	139	5.0	230	10.4	167	1.4	234	5.8	73	3.9	162	1.0
崇左	207	4.6	234	2.1	184	15.2	234	0.6	182	8.9	206	0.3	256	0.2
白城	208	4.5	233	2.1	171	16.5	250	0.5	207	7.2	167	0.7	252	0.3
荆州	209	4.5	128	5.7	214	11.5	146	1.6	225	6.3	181	0.6	110	1.6
揭阳	210	4.5	105	6.9	191	13.8	192	1.1	262	4.0	227	0.2	139	1.2
吴忠	211	4.5	263	1.0	201	12.7	256	0.3	192	8.4	—	—	263	0.2
驻马店	212	4.4	112	6.6	225	10.9	157	1.5	255	4.4	111	1.7	109	1.6
衡水	213	4.4	170	4.2	218	11.3	174	1.3	211	7.0	163	0.8	96	1.7
益阳	214	4.4	147	4.8	197	13.5	201	1.0	242	5.1	145	1.0	185	0.9
安顺	215	4.4	239	1.8	223	10.9	200	1.0	147	11.3	184	0.6	232	0.4
张家界	216	4.3	261	1.1	205	12.5	242	0.6	150	11.3	198	0.4	260	0.2
怀化	217	4.3	158	4.4	231	10.3	134	1.7	196	8.1	190	0.5	169	0.9
潮州	218	4.3	212	3.0	179	15.6	239	0.6	230	6.1	238	0.1	205	0.6

续表

城市	创新基础竞争力 排名	得分	GDP 排名	得分	人均GDP 排名	得分	财政收入 排名	得分	人均财政收入 排名	得分	外商直接投资 排名	得分	金融存款余额 排名	得分
商丘	219	4.3	111	6.6	238	9.5	135	1.7	246	5.0	121	1.6	126	1.4
黄冈	220	4.2	129	5.7	236	9.7	131	1.8	229	6.2	192	0.5	103	1.6
周口	221	4.2	94	7.7	245	8.7	151	1.5	266	3.4	96	2.3	116	1.5
广安	222	4.1	196	3.4	193	13.6	215	0.8	231	6.0	220	0.3	178	0.9
临汾	223	4.1	179	4.0	229	10.4	175	1.3	212	7.0	169	0.7	128	1.3
云浮	224	4.1	231	2.2	207	12.3	213	0.8	186	8.7	221	0.3	226	0.5
淮南	225	4.1	214	2.9	228	10.5	193	1.1	197	8.1	152	1.0	181	0.9
内江	226	4.1	174	4.1	188	14.3	231	0.6	258	4.3	211	0.3	198	0.7
雅安	227	4.0	256	1.4	187	14.7	260	0.3	216	6.9	239	0.1	214	0.6
葫芦岛	228	3.9	229	2.2	212	11.7	214	0.8	199	8.0	241	0.1	180	0.9
钦州	229	3.9	205	3.1	202	12.6	229	0.6	240	5.2	123	1.5	235	0.4
玉林	230	3.9	138	5.1	233	9.8	155	1.5	235	5.8	235	0.1	172	0.9
百色	231	3.9	200	3.3	221	11.1	197	1.1	208	7.2	244	0.1	220	0.5
六安	232	3.9	195	3.4	255	7.2	148	1.6	203	7.8	108	1.8	129	1.3
河源	233	3.9	219	2.6	227	10.5	205	1.0	200	7.9	174	0.7	215	0.5
渭南	234	3.8	135	5.2	219	11.2	198	1.0	257	4.3	247	0.1	136	1.2
朝阳	235	3.8	218	2.8	209	12.2	221	0.7	222	6.4	246	0.1	183	0.9
汉中	236	3.8	188	3.6	194	13.6	245	0.5	261	4.1	248	0.0	161	1.0

续表

指标 城市	创新基础竞争力		GDP		人均GDP		财政收入		人均财政收入		外商直接投资		金融存款余额	
	排名	得分	排名	得分	排名	得分	排名	得分	排名	得分	排名	得分	排名	得分
宿州	237	3.8	167	4.3	250	7.8	177	1.3	243	5.1	85	3.2	168	1.0
中卫	238	3.7	267	0.6	216	11.5	271	0.1	221	6.5	—	—	271	0.1
阜新	239	3.7	252	1.5	203	12.6	253	0.4	206	7.4	242	0.1	227	0.5
铁岭	240	3.7	226	2.3	213	11.5	230	0.6	219	6.6	164	0.8	204	0.7
梅州	241	3.7	202	3.2	253	7.6	147	1.6	185	8.7	210	0.3	163	1.0
丽江	242	3.7	270	0.5	257	6.6	236	0.6	114	14.4	256	0.0	259	0.2
南充	243	3.6	131	5.4	244	8.8	181	1.3	259	4.2	208	0.3	89	1.8
毕节	244	3.6	136	5.2	252	7.6	139	1.7	238	5.5	159	0.8	194	0.8
张掖	245	3.6	264	0.8	198	13.4	269	0.2	214	6.9	250	0.0	258	0.2
达州	246	3.6	149	4.8	242	9.1	189	1.2	253	4.6	203	0.4	118	1.4
曲靖	247	3.5	274	0.0	224	10.9	124	1.9	217	6.8	214	0.3	140	1.2
遂宁	248	3.5	208	3.0	215	11.5	235	0.6	249	4.9	207	0.3	200	0.7
邵阳	249	3.5	142	4.9	261	5.6	111	2.1	228	6.2	154	0.9	121	1.4
忻州	250	3.4	235	2.1	254	7.3	196	1.1	191	8.5	224	0.2	155	1.1
白银	251	3.3	253	1.5	234	9.8	266	0.2	250	4.9	—	—	253	0.3
铜仁	252	3.3	223	2.4	239	9.3	216	0.8	226	6.2	202	0.4	216	0.5
安康	253	3.2	221	2.4	206	12.4	259	0.3	265	3.5	259	0.0	211	0.6
亳州	254	3.2	206	3.1	262	5.3	185	1.2	237	5.5	86	3.1	193	0.8

续表

城市	创新基础竞争力 排名	得分	GDP 排名	得分	人均GDP 排名	得分	财政收入 排名	得分	人均财政收入 排名	得分	外商直接投资 排名	得分	金融存款余额 排名	得分
贺州	255	3.1	260	1.2	247	8.3	241	0.6	194	8.4	251	0.0	262	0.2
阜阳	256	2.9	161	4.4	267	3.5	122	1.9	247	5.0	157	0.9	95	1.7
保山	257	2.9	250	1.6	256	7.1	226	0.7	209	7.1	188	0.5	244	0.4
商洛	258	2.9	240	1.8	226	10.5	257	0.3	256	4.3	257	0.0	241	0.4
运城	259	2.8	176	4.0	251	7.7	217	0.7	268	3.1	240	0.1	150	1.1
来宾	260	2.8	249	1.6	232	10.0	261	0.3	254	4.4	230	0.1	264	0.2
广元	261	2.8	244	1.8	246	8.4	249	0.5	244	5.1	228	0.2	203	0.7
汕尾	262	2.6	224	2.4	235	9.7	262	0.2	271	2.6	195	0.5	254	0.3
普洱	263	2.4	255	1.4	260	6.0	238	0.6	224	6.3	258	0.0	245	0.4
武威	264	2.4	262	1.0	249	8.1	264	0.2	251	4.8	255	0.0	236	0.4
临沧	265	2.2	257	1.4	259	6.2	252	0.4	248	5.0	213	0.3	265	0.2
贵港	266	2.2	217	2.8	258	6.3	248	0.5	270	2.8	233	0.1	218	0.5
平凉	267	2.0	265	0.8	263	5.1	267	0.2	263	3.6	—	—	249	0.3
天水	268	1.9	246	1.6	266	3.9	254	0.4	267	3.3	—	—	212	0.6
陇南	269	1.9	268	0.6	270	0.8	228	0.7	213	7.0	—	—	248	0.3
固原	270	1.8	272	0.2	265	4.6	273	0.0	260	4.1	—	—	272	0.0
河池	271	1.6	242	1.8	264	4.7	258	0.3	272	2.4	253	0.0	229	0.5
巴中	272	1.4	258	1.3	268	2.8	251	0.4	264	3.5	234	0.1	223	0.5
昭通	273	1.3	232	2.2	269	1.4	219	0.7	269	2.9	254	0.0	195	0.7
定西	274	0.7	269	0.6	271	0.0	268	0.2	273	2.3	—	—	250	0.3

附表 4　中国城市创新环境竞争力及三级得分和排名

指标 城市	创新环境竞争力 排名	创新环境竞争力 得分	千人因特网用户数 排名	千人因特网用户数 得分	千人手机用户数 排名	千人手机用户数 得分	国家高新技术园区数 排名	国家高新技术园区数 得分	国家高新技术企业数 排名	国家高新技术企业数 得分	高等院校数 排名	高等院校数 得分	电子政务发展指数 排名	电子政务发展指数 得分
北京	1	68.0	58	14.3	11	77.1	8	33.3	1	100	1	100	2	83.5
广州	2	58.8	25	20.3	2	99.9	8	33.3	5	9.5	3	89.9	1	100
杭州	3	52.4	13	26.6	1	100	2	66.7	10	5.9	20	42.7	6	72.7
上海	4	52.4	30	18.5	36	54.4	2	66.7	2	26.1	5	74.2	5	74.4
武汉	5	48.6	10	28.6	25	60.8	8	33.3	4	10.9	2	91.0	16	67.2
苏州	6	45.4	26	19.4	35	55.0	1	100	9	6.8	28	22.5	14	68.5
西安	7	45.1	20	21.6	7	84.3	8	33.3	131	0.0	7	69.7	32	61.6
深圳	8	44.6	4	39.0	3	96.3	8	33.3	6	8.9	41	12.4	3	77.6
济南	9	43.2	23	21.1	21	62.3	8	33.3	20	2.7	4	79.8	36	60.2
成都	10	42.7	24	20.9	22	61.7	8	33.3	7	7.2	8	61.8	10	71.1
天津	11	41.8	3	51.8	120	35.0	8	33.3	8	6.9	10	60.7	26	63.2
宁波	12	40.6	7	33.9	5	89.3	8	33.3	23	2.3	37	14.6	12	69.9
长春	13	38.3	168	8.5	29	58.1	2	66.7	42	1.2	21	40.4	50	54.7
南京	14	37.9	29	18.9	38	52.8	8	33.3	14	4.7	17	48.3	13	69.5
重庆	15	36.9	55	14.6	114	35.7	8	33.3	17	3.5	6	70.8	27	63.2
太原	16	36.6	28	19.2	17	70.5	8	33.3	26	2.1	18	47.2	88	47.2
南昌	17	36.6	48	15.3	51	45.6	8	33.3	35	1.4	11	58.4	18	65.4
无锡	18	36.5	43	16.0	39	52.1	2	66.7	12	4.8	41	12.4	15	67.2
哈尔滨	19	36.5	125	10.5	37	54.0	8	33.3	31	1.7	13	55.1	21	64.3
郑州	20	36.4	42	16.0	32	56.9	8	33.3	27	2.1	8	61.8	76	48.6

续表

指标／城市	创新环境竞争力		千人因特网用户数		千人手机用户数		国家高新技术园区数		国家高新技术企业数		高等院校数		电子政务发展指数	
	排名	得分	排名	得分	排名	得分	排名	得分	排名	得分	排名	得分	排名	得分
舟山	21	36.0	1	100	15	70.9	118	0.0	131	0.0	110	3.4	124	41.8
厦门	22	36.0	16	24.3	23	61.6	8	33.3	16	4.0	34	16.9	4	75.9
沈阳	23	35.5	65	13.5	19	66.6	8	33.3	36	1.3	16	51.7	92	46.6
合肥	24	35.4	49	15.3	71	41.5	8	33.3	11	5.2	13	55.1	31	61.8
常州	25	34.7	38	16.9	54	45.1	2	66.7	15	4.6	45	10.1	20	64.8
青岛	26	34.3	34	17.5	26	59.6	8	33.3	25	2.2	29	21.3	7	71.6
长沙	27	34.2	47	15.4	24	61.5	8	33.3	13	4.8	12	56.2	—	—
福州	28	34.2	33	17.7	45	48.3	8	33.3	55	0.9	22	34.8	11	69.9
珠海	29	34.0	8	33.8	4	94.6	8	33.3	24	2.2	45	10.1	206	30.0
绍兴	30	33.9	17	24.2	20	65.0	8	33.3	83	0.4	52	9.0	9	71.2
昆明	31	33.1	79	12.7	28	58.7	8	33.3	29	1.8	19	46.1	96	46.2
贵阳	32	32.7	41	16.0	12	76.6	8	33.3	21	2.3	25	31.5	166	36.5
温州	33	32.1	19	23.1	33	55.9	8	33.3	61	0.7	57	7.9	8	71.6
石家庄	34	31.9	64	13.7	80	39.1	8	33.3	30	1.8	15	53.9	71	49.8
佛山	35	31.9	21	21.2	13	74.9	8	33.3	18	3.4	141	2.2	43	56.2
东莞	36	30.6	52	15.1	6	88.7	8	33.3	51	1.0	57	7.9	159	37.4
银川	37	30.3	61	14.0	8	84.0	8	33.3	129	0.0	36	15.7	184	34.5
中山	38	29.5	18	23.3	10	78.8	8	33.3	41	1.2	110	3.4	163	37.0
莆田	39	29.3	2	58.8	125	34.8	8	33.3	113	0.2	181	1.1	83	47.7
威海	40	29.1	39	16.6	41	51.7	8	33.3	54	1.0	52	9.0	25	63.3

续表

指标 城市	创新环境竞争力		千人因特网用户数		千人手机用户数		国家高新技术园区数		国家高新技术企业数		高等院校数		电子政务发展指数	
	排名	得分	排名	得分	排名	得分	排名	得分	排名	得分	排名	得分	排名	得分
金华	41	28.6	12	26.8	9	79.8	118	0.0	131	0.0	181	1.1	23	63.8
海口	42	28.6	40	16.1	27	58.8	8	33.3	59	0.8	44	11.2	63	51.3
大连	43	28.1	100	11.7	75	40.8	8	33.3	19	3.1	24	32.6	90	46.8
乌鲁木齐	44	27.6	35	17.5	40	51.7	8	33.3	39	1.2	26	27.0	178	35.1
泉州	45	26.8	36	17.3	66	42.7	8	33.3	49	1.0	31	19.1	89	47.2
嘉兴	46	26.5	11	27.7	16	70.8	118	0.0	71	0.5	78	5.6	51	54.6
南宁	47	26.4	32	17.8	64	42.8	8	33.3	22	2.3	22	34.8	228	27.2
南通	48	25.8	102	11.5	109	36.2	8	33.3	53	1.0	57	7.9	19	64.9
兰州	49	25.4	78	12.7	44	48.6	8	33.3	45	1.1	29	21.3	179	35.0
宜昌	50	25.3	91	12.0	134	34.1	8	33.3	32	1.6	89	4.5	17	66.3
龙岩	51	25.1	45	15.6	95	37.7	8	33.3	110	0.2	181	1.1	28	62.7
湖州	52	25.1	15	25.7	18	70.1	118	0.0	70	0.5	141	2.2	61	52.1
衢州	53	25.0	60	14.0	56	44.5	8	33.3	40	1.2	181	1.1	46	55.9
惠州	54	24.9	31	17.9	31	56.9	8	33.3	44	1.1	110	3.4	165	36.8
淄博	55	24.7	128	10.2	68	42.1	8	33.3	52	1.0	57	7.9	56	53.7
咸阳	56	24.4	182	8.1	119	35.1	2	66.7	79	0.4	39	13.5	246	22.8
潍坊	57	24.4	164	8.6	73	40.9	8	33.3	43	1.1	37	14.6	82	47.8
芜湖	58	24.0	82	12.3	135	34.1	8	33.3	34	1.4	57	7.9	48	55.0
嘉峪关	59	23.9	22	21.2	14	72.6	118	0.0	131	0.0	225	0.0	72	49.6
呼和浩特	60	23.8	158	8.9	61	43.4	8	33.3	128	0.0	27	25.8	200	31.5

续表

城市	创新环境竞争力 排名	得分	千人因特网用户数 排名	得分	千人手机用户数 排名	得分	国家高新技术园区数 排名	得分	国家高新技术企业数 排名	得分	高等院校数 排名	得分	电子政务发展指数 排名	得分
连云港	61	23.8	130	10.0	164	31.2	8	33.3	77	0.4	110	3.4	22	64.3
洛阳	62	23.7	54	14.8	101	36.9	8	33.3	49	1.0	69	6.7	74	49.4
新乡	63	23.5	103	11.3	105	36.5	8	33.3	120	0.1	52	9.0	67	50.7
江门	64	23.2	50	15.2	43	49.3	8	33.3	65	0.6	141	2.2	148	38.5
北海	65	22.9	57	14.4	70	41.6	8	33.3	99	0.2	110	3.4	108	44.5
湘潭	66	22.9	183	8.1	107	36.3	8	33.3	63	0.6	45	10.1	75	48.9
西宁	67	22.4	88	12.2	47	47.8	8	33.3	105	0.2	45	10.1	201	30.9
吉林	68	22.4	120	10.6	110	36.1	8	33.3	110	0.2	57	7.9	94	46.4
绵阳	69	22.4	70	13.2	133	34.1	8	33.3	75	0.4	45	10.1	117	43.1
镇江	70	22.3	74	13.1	92	38.0	8	33.3	87	0.3	89	4.5	106	44.8
三明	71	22.3	67	13.4	82	38.9	8	33.3	118	0.1	141	2.2	98	45.9
郴州	72	22.3	191	7.9	212	28.1	8	33.3	99	0.2	141	2.2	30	61.9
台州	73	22.2	27	19.3	42	49.5	118	0.0	131	0.0	110	3.4	34	61.2
株洲	74	22.2	146	9.5	149	32.1	8	33.3	45	1.1	41	12.4	104	44.9
烟台	75	22.0	51	15.1	48	47.7	8	33.3	62	0.7	45	10.1	241	24.9
安阳	76	21.9	104	11.3	94	37.8	8	33.3	105	0.2	78	5.6	116	43.2
东营	77	21.8	37	17.0	52	45.5	118	0.0	3	11.2	110	3.4	55	54.0
唐山	78	21.8	109	11.1	53	45.3	8	33.3	68	0.5	69	6.7	187	33.7
枣庄	79	21.8	170	8.4	176	30.3	8	33.3	120	0.1	141	2.2	44	56.1
廊坊	80	21.5	62	14.0	76	40.3	8	33.3	93	0.3	31	19.1	248	22.3

续表

城市\指标	创新环境竞争力 排名	得分	千人因特网用户数 排名	得分	千人手机用户数 排名	得分	国家高新技术园区数 排名	得分	国家高新技术企业数 排名	得分	高等院校数 排名	得分	电子政务发展指数 排名	得分
本溪	81	21.5	81	12.4	85	38.6	8	33.3	104	0.2	69	6.7	154	37.8
乐山	82	21.3	149	9.4	78	39.2	8	33.3	74	0.5	141	2.2	114	43.5
漳州	83	21.1	116	10.6	117	35.5	8	33.3	63	0.6	69	6.7	139	39.8
荆门	84	21.0	174	8.3	219	27.3	8	33.3	60	0.8	225	0.0	42	56.5
徐州	85	21.0	184	8.0	138	33.4	8	33.3	79	0.4	52	9.0	123	41.9
益阳	86	20.9	249	5.4	255	22.2	8	33.3	69	0.5	110	3.4	35	60.8
临沂	87	20.9	195	7.7	166	31.2	8	33.3	91	0.3	141	2.2	66	50.8
南阳	88	20.8	262	4.6	243	24.7	8	33.3	105	0.2	78	5.6	41	56.6
柳州	89	20.8	71	13.1	111	36.1	8	33.3	33	1.5	78	5.6	176	35.1
襄阳	90	20.7	154	9.1	174	30.4	8	33.3	28	1.8	89	4.5	103	45.1
秦州	91	20.7	121	10.5	137	33.6	8	33.3	87	0.3	141	2.2	110	44.2
鞍山	92	20.5	83	12.3	113	35.8	8	33.3	79	0.4	141	2.2	146	38.7
乌海	93	20.4	53	14.8	34	55.2	118	0.0	131	0.0	225	0.0	60	52.5
济宁	94	20.1	180	8.1	153	31.9	8	33.3	38	1.3	69	6.7	142	39.4
长治	95	20.0	135	9.9	139	33.4	8	33.3	90	0.3	78	5.6	157	37.6
泰安	96	19.9	175	8.3	155	31.7	8	33.3	71	0.5	57	7.9	158	37.6
泸州	97	19.9	147	9.4	177	30.3	8	33.3	75	0.4	89	4.5	130	41.2
盐城	98	19.8	179	8.2	170	30.9	8	33.3	86	0.3	89	4.5	129	41.3
锦州	99	19.7	87	12.2	147	32.8	8	33.3	93	0.3	52	9.0	202	30.6
包头	100	19.7	192	7.8	62	43.2	8	33.3	71	0.5	89	4.5	213	28.5

续表

指标 城市	创新环境 竞争力 排名	得分	千人因特网 用户数 排名	得分	千人手机 用户数 排名	得分	国家高新 技术园区数 排名	得分	国家高新 技术企业数 排名	得分	高等院校数 排名	得分	电子政务 发展指数 排名	得分
韶关	101	19.6	5	37.4	108	36.2	118	0.0	131	0.0	181	1.1	120	42.8
衡阳	102	19.6	240	5.7	264	20.1	8	33.3	87	0.3	57	7.9	70	50.0
宝鸡	103	19.4	122	10.5	100	37.1	8	33.3	45	1.1	181	1.1	191	33.0
新余	104	19.4	76	12.9	88	38.4	8	33.3	96	0.2	89	4.5	232	26.8
桂林	105	19.2	119	10.6	116	35.6	8	33.3	56	0.9	45	10.1	242	24.6
南平	106	19.1	72	13.1	89	38.4	118	0.0	131	0.0	110	3.4	38	59.6
通化	107	18.9	140	9.7	154	31.9	8	33.3	120	0.1	225	0.0	147	38.6
自贡	108	18.9	144	9.5	210	28.1	8	33.3	77	0.4	181	1.1	132	41.1
呼伦贝尔	109	18.6	127	10.2	30	57.5	118	0.0	131	0.0	141	2.2	125	41.7
黄石	110	18.6	108	11.1	115	35.7	118	0.0	131	0.0	110	3.4	33	61.4
丽水	111	18.6	66	13.5	59	43.6	118	0.0	131	0.0	181	1.1	58	53.4
宁德	112	18.6	92	12.0	91	38.3	118	0.0	131	0.0	181	1.1	37	60.0
扬州	113	18.6	86	12.3	90	38.3	118	0.0	85	0.4	78	5.6	49	54.8
孝感	114	18.4	237	5.8	246	23.8	8	33.3	45	1.1	141	2.2	109	44.4
营口	115	18.2	84	12.3	158	31.6	8	33.3	96	0.2	141	2.2	208	29.6
榆林	116	17.9	224	6.3	58	43.8	8	33.3	129	0.0	181	1.1	247	22.7
承德	117	17.8	171	8.4	179	30.1	8	33.3	118	0.1	110	3.4	198	31.8
肇庆	118	17.8	—	—	—	—	8	33.3	65	0.6	89	4.5	192	32.9
阳泉	119	17.6	56	14.5	67	42.2	118	0.0	131	0.0	181	1.1	80	47.9
十堰	120	17.5	118	10.6	194	29.3	118	0.0	131	0.0	57	7.9	40	57.6

续表

指标 城市	创新环境 竞争力 排名	得分	千人因特网 用户数 排名	得分	千人手机 用户数 排名	得分	国家高新 技术园区数 排名	得分	国家高新 技术企业数 排名	得分	高等院校数 排名	得分	电子政务 发展指数 排名	得分
乌兰察布	121	17.5	223	6.4	60	43.4	118	0.0	131	0.0	141	2.2	59	53.1
蚌埠	122	17.2	156	9.1	241	24.9	8	33.3	37	1.3	89	4.5	205	30.3
三门峡	123	17.0	6	36.1	173	30.5	118	0.0	131	0.0	225	0.0	173	35.3
湛江	124	16.9	211	6.9	128	34.4	118	0.0	131	0.0	—	—	115	43.3
攀枝花	125	16.9	46	15.5	106	36.5	118	0.0	98	0.2	181	1.1	78	48.2
荆州	126	16.8	85	12.3	236	25.2	118	0.0	131	0.0	57	7.9	47	55.4
鹰潭	127	16.7	96	11.9	227	26.3	8	33.3	99	0.2	181	1.1	227	27.2
岳阳	128	16.7	196	7.6	224	26.6	118	0.0	131	0.0	110	3.4	29	62.5
咸宁	129	16.6	117	10.6	83	38.6	118	0.0	131	0.0	181	1.1	73	49.5
鄂州	130	16.6	123	10.5	122	34.9	118	0.0	131	0.0	225	0.0	52	54.4
邢台	131	16.6	169	8.5	215	27.6	8	33.3	131	0.0	110	3.4	230	26.9
渭南	132	16.6	193	7.8	160	31.5	8	33.3	116	0.1	225	0.0	231	26.8
辽阳	133	16.6	75	12.9	79	39.1	8	33.3	124	0.1	181	1.1	269	13.0
濮阳	134	16.6	99	11.7	132	34.2	118	0.0	131	0.0	225	0.0	57	53.5
淮安	135	16.4	188	7.9	190	29.6	118	0.0	131	0.0	69	6.7	53	54.3
晋中	136	16.4	111	11.0	123	34.9	118	0.0	131	0.0	34	16.9	171	35.8
平顶山	137	16.4	251	5.3	221	26.9	8	33.3	124	0.1	89	4.5	216	28.5
鄂尔多斯	138	16.4	212	6.9	242	24.8	118	0.0	131	0.0	110	3.4	24	63.3
巴彦淖尔	139	16.4	198	7.5	46	48.0	118	0.0	131	0.0	181	1.1	127	41.5
河源	140	16.3	160	8.9	209	28.1	8	33.3	112	0.2	225	0.0	229	27.1

续表

城市\指标	创新环境竞争力 排名	得分	千人因特网用户数 排名	得分	千人手机用户数 排名	得分	国家高新技术园区数 排名	得分	国家高新技术企业数 排名	得分	高等院校数 排名	得分	电子政务发展指数 排名	得分
秦皇岛	141	16.2	73	13.1	57	44.3	118	0.0	131	0.0	39	13.5	235	26.5
莱芜	142	16.1	101	11.5	96	37.7	118	0.0	99	0.2	141	2.2	102	45.1
宜宾	143	16.1	153	9.2	156	31.7	118	0.0	131	0.0	181	1.1	54	54.2
白银	144	16.0	227	6.1	118	35.2	8	33.3	95	0.3	225	0.0	251	21.1
通辽	145	16.0	210	7.0	50	45.8	118	0.0	131	0.0	141	2.2	134	40.7
德州	146	15.9	201	7.4	203	28.5	118	0.0	113	0.2	110	3.4	45	56.0
赤峰	147	15.9	209	7.0	77	39.4	118	0.0	131	0.0	110	3.4	100	45.5
云浮	148	15.9	14	26.3	172	30.8	118	0.0	131	0.0	225	0.0	151	38.1
阜新	149	15.8	63	13.8	188	29.7	8	33.3	99	0.2	181	1.1	262	16.7
滨州	150	15.8	181	8.1	102	36.8	118	0.0	131	0.0	141	2.2	86	47.4
德阳	151	15.7	69	13.3	72	40.9	118	0.0	79	0.4	78	5.6	186	34.2
玉溪	152	15.7	152	9.3	140	33.2	8	33.3	109	0.2	181	1.1	261	17.1
雅安	153	15.7	89	12.1	124	34.9	118	0.0	131	0.0	181	1.1	97	46.1
景德镇	154	15.5	161	8.9	214	27.8	8	33.3	105	0.2	110	3.4	255	19.7
保定	155	15.5	126	10.4	168	31.1	118	0.0	57	0.8	33	18.0	193	32.9
常德	156	15.5	165	8.6	200	28.9	118	0.0	131	0.0	89	4.5	64	51.1
抚州	157	15.4	202	7.3	261	20.5	8	33.3	92	0.3	110	3.4	221	27.8
广元	158	15.3	157	9.0	157	31.7	118	0.0	131	0.0	181	1.1	69	50.1
石嘴山	159	15.2	273	0.0	273	0.0	8	33.3	126	0.1	225	0.0	39	57.6
马鞍山	160	15.2	97	11.9	151	32.0	8	33.3	131	0.0	78	5.6	270	8.2

续表

指标 城市	创新环境竞争力		千人因特网用户数		千人手机用户数		国家高新技术园区数		国家高新技术企业数		高等院校数		电子政务发展指数	
	排名	得分	排名	得分	排名	得分	排名	得分	排名	得分	排名	得分	排名	得分
铜川	161	15.0	148	9.4	74	40.8	118	0.0	131	0.0	225	0.0	137	40.0
汕头	162	15.0	90	12.0	63	43.1	118	0.0	131	0.0	225	0.0	180	35.0
宿州	163	15.0	77	12.8	146	32.8	118	0.0	131	0.0	141	2.2	121	42.2
金昌	164	14.9	93	11.9	65	42.7	118	0.0	131	0.0	225	0.0	185	34.4
毕节	165	14.9	9	29.0	268	18.0	118	0.0	131	0.0	141	2.2	138	39.9
随州	166	14.7	145	9.5	180	30.0	118	0.0	67	0.6	225	0.0	79	48.1
六安	167	14.6	222	6.4	223	26.6	118	0.0	131	0.0	89	4.5	68	50.2
黄山	168	14.5	114	10.8	182	30.0	118	0.0	131	0.0	181	1.1	105	44.9
焦作	169	14.5	59	14.1	81	39.0	118	0.0	120	0.1	69	6.7	233	26.7
日照	170	14.3	107	11.2	126	34.5	118	0.0	131	0.0	181	1.1	143	39.2
安康	171	14.3	218	6.6	148	32.6	118	0.0	127	0.1	181	1.1	101	45.2
宣城	172	14.3	129	10.2	201	28.7	118	0.0	131	0.0	225	0.0	91	46.7
九江	173	14.3	132	9.9	197	29.2	118	0.0	131	0.0	69	6.7	140	39.7
大同	174	14.2	143	9.5	121	35.0	118	0.0	131	0.0	225	0.0	135	40.5
阳江	175	14.1	94	11.9	112	35.9	118	0.0	131	0.0	225	0.0	161	37.1
内江	176	14.1	185	8.0	225	26.5	118	0.0	131	0.0	141	2.2	81	47.9
潮州	177	14.0	186	8.0	86	38.5	118	0.0	131	0.0	225	0.0	155	37.7
遵义	178	14.0	244	5.6	130	34.3	118	0.0	131	0.0	78	5.6	150	38.5
白城	179	14.0	176	8.3	127	34.4	118	0.0	131	0.0	141	2.2	144	39.1
崇左	180	13.9	234	5.9	204	28.3	118	0.0	131	0.0	78	5.6	112	43.8

续表

城市	创新环境竞争力 排名	得分	千人因特网用户数 排名	得分	千人手机用户数 排名	得分	国家高新技术园区数 排名	得分	国家高新技术企业数 排名	得分	高等院校数 排名	得分	电子政务发展指数 排名	得分
赣州	181	13.9	113	10.9	188	29.7	118	0.0	116	0.1	57	7.9	183	34.9
张掖	182	13.9	44	15.7	49	47.3	118	0.0	131	0.0	225	0.0	253	20.5
聊城	183	13.9	204	7.3	195	29.2	118	0.0	131	0.0	141	2.2	107	44.5
张家界	184	13.9	141	9.7	237	25.1	118	0.0	131	0.0	225	0.0	77	48.4
防城港	185	13.8	115	10.8	99	37.2	118	0.0	131	0.0	225	0.0	182	34.9
许昌	186	13.8	163	8.7	187	29.7	118	0.0	131	0.0	110	3.4	131	41.1
娄底	187	13.7	215	6.9	229	26.0	118	0.0	131	0.0	141	2.2	87	47.3
晋城	188	13.7	98	11.9	84	38.6	118	0.0	131	0.0	225	0.0	199	31.7
鹤壁	189	13.7	106	11.2	145	32.9	118	0.0	131	0.0	141	2.2	172	35.7
广安	190	13.6	197	7.5	213	27.9	118	0.0	131	0.0	225	0.0	93	46.5
遂宁	191	13.6	216	6.8	250	23.7	118	0.0	131	0.0	225	0.0	65	50.9
白山	192	13.5	138	9.8	129	34.4	118	0.0	131	0.0	181	1.1	160	37.1
茂名	193	13.5	110	11.0	259	21.2	118	0.0	131	0.0	110	3.4	85	47.6
南充	194	13.4	243	5.7	249	23.7	118	0.0	131	0.0	141	2.2	84	47.7
朔州	195	13.4	208	7.1	136	34.0	118	0.0	131	0.0	181	1.1	164	36.9
衡水	196	13.3	131	10.0	178	30.2	118	0.0	131	0.0	225	0.0	145	38.8
辽源	197	13.3	155	9.1	97	37.7	118	0.0	131	0.0	141	2.2	189	33.1
怀化	198	13.2	239	5.7	235	25.2	118	0.0	131	0.0	141	2.2	95	46.2
宿迁	199	13.2	207	7.1	186	29.8	118	0.0	131	0.0	141	2.2	136	40.3
信阳	200	13.2	267	3.8	239	25.0	118	0.0	131	0.0	89	4.5	99	45.7

续表

城市	创新环境竞争力		千人因特网用户数		千人手机用户数		国家高新技术园区数		国家高新技术企业数		高等院校数		电子政务发展指数	
指标	排名	得分	排名	得分	排名	得分	排名	得分	排名	得分	排名	得分	排名	得分
安顺	201	13.2	241	5.7	193	29.3	118	0.0	131	0.0	181	1.1	119	42.8
菏泽	202	13.1	233	6.0	211	28.1	118	0.0	131	0.0	110	3.4	128	41.4
池州	203	13.1	136	9.8	220	26.9	118	0.0	131	0.0	141	2.2	141	39.5
亳州	204	13.0	263	4.5	262	20.4	118	0.0	131	0.0	181	1.1	62	52.0
六盘水	205	13.0	253	5.1	104	36.6	118	0.0	131	0.0	181	1.1	177	35.1
邯郸	206	13.0	206	7.1	207	28.2	118	0.0	131	0.0	89	4.5	152	38.0
抚顺	207	12.8	68	13.4	98	37.3	118	0.0	131	0.0	89	4.5	250	21.5
梅州	208	12.7	178	8.2	165	31.2	118	0.0	131	0.0	225	0.0	162	37.0
四平	209	12.7	221	6.4	142	33.2	118	0.0	131	0.0	110	3.4	188	33.3
黄冈	210	12.7	200	7.4	258	21.9	118	0.0	131	0.0	110	3.4	113	43.7
盘锦	211	12.7	80	12.7	87	38.5	118	0.0	131	0.0	181	1.1	243	23.6
临汾	212	12.6	159	8.9	131	34.3	118	0.0	131	0.0	89	4.5	223	27.8
沧州	213	12.6	173	8.4	175	30.3	118	0.0	131	0.0	57	7.9	211	28.8
商丘	214	12.5	177	8.2	143	33.1	118	0.0	131	0.0	78	5.6	218	28.2
运城	215	12.5	134	9.9	152	31.9	118	0.0	131	0.0	69	6.7	237	26.5
汉中	216	12.4	235	5.9	162	31.3	118	0.0	131	0.0	141	2.2	174	35.2
张家口	217	12.4	189	7.9	181	30.0	118	0.0	131	0.0	89	4.5	197	32.0
资阳	218	12.2	217	6.8	232	25.8	118	0.0	131	0.0	225	0.0	133	40.9
眉山	219	12.2	150	9.4	216	27.5	118	0.0	131	0.0	181	1.1	175	35.2
陇南	220	12.2	271	2.4	199	29.0	118	0.0	131	0.0	225	0.0	126	41.6

续表

城市\指标	创新环境竞争力		千人因特网用户数		千人手机用户数		国家高新技术园区数		国家高新技术企业数		高等院校数		电子政务发展指数	
	排名	得分	排名	得分	排名	得分	排名	得分	排名	得分	排名	得分	排名	得分
萍乡	221	12.0	166	8.6	202	28.6	118	0.0	131	0.0	141	2.2	195	32.8
丹东	222	12.0	95	11.9	171	30.8	118	0.0	131	0.0	141	2.2	225	27.3
达州	223	12.0	231	6.0	251	23.1	118	0.0	131	0.0	181	1.1	122	42.0
天水	224	11.9	137	9.8	184	29.9	118	0.0	131	0.0	110	3.4	215	28.5
巴中	225	11.9	228	6.1	222	26.7	118	0.0	131	0.0	225	0.0	149	38.5
吉安	226	11.8	220	6.6	263	20.2	118	0.0	115	0.1	181	1.1	118	43.0
揭阳	227	11.8	248	5.5	159	31.6	118	0.0	131	0.0	181	1.1	194	32.9
忻州	228	11.7	199	7.4	144	33.0	118	0.0	131	0.0	110	3.4	234	26.7
商洛	229	11.7	246	5.6	228	26.0	118	0.0	131	0.0	181	1.1	156	37.7
固原	230	11.7	105	11.3	183	29.9	118	0.0	131	0.0	225	0.0	210	28.9
滁州	231	11.6	139	9.8	205	28.2	118	0.0	131	0.0	110	3.4	214	28.5
梧州	232	11.6	142	9.6	253	22.3	118	0.0	131	0.0	181	1.1	168	36.4
吴忠	233	11.5	259	4.9	163	31.3	118	0.0	131	0.0	225	0.0	190	33.1
中卫	234	11.5	258	4.9	141	33.2	118	0.0	131	0.0	—	—	256	19.5
平凉	235	11.5	264	4.5	192	29.4	118	0.0	131	0.0	225	0.0	181	35.0
清远	236	11.5	167	8.5	161	31.3	118	0.0	83	0.4	225	0.0	212	28.5
铜仁	237	11.4	254	5.1	185	29.9	118	0.0	131	0.0	110	3.4	204	30.4
驻马店	238	11.4	257	4.9	244	24.6	118	0.0	131	0.0	181	1.1	153	38.0
松原	239	11.4	230	6.0	103	36.7	118	0.0	131	0.0	225	0.0	240	25.6
延安	240	11.3	194	7.8	55	44.7	118	0.0	131	0.0	181	1.1	265	14.4

续表

指标 城市	创新环境竞争力		千人因特网用户数		千人手机用户数		国家高新技术园区数		国家高新技术企业数		高等院校数		电子政务发展指数	
	排名	得分	排名	得分	排名	得分	排名	得分	排名	得分	排名	得分	排名	得分
周口	241	11.2	250	5.3	248	23.7	118	0.0	131	0.0	141	2.2	170	36.0
安庆	242	11.2	205	7.1	196	29.2	118	0.0	131	0.0	89	4.5	238	26.3
酒泉	243	11.1	133	9.9	69	42.0	118	0.0	131	0.0	225	0.0	263	14.9
上饶	244	11.1	172	8.4	208	28.1	118	0.0	131	0.0	141	2.2	224	27.8
淮北	245	11.0	124	10.5	230	26.0	118	0.0	131	0.0	141	2.2	226	27.2
阜阳	246	10.9	260	4.8	266	19.6	118	0.0	131	0.0	89	4.5	167	36.5
武威	247	10.8	242	5.7	206	28.2	118	0.0	131	0.0	110	3.4	222	27.8
吕梁	248	10.8	203	7.3	169	31.0	118	0.0	131	0.0	225	0.0	236	26.5
铁岭	249	10.7	162	8.7	198	29.1	118	0.0	131	0.0	110	3.4	244	23.0
钦州	250	10.4	225	6.2	256	22.1	118	0.0	131	0.0	181	1.1	196	32.8
百色	251	10.3	238	5.8	240	25.0	118	0.0	131	0.0	110	3.4	220	27.9
开封	252	10.3	214	6.9	150	32.1	118	0.0	131	0.0	89	4.5	259	18.4
宜春	253	10.2	219	6.6	238	25.1	118	0.0	131	0.0	110	3.4	239	26.2
永州	254	10.1	256	5.0	269	17.1	118	0.0	131	0.0	141	2.2	169	36.2
玉林	255	9.8	229	6.1	257	22.0	118	0.0	131	0.0	225	0.0	203	30.4
庆阳	256	9.6	269	3.5	93	37.9	118	0.0	131	0.0	141	2.2	266	14.0
汕尾	257	9.6	247	5.5	254	22.3	118	0.0	131	0.0	225	0.0	207	29.6

续表

城市\指标	创新环境竞争力		千人因特网用户数		千人手机用户数		国家高新技术园区数		国家高新技术企业数		高等院校数		电子政务发展指数	
	排名	得分	排名	得分	排名	得分	排名	得分	排名	得分	排名	得分	排名	得分
定西	258	9.5	270	2.6	233	25.6	118	0.0	131	0.0	225	0.0	209	28.9
贺州	259	9.5	232	6.0	252	22.6	118	0.0	131	0.0	225	0.0	217	28.4
邵阳	260	9.2	268	3.8	260	20.8	118	0.0	131	0.0	141	2.2	219	28.2
漯河	261	9.1	265	4.4	272	4.0	118	0.0	131	0.0	141	2.2	111	44.1
贵港	262	9.1	245	5.6	265	19.9	118	0.0	131	0.0	—	—	254	19.9
葫芦岛	263	9.0	112	10.9	191	29.5	118	0.0	131	0.0	225	0.0	267	13.8
曲靖	264	8.8	255	5.0	231	25.8	118	0.0	131	0.0	141	2.2	257	19.5
河池	265	8.7	236	5.8	247	23.8	118	0.0	58	0.8	181	1.1	249	21.7
淮南	266	8.5	190	7.9	270	16.6	118	0.0	131	0.0	89	4.5	252	21.0
来宾	267	8.2	226	6.1	245	23.9	118	0.0	131	0.0	181	1.1	260	18.4
铜陵	268	8.1	187	7.9	271	15.5	118	0.0	131	0.0	141	2.2	245	22.9
朝阳	269	8.0	151	9.3	234	25.6	118	0.0	131	0.0	225	0.0	268	13.1
保山	270	8.0	261	4.7	218	27.3	118	0.0	131	0.0	181	1.1	264	14.6
昭通	271	6.8	272	2.2	267	19.6	118	0.0	131	0.0	225	0.0	258	18.9
临沧	272	6.2	252	5.2	226	26.4	118	0.0	131	0.0	225	0.0	271	5.4
丽江	273	6.1	213	6.9	217	27.4	118	0.0	131	0.0	181	1.1	272	1.3
普洱	274	6.1	266	4.2	167	31.2	118	0.0	131	0.0	181	1.1	273	0.0

附表 5　中国城市创新投入竞争力及三级得分和排名

指标 城市	创新投入竞争力		R&D经费支出总额		R&D经费支出占GDP比重		人均R&D经费支出		R&D人员		研发人员占从业人员比重		财政科技支出占一般预算支出比重	
	排名	得分	排名	得分	排名	得分	排名	得分	排名	得分	排名	得分	排名	得分
北京	1	82.6	1	100	2	85.9	2	99.1	1	100	15	56.1	10	54.7
深圳	2	61.5	3	52.9	5	59.7	1	100	4	46.1	29	43.6	4	66.6
上海	3	56.1	2	66.8	7	53.2	5	59.5	2	68.4	37	41.1	17	47.7
西安	4	54.3	8	21.9	3	74.8	9	54.1	5	45.2	1	100	41	29.7
绍兴	5	54.2	—	—	—	—	—	—	—	—	—	—	12	54.2
天津	6	49.5	4	36.9	10	43.9	11	51.2	3	50.0	6	74.3	24	40.4
杭州	7	48.2	9	21.8	12	42.8	4	64.7	—	—	—	—	5	63.7
芜湖	8	44.2	48	5.0	16	39.9	34	29.2	31	8.4	4	83.0	1	100
宁波	9	40.9	—	—	—	—	—	—	—	—	—	—	23	40.9
台州	10	39.5	—	—	—	—	—	—	—	—	—	—	25	39.5
苏州	11	38.7	5	27.9	21	37.9	7	56.4	12	19.3	70	27.3	6	63.3
长沙	12	37.9	16	13.6	42	31.5	21	39.3	8	26.4	3	88.8	45	27.9
合肥	13	37.8	17	12.6	9	44.1	26	34.8	10	20.5	10	62.3	13	52.5
金华	14	37.4	—	—	—	—	—	—	—	—	—	—	28	37.4
襄阳	15	37.2	—	—	—	—	—	—	—	—	—	—	29	37.2
南京	16	36.7	10	21.0	14	42.6	8	54.8	16	15.7	56	32.0	11	54.3
绵阳	17	36.6	26	8.6	1	100	22	38.7	43	5.9	19	50.8	94	15.8
广州	18	36.6	6	27.5	47	29.9	16	43.7	7	26.6	48	35.9	8	56.0
青岛	19	34.3	11	19.0	15	40.4	15	45.0	11	19.6	14	57.0	53	24.8
武汉	20	33.9	7	23.8	11	43.1	13	48.2	27	10.7	90	22.1	9	55.6

续表

城市	创新投入竞争力		R&D经费支出总额		R&D经费支出占GDP比重		人均R&D经费支出		R&D人员		研发人员占从业人员比重		财政科技支出占一般预算支出比重	
指标	排名	得分	排名	得分	排名	得分	排名	得分	排名	得分	排名	得分	排名	得分
珠海	21	33.5	58	3.8	22	37.6	12	50.7	56	4.1	82	24.0	2	80.9
湖州	22	32.9	—	—	—	—	—	—	—	—	—	—	33	32.9
铜陵	23	32.4	90	1.5	39	33.1	49	20.6	86	2.3	12	59.6	3	77.1
嘉兴	24	32.2	34	6.8	18	38.3	18	42.0	—	—	—	—	21	41.8
无锡	25	32.0	14	17.1	17	39.6	6	56.5	38	6.8	79	24.6	18	47.6
衢州	26	31.6	—	—	—	—	—	—	—	—	—	—	36	31.6
佛山	27	31.1	15	14.1	33	34.9	20	40.9	18	15.6	39	39.9	22	40.9
济南	28	29.9	23	9.6	43	31.1	35	28.9	9	21.2	8	70.4	84	18.2
常州	29	29.8	21	10.2	20	38.1	14	46.5	51	4.5	65	28.3	14	51.0
马鞍山	30	29.7	70	2.6	23	37.5	41	24.6	61	3.9	5	74.5	30	35.2
厦门	31	29.6	29	7.5	12	42.8	19	41.6	22	13.2	34	42.2	40	30.6
东莞	32	29.1	20	10.7	37	33.6	37	27.7	17	15.7	62	29.2	7	57.9
中山	33	29.0	46	5.1	37	33.6	27	34.3	33	8.1	31	42.4	15	50.7
东营	34	28.7	36	6.5	24	37.3	3	66.5	49	4.7	23	46.9	140	10.3
烟台	35	28.6	18	11.8	29	36.2	25	36.2	26	11.0	24	45.5	38	31.0
包头	36	28.2	57	3.9	81	20.4	32	29.3	30	8.5	2	93.1	105	14.0
蚌埠	37	28.1	83	2.0	44	31.0	78	12.8	54	4.2	9	68.6	16	49.9
威海	38	27.3	49	4.9	40	32.3	23	37.7	45	5.8	28	44.0	26	39.0
潍坊	39	26.5	22	9.7	26	36.9	45	22.3	25	11.0	16	55.2	58	23.9
镇江	40	25.6	37	6.4	27	36.3	17	43.6	70	3.0	71	26.4	27	38.0

续表

指标城市	创新投入竞争力 排名	得分	R&D经费支出总额 排名	得分	R&D经费支出占GDP比重 排名	得分	人均R&D经费支出 排名	得分	R&D人员 排名	得分	研发人员占从业人员比重 排名	得分	财政科技支出占一般预算支出比重 排名	得分
太原	41	25.6	44	5.3	19	38.2	39	26.2	—	—	—	—	34	32.7
长春	42	25.4	28	8.3	48	29.6	43	23.6	14	17.7	11	61.3	121	11.8
沈阳	43	24.6	25	9.0	63	24.5	44	23.4	20	15.0	27	44.7	37	31.1
淄博	44	24.3	38	6.4	45	30.4	31	29.4	29	8.6	30	43.3	47	27.8
大连	45	24.3	24	9.1	73	23.2	36	28.0	21	13.3	18	51.1	74	21.1
嘉峪关	46	23.7	152	0.6	6	59.3	10	51.6	193	0.4	84	23.9	183	6.7
南通	47	23.3	19	11.3	27	36.3	28	33.3	34	8.0	114	16.2	31	34.9
成都	48	23.2	12	18.6	35	34.0	38	27.2	15	17.5	128	13.7	44	28.4
滨州	49	23.0	52	4.4	25	36.9	42	24.5	44	5.8	20	48.8	86	17.7
金昌	50	22.8	134	0.8	4	70.3	24	36.4	163	0.6	73	25.7	248	3.0
荆门	51	22.5	—	—	—	—	—	—	—	—	—	—	64	22.5
舟山	52	22.5	—	—	—	—	—	—	—	—	—	—	66	22.5
温州	53	22.2	—	—	—	—	—	—	—	—	—	—	68	22.2
鹰潭	54	22.1	88	1.7	8	51.8	30	31.2	149	0.8	86	23.3	57	24.1
莱芜	55	21.8	107	1.2	30	36.0	51	19.2	92	1.9	22	48.5	59	23.9
郑州	56	21.2	27	8.4	75	22.7	53	18.9	13	19.0	35	41.6	91	16.7
泰安	57	21.0	41	5.5	34	34.4	47	21.1	35	7.5	26	44.8	110	12.8
昆明	58	20.9	43	5.3	54	26.5	58	17.1	24	12.0	41	39.5	52	25.0
福州	59	20.8	31	7.1	58	25.6	50	20.4	19	15.1	33	42.2	103	14.2
乌鲁木齐	60	20.7	—	—	—	—	—	—	—	—	—	—	76	20.7

续表

城市\指标	创新投入竞争力		R&D经费支出总额		R&D经费支出占GDP比重		人均R&D经费支出		R&D人员		研发人员占从业人员比重		财政科技支出占一般预算支出比重	
	排名	得分	排名	得分	排名	得分	排名	得分	排名	得分	排名	得分	排名	得分
海口	61	20.7	—	—	—	—	—	—	—	—	—	—	77	20.7
丽水	62	20.5	—	—	—	—	—	—	—	—	—	—	79	20.5
惠州	63	20.5	51	4.6	49	28.9	48	20.8	53	4.3	97	20.1	19	44.2
扬州	64	20.1	35	6.6	41	32.3	29	31.5	63	3.7	124	14.6	35	32.0
洛阳	65	19.9	53	4.4	62	25.0	72	13.9	32	8.3	21	48.6	80	19.5
呼和浩特	66	19.8	78	2.2	115	14.0	62	15.4	37	7.0	7	73.9	189	6.6
宣城	67	19.5	122	0.9	87	18.6	104	7.5	93	1.9	17	54.0	32	34.0
滁州	68	19.3	89	1.6	68	24.0	101	8.4	69	3.1	13	57.1	71	21.7
哈尔滨	69	18.7	32	7.1	64	24.4	61	15.8	23	12.6	36	41.3	132	11.0
株洲	70	18.5	61	3.2	53	27.2	56	17.2	60	3.9	45	36.7	62	23.1
泰州	71	18.5	39	6.3	36	33.8	33	29.2	73	2.8	152	11.1	46	27.8
兰州	72	17.7	63	2.9	52	27.5	59	17.0	40	6.2	38	40.7	118	12.1
黄冈	73	17.7	—	—	—	—	—	—	—	—	—	—	87	17.7
江门	74	17.4	64	2.9	58	25.6	73	13.8	59	3.9	63	29.2	42	29.2
黄石	75	17.3	79	2.2	32	35.0	52	19.0	82	2.5	51	34.6	136	10.8
重庆	76	17.3	13	17.8	77	22.3	80	12.6	6	27.5	148	11.6	117	12.2
德阳	77	17.2	65	2.9	31	35.6	54	17.6	83	2.4	54	32.9	120	12.0
宜昌	78	17.2	55	4.2	66	24.2	46	21.7	50	4.6	94	21.4	49	27.2
龙岩	79	17.1	86	1.8	84	19.9	65	14.9	76	2.7	40	39.6	60	23.8
济宁	80	16.9	45	5.1	61	25.3	75	13.3	36	7.0	50	34.8	93	16.1

续表

城市\指标	创新投入竞争力		R&D经费支出总额		R&D经费支出占GDP比重		人均R&D经费支出		R&D人员		研发人员占从业人员比重		财政科技支出占一般预算支出比重	
	排名	得分	排名	得分	排名	得分	排名	得分	排名	得分	排名	得分	排名	得分
盐城	81	16.6	40	5.5	57	25.9	60	16.4	98	1.8	166	8.2	20	41.9
新乡	82	16.1	66	2.8	51	28.5	94	10.6	42	6.0	43	38.5	142	10.1
咸宁	83	16.0	—	—	—	—	—	—	107	1.6	58	29.9	92	16.4
焦作	84	15.9	82	2.0	83	20.2	86	12.0	52	4.5	42	39.0	90	17.4
荆州	85	15.8	—	—	—	—	—	—	—	—	—	—	95	15.8
淮南	86	15.7	115	1.0	74	22.8	115	6.4	67	3.4	25	45.1	96	15.7
聊城	87	15.7	56	4.1	46	30.1	67	14.6	58	3.9	47	36.3	208	5.1
泉州	88	15.1	50	4.9	107	15.6	83	12.3	28	8.7	75	25.0	56	24.3
许昌	89	15.1	69	2.6	71	23.6	77	12.8	62	3.8	46	36.7	129	11.2
临沂	90	14.9	42	5.5	50	28.8	89	11.4	41	6.2	64	28.9	158	8.8
徐州	91	14.9	33	7.1	55	26.2	55	17.4	85	2.3	158	9.3	50	27.2
德州	92	14.8	67	2.8	82	20.3	95	10.5	64	3.6	67	28.0	61	23.5
黄山	93	14.5	179	0.3	119	13.3	123	5.6	131	1.1	32	42.3	55	24.5
随州	94	14.3	—	—	—	—	—	—	—	—	—	—	102	14.3
鄂尔多斯	95	14.0	72	2.5	137	11.6	40	26.2	78	2.6	49	35.1	196	6.0
石家庄	96	13.5	30	7.2	56	26.0	69	14.3	39	6.3	—	—	107	13.5
岳阳	97	13.4	59	3.5	69	23.8	76	13.2	71	3.0	69	27.4	146	9.6
漳州	98	13.3	74	2.4	96	17.0	96	10.3	55	4.2	53	33.0	112	12.7
湘潭	99	13.1	91	1.5	95	17.1	90	11.2	66	3.4	52	34.0	126	11.5
柳州	100	13.1	71	2.6	78	22.0	71	14.0	65	3.5	78	24.7	123	11.7

续表

城市	创新投入竞争力		R&D经费支出总额		R&D经费支出占GDP比重		人均R&D经费支出		R&D人员		研发人员占从业人员比重		财政科技支出占一般预算支出比重	
	排名	得分	排名	得分	排名	得分	排名	得分	排名	得分	排名	得分	排名	得分
景德镇	101	12.9	126	0.9	76	22.5	88	11.5	126	1.1	72	26.2	97	15.6
新余	102	12.9	147	0.6	117	13.4	87	11.9	135	1.0	55	32.3	85	17.9
连云港	103	12.6	68	2.7	65	24.3	79	12.7	147	0.8	170	7.5	48	27.6
淮北	104	12.4	143	0.7	89	17.9	110	6.8	94	1.9	44	36.8	143	10.1
淮安	105	12.3	60	3.4	67	24.2	66	14.8	136	1.0	183	5.6	51	25.0
三明	106	12.2	112	1.1	125	12.7	98	9.2	103	1.6	61	29.3	82	19.4
肇庆	107	12.2	96	1.4	114	14.1	107	7.4	77	2.7	68	27.9	81	19.5
本溪	108	11.6	99	1.4	72	23.3	57	17.2	128	1.1	106	17.8	154	9.1
日照	109	11.5	92	1.5	92	17.4	91	11.0	96	1.8	74	25.1	114	12.4
十堰	110	11.5	—	—	—	—	—	—	—	—	—	—	127	11.5
唐山	111	11.4	47	5.0	103	16.0	74	13.7	57	4.0	100	19.1	134	10.8
攀枝花	112	11.4	128	0.8	88	18.4	63	15.0	122	1.2	107	17.4	99	15.5
南昌	113	11.4	62	3.1	110	15.3	81	12.6	48	4.9	109	16.7	98	15.6
宝鸡	114	11.3	80	2.1	70	23.7	84	12.2	—	—	—	—	180	7.2
乌海	115	11.0	176	0.4	121	13.3	68	14.5	189	0.4	103	18.4	83	19.2
莆田	116	10.9	95	1.4	96	17.0	93	10.7	88	2.2	101	19.1	100	15.0
平顶山	117	10.8	87	1.7	85	19.7	108	7.3	68	3.2	76	24.9	167	8.2
枣庄	118	10.8	77	2.2	79	21.3	85	12.1	84	2.4	92	21.8	218	4.6
南平	119	10.7	114	1.1	107	15.6	99	8.8	101	1.7	60	29.6	169	7.7
安庆	120	10.6	137	0.8	144	10.8	150	3.6	95	1.8	81	24.2	67	22.4

续表

城市	指标	创新投入竞争力		R&D经费支出总额		R&D经费支出占GDP比重		人均R&D经费支出		R&D人员		研发人员占从业人员比重		财政科技支出占一般预算支出比重	
		排名	得分	排名	得分	排名	得分	排名	得分	排名	得分	排名	得分	排名	得分
银川		121	10.4	104	1.2	99	16.7	82	12.4	—	—	—	—	128	11.3
池州		122	10.4	184	0.3	136	11.6	136	4.7	153	0.7	57	31.8	108	13.2
贵阳		123	10.3	103	1.3	155	8.6	118	5.9	72	3.0	143	12.0	39	31.0
宿迁		124	10.1	75	2.2	80	20.7	97	9.8	168	0.6	195	4.6	65	22.5
安顺		125	10.0	163	0.5	105	15.6	138	4.5	120	1.2	59	29.6	160	8.7
开封		126	10.0	102	1.3	104	15.8	117	6.0	74	2.8	77	24.7	148	9.4
南阳		127	10.0	84	1.9	118	13.4	144	4.1	47	5.2	85	23.3	119	12.1
韶关		128	9.7	127	0.9	112	14.9	116	6.3	138	1.0	135	12.8	63	22.5
常德		129	9.3	76	2.2	101	16.2	102	8.1	90	2.1	89	22.3	213	4.9
保定		130	9.2	54	4.3	58	25.6	103	7.9	46	5.3	—	—	244	3.1
营口		131	9.2	106	1.2	102	16.1	92	10.9	123	1.2	93	21.5	227	4.2
三门峡		132	9.2	157	0.5	158	8.5	131	5.1	99	1.7	66	28.2	133	10.9
菏泽		133	9.2	81	2.1	91	17.5	128	5.3	79	2.6	91	22.0	203	5.4
鄂州		134	9.1	—	—	—	—	—	—	—	—	—	—	153	9.1
防城港		135	9.1	150	0.6	86	19.3	70	14.2	191	0.4	116	15.9	220	4.4
安阳		136	9.0	109	1.1	133	11.8	137	4.7	80	2.6	99	19.2	101	14.5
孝感		137	8.9	100	1.3	254	0.0	121	5.7	—	—	—	—	43	28.7
宜宾		138	8.9	98	1.4	90	17.8	114	6.5	114	1.3	113	16.3	144	10.1
桂林		139	8.5	101	1.3	122	13.2	124	5.6	91	2.0	98	19.8	152	9.2
益阳		140	8.5	121	0.9	120	13.3	142	4.4	110	1.4	83	24.0	185	6.7

续表

指标 城市	创新投入竞争力		R&D经费支出总额		R&D经费支出占GDP比重		人均R&D经费支出		R&D人员		研发人员占从业人员比重		财政科技支出占一般预算支出比重	
	排名	得分	排名	得分	排名	得分	排名	得分	排名	得分	排名	得分	排名	得分
宜春	141	8.4	129	0.8	150	10.3	158	3.2	113	1.4	130	13.3	72	21.6
晋城	142	8.4	140	0.7	116	13.7	113	6.7	—	—	—	—	113	12.6
宁德	143	8.4	116	1.0	125	12.7	106	7.5	106	1.6	87	22.8	215	4.8
潮州	144	8.4	174	0.4	154	8.7	159	3.2	156	0.7	110	16.5	78	20.6
濮阳	145	8.2	125	0.9	123	13.0	130	5.1	97	1.8	102	18.8	147	9.6
郴州	146	8.1	110	1.1	143	10.8	132	5.0	108	1.5	105	18.0	116	12.2
渭南	147	8.1	105	1.2	94	17.1	133	4.9	100	1.7	115	16.0	178	7.4
吉林	148	8.1	123	0.9	174	7.2	141	4.4	87	2.2	80	24.3	149	9.3
盘锦	149	7.8	118	1.0	106	15.6	64	15.0	145	0.9	169	8.0	190	6.4
云浮	150	7.7	194	0.3	168	7.6	177	2.3	173	0.5	151	11.1	54	24.5
自贡	151	7.7	162	0.5	157	8.5	146	3.8	171	0.6	144	12.0	75	20.9
鞍山	152	7.6	93	1.5	131	12.2	100	8.7	104	1.6	138	12.4	151	9.2
吉安	153	7.5	155	0.5	162	8.1	176	2.3	137	1.0	150	11.3	69	22.1
酒泉	154	7.5	177	0.4	124	12.9	109	7.0	178	0.5	118	15.7	165	8.3
张掖	155	7.5	186	0.3	98	16.7	126	5.5	177	0.5	104	18.2	238	3.5
萍乡	156	7.4	189	0.3	182	6.2	156	3.2	172	0.6	142	12.1	70	21.7
南宁	157	7.4	85	1.9	145	10.7	122	5.6	75	2.8	141	12.2	130	11.0
衡阳	158	7.1	97	1.4	146	10.6	145	4.0	81	2.6	95	20.7	240	3.5
通化	159	7.1	196	0.3	196	5.2	172	2.5	150	0.8	137	12.5	73	21.5
辽阳	160	7.1	146	0.6	129	12.5	105	7.5	165	0.6	117	15.7	202	5.6

续表

城市 指标	创新投入竞争力		R&D经费支出总额		R&D经费支出占GDP比重		人均R&D经费支出		R&D人员		研发人员占从业人员比重		财政科技支出占一般预算支出比重	
	排名	得分	排名	得分	排名	得分	排名	得分	排名	得分	排名	得分	排名	得分
汕头	161	6.7	124	0.9	152	9.3	154	3.3	102	1.6	133	13.0	115	12.3
赣州	162	6.7	113	1.1	142	10.8	169	2.6	112	1.4	155	10.5	106	13.9
雅安	163	6.6	169	0.4	100	16.7	119	5.8	211	0.1	181	5.8	131	11.0
西宁	164	6.6	—	—	—	—	—	—	—	—	—	—	188	6.6
锦州	165	6.5	136	0.8	139	11.3	127	5.4	121	1.2	108	16.8	242	3.4
邯郸	166	6.4	73	2.5	109	15.4	125	5.5	124	1.1	—	—	170	7.7
大同	167	6.4	120	0.9	93	17.3	120	5.8	—	—	—	—	267	1.7
汉中	168	6.4	135	0.8	113	14.6	134	4.8	—	—	—	—	205	5.3
玉溪	169	6.1	181	0.3	197	5.1	164	3.0	144	0.9	127	14.4	109	12.8
长治	170	6.1	138	0.8	128	12.6	135	4.7	—	—	—	—	193	6.2
娄底	171	6.0	131	0.8	127	12.6	139	4.5	143	0.9	129	13.3	232	3.9
抚顺	172	6.0	173	0.4	179	6.5	143	4.2	141	0.9	121	14.9	155	8.9
廊坊	173	5.8	94	1.4	138	11.4	111	6.7	127	1.1	—	—	164	8.4
汕尾	174	5.8	178	0.4	152	9.3	173	2.5	162	0.6	149	11.6	138	10.5
邵阳	175	5.8	139	0.7	148	10.4	182	2.1	111	1.4	112	16.4	241	3.5
漯河	176	5.7	156	0.5	141	10.9	140	4.4	139	1.0	134	12.8	214	4.8
武威	177	5.7	210	0.2	160	8.3	185	2.0	167	0.6	96	20.7	254	2.6
阜阳	178	5.7	158	0.5	161	8.2	203	1.3	130	1.1	125	14.5	159	8.8
茂名	179	5.4	117	1.0	164	8.0	152	3.5	115	1.3	136	12.5	191	6.3
九江	180	5.4	141	0.7	171	7.3	161	3.1	140	1.0	163	8.7	122	11.8

续表

城市	创新投入竞争力		R&D经费支出总额		R&D经费支出占GDP比重		人均R&D经费支出		R&D人员		研发人员占从业人员比重		财政科技支出占一般预算支出比重	
指标	排名	得分	排名	得分	排名	得分	排名	得分	排名	得分	排名	得分	排名	得分
抚州	181	5.4	185	0.3	189	5.6	192	1.6	161	0.6	176	6.9	89	17.5
阳江	182	5.4	149	0.6	151	9.7	129	5.2	196	0.3	179	6.2	139	10.3
秦皇岛	183	5.4	119	1.0	111	15.3	112	6.7	158	0.7	—	—	243	3.2
曲靖	184	5.3	154	0.6	176	6.8	189	1.9	105	1.6	123	14.7	195	6.1
白银	185	5.2	193	0.3	149	10.4	151	3.5	179	0.5	140	12.3	228	4.2
石嘴山	186	5.2	192	0.3	134	11.7	226	0.7	—	—	—	—	168	8.0
遵义	187	5.1	130	0.8	169	7.5	165	2.8	132	1.0	154	10.6	171	7.7
六安	188	5.0	151	0.6	135	11.7	170	2.6	116	1.3	194	4.8	157	8.8
商丘	189	5.0	142	0.7	167	7.6	187	2.0	89	2.1	132	13.0	222	4.4
清远	190	4.9	170	0.4	180	6.4	180	2.3	157	0.7	157	10.1	145	9.6
庆阳	191	4.8	214	0.2	193	5.3	195	1.5	164	0.6	119	15.3	197	6.0
阜新	192	4.8	200	0.2	163	8.0	171	2.6	159	0.6	120	15.2	262	2.2
天水	193	4.8	199	0.2	165	7.9	202	1.4	155	0.7	126	14.4	233	3.9
亳州	194	4.7	188	0.3	184	6.0	209	1.1	176	0.5	156	10.1	141	10.2
运城	195	4.7	148	0.6	147	10.6	174	2.5	—	—	—	—	211	5.0
泸州	196	4.6	172	0.4	186	6.0	186	2.0	160	0.6	172	7.2	124	11.6
朝阳	197	4.6	159	0.5	132	11.9	147	3.7	170	0.6	159	9.3	268	1.7
鹤壁	198	4.6	198	0.2	183	6.2	163	3.0	181	0.5	161	9.0	161	8.6
丹东	199	4.5	208	0.2	211	3.7	191	1.6	151	0.8	131	13.3	173	7.6
巴彦淖尔	200	4.5	241	0.0	245	1.0	230	0.5	154	0.7	88	22.4	264	2.1

续表

指标城市	创新投入竞争力		R&D经费支出总额		R&D经费支出占GDP比重		人均R&D经费支出		R&D人员		研发人员占从业人员比重		财政科技支出占一般预算支出比重	
	排名	得分	排名	得分	排名	得分	排名	得分	排名	得分	排名	得分	排名	得分
河 源	201	4.5	211	0.2	207	4.1	213	1.1	203	0.2	201	3.6	88	17.6
揭 阳	202	4.5	132	0.8	159	8.4	166	2.8	142	0.9	160	9.3	219	4.6
钦 州	203	4.4	207	0.2	210	4.0	207	1.2	186	0.4	168	8.1	111	12.7
通 辽	204	4.4	201	0.2	229	2.2	200	1.4	129	1.1	111	16.5	209	5.0
乐 山	205	4.4	153	0.6	156	8.6	148	3.7	188	0.4	186	5.5	172	7.6
中 卫	206	4.4	222	0.1	176	6.8	184	2.0	—	—	—	—	162	8.6
延 安	207	4.2	175	0.4	181	6.3	149	3.6	—	—	—	—	187	6.6
内 江	208	4.2	166	0.5	166	7.9	168	2.7	192	0.4	189	5.3	163	8.4
上 饶	209	4.1	167	0.5	191	5.5	201	1.4	166	0.6	188	5.4	125	11.6
邢 台	210	4.1	111	1.1	130	12.4	160	3.2	152	0.7	—	—	252	2.8
驻马店	211	4.0	161	0.5	192	5.4	197	1.5	117	1.3	174	7.1	166	8.3
呼伦贝尔	212	4.0	249	0.0	253	0.2	249	0.2	134	1.0	145	11.8	137	10.6
梧 州	213	4.0	213	0.2	219	3.0	214	1.1	174	0.5	139	12.4	186	6.7
永 州	214	3.8	187	0.3	205	4.2	210	1.1	148	0.8	153	11.0	201	5.6
湛 江	215	3.8	145	0.7	190	5.5	188	1.9	133	1.0	164	8.6	210	5.0
吴 忠	216	3.7	218	0.1	170	7.4	179	2.3	—	—	—	—	212	4.9
北 海	217	3.7	202	0.2	202	4.6	167	2.7	190	0.4	146	11.6	257	2.4
周 口	218	3.6	165	0.5	204	4.5	217	1.1	109	1.5	162	8.7	199	5.7
晋 中	219	3.6	195	0.3	197	5.1	190	1.7	—	—	—	—	174	7.5
咸 阳	220	3.6	133	0.8	172	7.3	153	3.4	—	—	—	—	247	3.1

续表

指标 城市	创新投入竞争力		R&D经费支出总额		R&D经费支出占GDP比重		人均R&D经费支出		R&D人员		研发人员占从业人员比重		财政科技支出占一般预算支出比重	
	排名	得分	排名	得分	排名	得分	排名	得分	排名	得分	排名	得分	排名	得分
衡水	221	3.6	144	0.7	140	11.1	155	3.2	169	0.6	—	—	260	2.2
梅州	222	3.5	205	0.2	207	4.1	221	0.9	197	0.3	196	4.6	135	10.8
赤峰	223	3.5	217	0.1	238	1.6	224	0.7	125	1.1	122	14.7	255	2.6
信阳	224	3.4	168	0.4	201	4.7	199	1.4	119	1.2	167	8.2	216	4.7
阳泉	225	3.2	216	0.2	194	5.3	175	2.4	—	—	—	—	207	5.1
辽源	226	3.2	219	0.1	217	3.1	183	2.0	204	0.2	173	7.2	184	6.7
宿州	227	3.2	182	0.3	195	5.2	208	1.2	146	0.8	197	4.4	179	7.2
承德	228	3.2	160	0.5	172	7.3	162	3.0	185	0.4	—	—	217	4.7
崇左	229	3.2	221	0.1	216	3.2	215	1.1	205	0.1	184	5.6	156	8.8
玉林	230	3.1	170	0.4	188	5.7	196	1.5	174	0.5	—	—	176	7.5
沧州	231	3.1	108	1.1	178	6.7	157	3.2	118	1.3	—	—	250	3.0
怀化	232	2.9	183	0.3	200	4.9	204	1.3	182	0.4	171	7.4	251	2.9
普洱	233	2.8	224	0.1	212	3.5	225	0.7	199	0.3	175	7.0	204	5.4
丽江	234	2.8	242	0.0	215	3.3	222	0.7	208	0.1	177	6.7	198	5.7
来宾	235	2.7	212	0.2	185	6.0	193	1.6	215	0.1	199	4.2	229	4.2
六盘水	236	2.7	248	0.0	252	0.4	250	0.1	220	0.1	212	1.4	104	14.1
遂宁	237	2.6	203	0.2	203	4.5	205	1.3	200	0.2	182	5.7	235	3.8
张家口	238	2.5	164	0.5	175	7.1	178	2.3	183	0.4	—	—	263	2.1
临汾	239	2.4	180	0.3	187	5.7	194	1.6	—	—	—	—	261	2.2
乌兰察布	240	2.4	249	0.0	251	0.6	247	0.2	184	0.4	147	11.6	271	1.5

续表

城市\指标	创新投入竞争力		R&D经费支出总额		R&D经费支出占GDP比重		人均R&D经费支出		R&D人员		研发人员占从业人员比重		财政科技支出占一般预算支出比重	
	排名	得分	排名	得分	排名	得分	排名	得分	排名	得分	排名	得分	排名	得分
吕梁	241	2.4	197	0.2	199	5.0	206	1.3	—	—	—	—	246	3.1
贺州	242	2.4	247	0.0	240	1.4	246	0.3	218	0.1	187	5.4	181	7.1
铜川	243	2.4	252	0.0	242	1.3	237	0.4	214	0.1	191	5.0	177	7.4
铁岭	244	2.3	225	0.1	227	2.3	227	0.6	195	0.3	178	6.2	223	4.3
百色	245	2.3	204	0.2	209	4.0	212	1.1	225	0.0	216	0.9	175	7.5
朔州	246	2.3	225	0.1	235	1.8	218	1.0	—	—	—	—	194	6.1
铜仁	247	2.2	233	0.1	232	2.0	236	0.5	221	0.0	213	1.3	150	9.3
保山	248	2.2	235	0.1	225	2.4	231	0.5	201	0.2	185	5.5	226	4.2
商洛	249	2.1	220	0.1	212	3.5	220	1.0	—	—	—	—	236	3.8
眉山	250	2.1	215	0.2	218	3.0	216	1.1	202	0.2	190	5.1	253	2.8
松原	251	2.0	191	0.3	214	3.3	181	2.1	194	0.3	180	5.8	274	0.0
四平	252	2.0	237	0.1	246	0.9	242	0.3	187	0.4	165	8.5	269	1.6
葫芦岛	253	1.9	223	0.1	223	2.5	223	0.7	198	0.3	192	4.9	245	3.1
南充	254	1.9	209	0.2	230	2.2	232	0.5	180	0.5	198	4.3	230	4.1
广元	255	1.9	231	0.1	222	2.6	228	0.6	210	0.1	200	3.7	225	4.3
达州	256	1.9	190	0.3	206	4.1	219	1.0	209	0.1	210	1.4	224	4.3
贵港	257	1.8	229	0.1	234	1.9	241	0.3	212	0.1	202	3.0	200	5.7

续表

城市	创新投入竞争力		R&D经费支出总额		R&D经费支出占GDP比重		人均R&D经费支出		R&D人员		研发人员占从业人员比重		财政科技支出占一般预算支出比重	
指标	排名	得分	排名	得分	排名	得分	排名	得分	排名	得分	排名	得分	排名	得分
资阳	258	1.8	234	0.1	244	1.1	238	0.4	213	0.1	208	1.9	182	6.9
白山	259	1.6	228	0.1	224	2.5	198	1.5	223	0.0	211	1.4	221	4.4
河池	260	1.6	227	0.1	220	2.8	235	0.5	226	0.0	215	1.0	206	5.3
临沧	261	1.6	240	0.0	235	1.8	243	0.3	206	0.1	193	4.9	258	2.4
榆林	262	1.6	206	0.2	241	1.4	211	1.1	—	—	—	—	239	3.5
忻州	263	1.5	230	0.1	225	2.4	234	0.5	—	—	—	—	249	3.0
广安	264	1.3	243	0.0	249	0.8	248	0.2	219	0.1	206	2.6	231	4.0
白城	265	1.3	246	0.0	247	0.9	244	0.3	216	0.1	207	2.4	234	3.9
毕节	266	1.3	239	0.0	250	0.7	252	0.1	222	0.0	217	0.5	192	6.3
平凉	267	1.2	245	0.0	231	2.0	245	0.3	217	0.1	205	2.8	259	2.2
安康	268	1.2	232	0.1	233	2.0	229	0.6	—	—	—	—	265	2.0
固原	269	1.1	251	0.0	228	2.3	239	0.3	—	—	—	—	270	1.6
张家界	270	1.1	244	0.0	237	1.7	233	0.5	227	0.0	203	2.9	272	1.2
定西	271	1.0	254	0.0	248	0.8	254	0.0	224	0.0	209	1.7	237	3.5
巴中	272	0.9	236	0.1	221	2.7	240	0.3	229	0.0	218	0.0	256	2.4
昭通	273	0.9	238	0.0	239	1.5	251	0.1	207	0.1	204	2.8	273	0.8
陇南	274	0.7	253	0.0	243	1.1	253	0.1	228	0.0	214	1.0	266	2.0

附表6 中国城市创新产出竞争力及三级得分和排名

城市	创新产出竞争力 排名	得分	专利授权数 排名	得分	高新技术产业产值 排名	得分	高技术产品出口总额 排名	得分	高技术产品出口比重 排名	得分	全社会劳动生产率 排名	得分	注册商标数 排名	得分	单位工业产值污染排放量 排名	得分
深圳	1	73.8	2	58.2	1	100	1	100	8	51.7	150	48.0	4	59.0	3	99.9
北京	2	61.9	1	100	—	—	8	10.0	18	25.1	226	36.3	1	100	1	100
苏州	3	57.4	8	20.5	2	80.7	2	70.7	7	53.2	74	61.5	12	19.9	63	95.1
上海	4	55.2	3	51.1	10	39.3	3	61.4	28	16.8	177	43.4	2	78.0	36	96.6
长沙	5	52.1	15	10.1	4	49.7	11	6.3	1	100	9	85.8	23	13.0	2	99.9
无锡	6	49.8	13	11.2	12	35.8	—	—	—	—	2	94.8	26	11.3	53	95.7
广州	7	46.4	10	17.9	5	48.4	9	9.8	30	16.5	34	73.7	3	60.4	12	98.5
沧州	8	45.3	185	0.2	—	—	—	—	—	—	12	82.9	64	3.1	64	95.1
廊坊	9	44.5	108	0.6	—	—	—	—	—	—	18	80.9	68	2.7	87	93.8
北海	10	44.3	187	0.2	—	—	—	—	—	—	20	79.6	239	0.3	29	97.0
郑州	11	44.0	28	4.6	8	43.3	5	19.2	2	84.0	159	46.3	16	15.4	61	95.2
松原	12	44.0	271	0.0	—	—	—	—	—	—	14	82.5	223	0.4	99	93.0
西安	13	43.9	6	28.2	—	—	—	—	—	—	229	35.8	17	15.3	40	96.4
四平	14	43.8	223	0.1	—	—	—	—	—	—	15	81.7	185	0.7	105	92.8
随州	15	42.7	261	0.1	—	—	—	—	—	—	35	73.2	212	0.5	26	97.1
天津	16	42.6	12	13.2	6	47.4	7	14.0	13	37.5	36	73.1	20	14.9	15	98.1
梧州	17	42.2	161	0.3	—	—	—	—	—	—	39	72.5	219	0.4	56	95.6
营口	18	42.2	180	0.2	—	—	—	—	—	—	17	81.2	181	0.7	168	86.5
通辽	19	42.0	240	0.1	—	—	—	—	—	—	10	84.1	205	0.5	191	83.4
辽源	20	42.0	267	0.0	—	—	—	—	—	—	32	74.3	240	0.3	94	93.2

续表

指标 / 城市	创新产出竞争力 排名	得分	专利授权数 排名	得分	高新技术产业产值 排名	得分	高技术产品出口总额 排名	得分	高技术产品出口比重 排名	得分	全社会劳动生产率 排名	得分	注册商标数 排名	得分	单位工业产值污染排放量 排名	得分
成都	21	41.4	4	30.8	18	29.5	—	—	—	—	260	23.1	8	25.3	16	98.0
吉林	22	41.3	133	0.4	—	—	—	—	—	—	22	78.3	109	1.7	178	85.0
武汉	23	41.1	11	14.5	7	44.4	14	4.9	10	44.6	52	68.3	22	13.8	32	96.8
哈尔滨	24	40.9	18	8.0	—	—	—	—	—	—	114	55.1	36	8.0	111	92.3
长春	25	40.8	30	4.3	25	24.1	—	—	—	—	108	56.1	44	5.2	21	97.5
潍坊	26	40.7	51	2.2	—	—	—	—	—	—	26	77.7	41	5.9	92	93.5
许昌	27	40.1	142	0.4	—	—	—	—	—	—	71	61.9	114	1.5	39	96.4
洛阳	28	39.6	39	3.0	—	—	—	—	—	—	82	59.6	73	2.5	95	93.1
遵义	29	39.3	70	1.2	—	—	—	—	—	—	55	66.2	76	2.4	164	87.2
辽阳	30	39.0	204	0.2	—	—	—	—	—	—	27	77.6	182	0.7	209	77.7
沈阳	31	38.8	21	6.6	29	19.3	—	—	—	—	65	64.0	33	8.9	62	95.2
徐州	32	38.7	48	2.4	23	25.9	—	—	—	—	58	65.6	62	3.2	41	96.4
桂林	33	38.3	58	1.8	—	—	—	—	—	—	109	56.0	126	1.4	85	93.9
赤峰	34	37.9	222	0.1	—	—	—	—	—	—	43	71.3	162	1.0	203	79.0
咸宁	35	37.8	240	0.1	—	—	—	—	—	—	106	56.6	188	0.7	89	93.7
安康	36	37.7	150	0.3	—	—	—	—	—	—	117	54.6	236	0.3	59	95.4
钦州	37	37.4	192	0.2	—	—	—	—	—	—	96	58.2	252	0.2	125	91.2
宝鸡	38	37.4	65	1.5	—	—	—	—	—	—	110	55.8	159	1.0	118	91.4
崇左	39	37.4	243	0.1	—	—	—	—	—	—	63	64.4	271	0.1	180	84.9
玉林	40	37.4	138	0.4	—	—	—	—	—	—	124	53.3	163	1.0	71	94.8

续表

城市\指标	创新产出竞争力 排名	得分	专利授权数 排名	得分	高新技术产业产值 排名	得分	高技术产品出口总额 排名	得分	高技术产品出口比重 排名	得分	全社会劳动生产率 排名	得分	注册商标数 排名	得分	单位工业产值污染排放量 排名	得分
乌兰察布	41	37.3	265	0.0	—	—	—	—	—	—	31	74.6	238	0.3	223	74.5
聊城	42	37.3	106	0.6	37	13.8	—	—	—	—	38	72.9	69	2.7	34	96.7
烟台	43	37.3	46	2.6	11	37.1	12	6.3	15	30.9	19	80.3	45	5.1	11	98.6
东莞	44	37.1	20	6.7	15	33.5	—	—	—	—	243	32.7	14	16.7	51	95.7
三门峡	45	37.0	239	0.1	—	—	—	—	—	—	91	58.7	234	0.4	149	89.0
岳阳	46	37.0	129	0.5	43	11.6	4	20.0	—	—	24	78.1	110	1.6	100	93.0
重庆	47	36.8	5	29.5	—	—	—	—	—	—	268	17.3	7	26.9	135	90.5
常州	48	36.7	22	6.1	19	28.7	23	2.5	29	16.6	1	100	39	6.5	33	96.7
青岛	49	36.7	14	10.5	9	41.0	21	3.1	39	9.5	16	81.2	24	12.5	9	98.8
榆林	50	36.5	97	0.7	—	—	—	—	—	—	13	82.5	154	1.0	241	61.7
锦州	51	36.4	146	0.4	—	—	—	—	—	—	116	54.7	197	0.6	141	89.9
巴彦淖尔	52	36.3	273	0.0	—	—	—	—	—	—	25	77.8	203	0.6	236	67.0
淄博	53	36.3	47	2.5	28	21.4	—	—	—	—	75	61.0	57	3.5	102	93.0
承德	54	36.2	216	0.1	—	—	—	—	—	—	95	58.2	183	0.7	173	85.8
唐山	55	36.2	78	1.0	86	3.0	—	—	—	—	5	90.0	81	2.2	182	84.6
玉溪	56	36.1	178	0.2	—	—	—	—	—	—	86	59.2	140	1.2	189	83.9
衡水	57	36.0	184	0.2	73	4.4	—	—	—	—	126	52.6	129	1.4	143	89.6
常德	58	35.9	134	0.4	—	—	—	—	—	—	8	86.2	147	1.1	158	87.5
南通	59	35.8	32	4.0	13	34.9	—	—	—	—	228	35.9	38	6.8	23	97.4
德州	60	35.8	108	0.6	34	15.6	—	—	—	—	66	63.0	74	2.5	28	97.1

续表

城市	创新产出竞争力		专利授权数		高新技术产业产值		高技术产品出口总额		高技术产品出口比重		全社会劳动生产率		注册商标数		单位工业产值污染排放量	
	排名	得分	排名	得分	排名	得分	排名	得分	排名	得分	排名	得分	排名	得分	排名	得分
南京	61	35.7	9	20.2	14	34.1	13	5.4	21	23.2	93	58.5	21	14.2	81	94.1
昆明	62	35.7	25	5.6	—	—	—	—	—	—	222	36.7	28	10.3	139	90.0
咸阳	63	35.6	207	0.2	—	—	—	—	—	—	139	49.8	115	1.5	128	91.1
白山	64	35.6	264	0.0	—	—	—	—	—	—	153	47.2	216	0.4	74	94.7
柳州	65	35.5	63	1.5	3	53.0	24	2.4	42	6.8	154	47.0	151	1.1	110	92.3
佛山	66	35.4	23	5.8	—	—	—	—	—	—	78	60.6	11	20.4	13	98.5
乌海	67	35.2	270	0.0	115	1.3	—	—	—	—	29	77.1	272	0.1	239	63.8
广安	68	35.2	158	0.3	27	22.4	6	15.6	4	61.4	11	83.8	146	1.1	144	89.5
惠州	69	35.2	53	2.1	—	—	—	—	—	—	180	42.7	50	4.6	25	97.3
邯郸	70	35.1	112	0.6	26	23.2	—	—	—	—	130	51.8	87	2.1	170	86.0
扬州	71	34.9	61	1.7	85	3.2	—	—	—	—	157	46.6	43	5.3	17	97.8
宣城	72	34.9	164	0.3	35	14.1	—	—	—	—	21	79.3	165	0.9	134	90.5
盐城	73	34.8	72	1.2	24	25.0	36	0.6	24	21.3	76	60.8	60	3.3	69	94.9
镇江	74	34.7	27	4.8	62	6.8	—	—	—	—	4	91.5	71	2.7	27	97.1
滁州	75	34.7	59	1.8	57	7.6	—	—	—	—	42	71.6	119	1.5	115	92.0
郴州	76	34.6	167	0.3	22	26.1	—	—	—	—	37	73.0	164	0.9	129	91.0
秦州	77	34.5	66	1.4	—	—	—	—	—	—	179	43.0	67	2.9	8	99.1
贺州	78	34.4	211	0.2	—	—	—	—	—	—	77	60.7	268	0.1	214	76.8
延安	79	34.4	111	0.6	—	—	—	—	—	—	170	44.7	220	0.4	116	91.8
庆阳	80	34.2	198	0.2	—	—	—	—	—	—	188	42.2	265	0.1	78	94.4

续表

城市	创新产出竞争力 排名	得分	专利授权数 排名	得分	高新技术产业产值 排名	得分	高技术产品出口总额 排名	得分	高技术产品出口比重 排名	得分	全社会劳动生产率 排名	得分	注册商标数 排名	得分	单位工业产值污染排放量 排名	得分
百色	81	34.2	245	0.1	—	—	—	—	—	—	100	57.6	255	0.2	204	78.9
漯河	82	34.2	219	0.1	—	—	—	—	—	—	219	36.7	155	1.0	10	98.8
自贡	83	34.2	87	0.8	89	2.8	—	—	—	—	44	70.9	184	0.7	55	95.6
合肥	84	33.9	19	7.7	17	30.1	18	4.0	12	39.6	138	49.8	34	8.3	19	97.7
菏泽	85	33.9	123	0.5	40	12.8	—	—	—	—	85	59.3	88	2.1	73	94.7
保定	86	33.8	62	1.6	—	—	—	—	—	—	218	36.9	42	5.9	133	90.7
临沂	87	33.7	67	1.4	36	13.8	—	—	—	—	136	50.9	37	7.7	67	95.0
杭州	88	33.7	7	21.4	20	27.9	16	4.5	31	12.4	176	43.5	5	33.2	97	93.1
南宁	89	33.6	44	2.7	116	1.3	28	1.3	5	56.0	172	44.5	51	4.5	109	92.4
龙岩	90	33.6	141	0.4	71	4.6	—	—	—	—	33	74.2	96	2.0	140	90.0
德阳	91	33.5	57	1.8	44	11.1	—	—	—	—	62	64.6	113	1.6	66	95.0
连云港	92	33.5	76	1.1	55	8.2	—	—	—	—	97	58.1	98	1.9	60	95.3
福州	93	33.4	26	5.1	—	—	—	—	—	—	166	45.1	25	12.0	37	96.6
周口	94	33.4	232	0.1	87	2.9	—	—	—	—	225	36.4	91	2.0	68	94.9
资阳	95	33.3	131	0.5	—	—	—	—	—	—	67	63.0	168	0.9	7	99.1
荆州	96	33.2	246	0.1	—	—	—	—	—	—	155	46.8	104	1.7	185	84.4
鞍山	97	33.2	64	1.5	72	4.6	—	—	—	—	122	53.5	124	1.4	215	76.4
铜陵	98	33.1	92	0.8	—	—	—	—	—	—	50	68.5	211	0.5	130	91.0
贵港	99	33.0	254	0.1	—	—	—	—	—	—	83	59.4	187	0.7	226	71.9
大连	100	33.0	24	5.7	—	—	25	1.8	38	9.6	6	89.7	40	6.5	181	84.7

续表

城市	创新产出竞争力 排名	得分	专利授权数 排名	得分	高新技术产业产值 排名	得分	高技术产品出口总额 排名	得分	高技术产品出口比重 排名	得分	全社会劳动生产率 排名	得分	注册商标数 排名	得分	单位工业产值污染排放量 排名	得分
开封	101	32.9	169	0.3	—	—	—	—	—	—	194	40.7	142	1.2	145	89.5
新余	102	32.9	216	0.1	98	1.9	—	—	—	—	7	87.3	246	0.3	221	74.6
泰安	103	32.8	98	0.7	48	10.5	—	—	—	—	113	55.1	84	2.1	57	95.5
阳江	104	32.7	263	0.1	128	0.6	—	—	—	—	49	68.7	139	1.3	96	93.1
宁德	105	32.7	159	0.3	127	0.7	—	—	—	—	73	61.8	72	2.5	14	98.3
邢台	106	32.7	179	0.2	—	—	—	—	—	—	141	49.7	59	3.4	211	77.3
蚌埠	107	32.5	274	0.0	67	5.4	—	—	—	—	81	59.8	167	0.9	42	96.3
白城	108	32.5	269	0.0	—	—	—	—	—	—	189	42.0	248	0.3	157	87.6
宜昌	109	32.4	156	0.3	47	10.5	26	1.5	3	78.1	163	45.5	122	1.4	147	89.1
宁波	110	32.3	16	9.6	16	31.0	20	3.3	45	6.2	72	61.8	13	17.8	38	96.5
兰州	111	32.3	41	2.8	134	0.3	—	—	—	—	211	38.5	95	2.0	172	85.9
南平	112	32.3	167	0.3	—	—	—	—	—	—	46	70.2	75	2.4	156	88.2
海口	113	32.2	79	1.0	—	—	—	—	—	—	255	28.0	61	3.2	35	96.6
铜仁	114	32.2	238	0.1	—	—	—	—	—	—	152	47.4	237	0.3	198	81.0
鄂州	115	32.1	181	0.2	—	—	—	—	—	—	186	42.2	251	0.2	176	85.5
酒泉	116	32.0	165	0.3	21	26.8	—	—	—	—	144	48.9	257	0.2	205	78.8
东营	117	32.0	91	0.8	53	8.9	—	—	—	—	—	—	136	1.3	6	99.2
济宁	118	31.9	85	0.9	88	2.9	—	—	—	—	92	58.6	70	2.7	152	88.5
日照	119	31.8	147	0.3	—	—	—	—	—	—	47	70.0	141	1.2	183	84.6
安阳	120	31.7	153	0.3	—	—	—	—	—	—	206	39.6	128	1.4	174	85.6

续表

指标 城市	创新产出竞争力		专利授权数		高新技术产业产值		高技术产品出口总额		高技术产品出口比重		全社会劳动生产率		注册商标数		单位工业产值污染排放量	
	排名	得分	排名	得分	排名	得分	排名	得分	排名	得分	排名	得分	排名	得分	排名	得分
益阳	121	31.7	169	0.3	79	4.2	—	—	—	—	56	66.0	127	1.4	166	86.7
潮州	122	31.7	175	0.3	139	0.2	—	—	—	—	88	59.1	46	4.9	84	94.0
黄山	123	31.7	125	0.5	123	0.8	—	—	—	—	79	60.3	186	0.7	45	96.2
遂宁	124	31.7	114	0.6	101	1.8	—	—	—	—	94	58.4	173	0.8	30	96.8
本溪	125	31.6	220	0.1	—	—	—	—	—	—	121	53.7	242	0.3	225	72.5
抚顺	126	31.6	166	0.3	—	—	—	—	—	—	104	56.7	202	0.6	229	68.6
商丘	127	31.5	227	0.1	—	—	—	—	—	—	250	31.0	89	2.0	98	93.0
商洛	128	31.3	113	0.6	—	—	—	—	—	—	209	39.0	247	0.3	175	85.5
盘锦	129	31.3	208	0.2	—	—	—	—	—	—	240	33.1	217	0.4	119	91.4
六盘水	130	31.2	143	0.4	—	—	—	—	—	—	64	64.4	229	0.4	245	59.8
黄冈	131	31.2	191	0.2	—	—	—	—	—	—	252	29.8	152	1.0	86	93.9
池州	132	31.2	110	0.6	107	1.5	—	—	—	—	57	65.8	177	0.8	162	87.4
朔州	133	31.0	259	0.1	—	—	—	—	—	—	90	58.7	253	0.2	237	65.0
安庆	134	31.0	69	1.3	90	2.7	—	—	—	—	118	54.1	90	2.0	70	94.8
宿迁	135	30.9	151	0.3	77	4.3	—	—	—	—	128	52.1	100	1.8	47	96.0
驻马店	136	30.9	234	0.1	—	—	—	—	—	—	254	29.2	137	1.3	104	92.9
湘潭	137	30.6	81	1.0	49	10.4	—	—	—	—	143	49.4	148	1.1	122	91.3
张家口	138	30.6	218	0.1	—	—	—	—	—	—	162	45.5	191	0.6	217	76.1
眉山	139	30.6	117	0.5	114	1.3	—	—	—	—	59	65.5	156	1.0	186	84.4
吴忠	140	30.5	154	0.3	—	—	—	—	—	—	123	53.5	249	0.3	231	67.9

续表

指标 城市	创新产出竞争力 排名	创新产出竞争力 得分	专利授权数 排名	专利授权数 得分	高新技术产业产值 排名	高新技术产业产值 得分	高技术产品出口总额 排名	高技术产品出口总额 得分	高技术产品出口比重 排名	高技术产品出口比重 得分	全社会劳动生产率 排名	全社会劳动生产率 得分	注册商标数 排名	注册商标数 得分	单位工业产值污染排放量 排名	单位工业产值污染排放量 得分
阜阳	141	30.4	29	4.4	111	1.4	—	—	—	—	140	49.7	92	2.0	75	94.6
衡阳	142	30.3	126	0.5	63	6.3	—	—	—	—	70	62.0	116	1.5	196	81.2
雅安	143	30.1	130	0.5	137	0.3	—	—	—	—	99	57.9	218	0.4	121	91.3
武威	144	30.0	157	0.3	—	—	—	—	—	—	202	40.0	259	0.2	200	79.5
荆门	145	30.0	140	0.4	—	—	44	0.3	11	39.6	167	45.0	198	0.6	82	94.0
十堰	146	30.0	258	0.1	—	—	—	—	—	—	258	23.3	178	0.8	52	95.7
鹰潭	147	30.0	260	0.1	105	1.6	—	—	—	—	127	52.3	221	0.4	58	95.4
石家庄	148	29.9	45	2.6	—	—	39	0.4	44	6.7	45	70.5	35	8.3	124	91.2
枣庄	149	29.9	137	0.4	81	3.9	—	—	—	—	115	54.8	121	1.5	150	88.7
泉州	150	29.7	54	1.9	66	5.9	19	3.5	17	25.9	129	51.8	9	24.8	79	94.4
渭南	151	29.7	88	0.8	—	—	—	—	—	—	208	39.1	145	1.1	207	77.8
天水	152	29.7	182	0.2	—	—	—	—	—	—	253	29.3	254	0.2	148	89.1
安顺	153	29.7	145	0.4	—	—	—	—	—	—	181	42.6	228	0.4	219	75.2
石嘴山	154	29.4	196	0.2	—	—	—	—	—	—	51	68.5	267	0.1	258	48.9
九江	155	29.3	211	0.2	65	6.1	—	—	—	—	131	51.6	103	1.7	165	87.1
呼伦贝尔	156	29.2	268	0.0	—	—	—	—	—	—	119	53.9	195	0.6	240	62.4
平顶山	157	29.2	139	0.4	—	—	—	—	—	—	214	37.6	150	1.1	208	77.7
鄂尔多斯	158	28.9	227	0.1	70	4.7	—	—	—	—	—	—	111	1.6	179	84.9
邵阳	159	28.9	235	0.1	61	7.0	—	—	—	—	161	45.6	93	2.0	113	92.0
绵阳	160	28.8	35	3.6	—	—	—	—	—	—	191	41.2	99	1.9	138	90.2

续表

指标 城市	创新产出竞争力		专利授权数		高新技术产业产值		高技术产品出口总额		高技术产品出口比重		全社会劳动生产率		注册商标数		单位工业产值污染排放量	
	排名	得分	排名	得分	排名	得分	排名	得分	排名	得分	排名	得分	排名	得分	排名	得分
吉安	161	28.7	231	0.1	68	5.2	—	—	—	—	178	43.3	132	1.3	90	93.7
永州	162	28.7	183	0.2	99	1.9	—	—	—	—	107	56.2	160	1.0	187	84.2
乐山	163	28.7	99	0.7	92	2.7	—	—	—	—	102	56.9	153	1.0	194	82.0
呼和浩特	164	28.6	84	0.9	—	—	—	—	—	—	—	—	65	3.0	195	82.0
襄阳	165	28.6	75	1.1	102	1.7	—	—	—	—	184	42.5	134	1.3	43	96.3
中山	166	28.6	49	2.3	31	17.5	17	4.5	23	21.8	160	45.6	27	10.8	22	97.5
威海	167	28.5	77	1.1	33	15.8	31	1.1	32	12.2	53	67.5	86	2.1	4	99.5
亳州	168	28.4	151	0.3	106	1.6	—	—	—	—	134	51.2	105	1.7	161	87.5
萍乡	169	28.4	226	0.1	82	3.8	—	—	—	—	105	56.6	222	0.4	197	81.1
上饶	170	28.3	240	0.1	80	4.1	—	—	—	—	171	44.7	94	2.0	132	90.8
清远	171	28.3	199	0.2	118	1.1	—	—	—	—	132	51.5	157	1.0	160	87.5
南充	172	28.2	107	0.6	113	1.4	—	—	—	—	200	40.1	123	1.4	20	97.6
温州	173	28.0	36	3.3	50	10.4	43	0.3	62	2.3	112	55.4	6	28.7	50	96.0
芜湖	174	28.0	119	0.5	30	18.1	45	0.2	47	6.0	40	71.9	83	2.1	31	96.8
宜春	175	27.9	171	0.3	69	4.9	—	—	—	—	173	44.2	97	1.9	153	88.4
铜川	176	27.8	74	1.1	—	—	—	—	—	—	244	32.7	264	0.1	212	77.3
泸州	177	27.7	94	0.7	130	0.5	—	—	—	—	169	44.7	120	1.5	123	91.2
广元	178	27.6	127	0.5	129	0.6	—	—	—	—	164	45.2	226	0.4	127	91.2
中卫	179	27.5	225	0.1	—	—	—	—	—	—	68	62.3	232	0.4	260	47.2
内江	180	27.4	131	0.5	95	2.5	—	—	—	—	135	51.0	192	0.6	193	82.5

续表

城市	创新产出竞争力 排名	创新产出竞争力 得分	专利授权数 排名	专利授权数 得分	高新技术产业产值 排名	高新技术产业产值 得分	高技术产品出口总额 排名	高技术产品出口总额 得分	高技术产品出口比重 排名	高技术产品出口比重 得分	全社会劳动生产率 排名	全社会劳动生产率 得分	注册商标数 排名	注册商标数 得分	单位工业产值污染排放量 排名	单位工业产值污染排放量 得分
汕尾	181	27.2	246	0.1	125	0.8	—	—	—	—	207	39.3	80	2.3	88	93.7
南阳	182	27.1	101	0.7	109	1.5	—	—	—	—	221	36.7	79	2.3	77	94.5
防城港	183	27.1	255	0.1	—	—	70	0.0	71	0.2	30	74.7	263	0.1	163	87.3
银川	184	27.0	73	1.1	—	—	—	—	—	—	264	21.5	107	1.7	190	83.7
三明	185	26.9	196	0.2	131	0.5	54	0.1	48	6.0	3	92.2	130	1.4	155	88.2
云浮	186	26.9	256	0.1	108	1.5	—	—	—	—	204	39.8	204	0.5	108	92.6
赣州	187	26.9	148	0.3	74	4.4	—	—	—	—	183	42.5	66	2.9	188	84.2
娄底	188	26.9	221	0.1	84	3.4	—	—	—	—	103	56.8	171	0.9	224	73.1
通化	189	26.6	195	0.2	64	6.3	—	—	—	—	168	44.7	149	1.1	199	80.9
葫芦岛	190	26.6	189	0.2	—	—	—	—	—	—	231	35.5	215	0.4	227	70.4
济南	191	26.6	17	9.0	39	12.9	51	0.1	59	2.6	84	59.4	29	10.1	114	92.0
怀化	192	26.5	243	0.1	124	0.8	—	—	—	—	69	62.1	161	1.0	230	68.6
包头	193	26.5	118	0.5	—	—	—	—	—	—	—	—	117	1.5	210	77.5
太原	194	26.4	34	3.7	117	1.3	22	2.7	6	55.8	248	31.3	58	3.5	167	86.6
昭通	195	26.4	186	0.2	—	—	—	—	—	—	212	37.8	230	0.4	235	67.0
嘉兴	196	26.1	50	2.3	32	17.2	32	0.8	53	4.9	111	55.6	30	10.0	117	91.7
淮北	197	26.0	95	0.7	94	2.6	—	—	—	—	195	40.7	224	0.4	177	85.5
淮安	198	25.9	80	1.0	51	9.6	40	0.3	19	24.5	151	47.8	78	2.4	54	95.7
丽江	199	25.9	103	0.6	—	—	—	—	—	—	246	32.3	214	0.5	228	70.1
景德镇	200	25.9	202	0.2	112	1.4	—	—	—	—	137	50.2	199	0.6	213	77.0

续表

指标 城市	创新产出竞争力 排名	得分	专利授权数 排名	得分	高新技术产业产值 排名	得分	高技术产品出口总额 排名	得分	高技术产品出口比重 排名	得分	全社会劳动生产率 排名	得分	注册商标数 排名	得分	单位工业产值污染排放量 排名	得分
抚州	201	25.7	194	0.2	103	1.6	—	—	—	—	233	34.6	158	1.0	126	91.2
厦门	202	25.7	31	4.2	42	11.7	10	7.8	26	19.9	251	30.4	19	15.2	136	90.4
达州	203	25.5	121	0.5	126	0.7	—	—	—	—	142	49.6	179	0.8	216	76.2
台州	204	25.2	40	2.8	54	8.6	27	1.4	37	9.9	174	44.0	18	15.2	72	94.8
珠海	205	25.2	38	3.1	41	12.7	15	4.7	22	22.3	242	33.0	52	4.4	46	96.1
莱芜	206	25.1	116	0.5	100	1.8	—	—	—	—	156	46.8	225	0.4	218	76.0
丽水	207	25.1	122	0.5	96	2.4	57	0.1	55	3.2	23	78.1	63	3.1	154	88.3
金华	208	25.0	42	2.7	56	8.1	34	0.7	64	2.0	165	45.2	10	22.0	80	94.1
马鞍山	209	25.0	60	1.7	76	4.4	56	0.1	46	6.2	28	77.2	180	0.8	184	84.4
西宁	210	24.7	93	0.7	119	1.1	—	—	—	—	192	41.2	143	1.2	201	79.2
韶关	211	24.6	175	0.3	121	1.0	—	—	—	—	187	42.2	176	0.8	206	78.6
丹东	212	24.6	149	0.3	—	—	—	—	—	—	148	48.2	190	0.6	257	49.1
定西	213	24.5	206	0.2	—	—	—	—	—	—	261	22.4	258	0.2	220	75.1
信阳	214	24.3	224	0.1	—	—	60	0.0	34	11.8	224	36.5	118	1.5	48	96.0
嘉峪关	215	24.3	203	0.2	—	—	—	—	—	—	245	32.3	274	0.0	238	64.6
贵阳	216	24.3	33	3.7	—	—	33	0.7	33	12.0	238	33.8	55	4.0	120	91.3
焦作	217	24.2	100	0.7	—	—	62	0.0	61	2.5	147	48.3	135	1.3	107	92.6
茂名	218	24.1	189	0.2	138	0.3	61	0.0	54	4.1	48	69.6	108	1.7	106	92.7
南昌	219	24.1	55	1.9	59	7.2	29	1.2	27	18.6	205	39.6	47	4.9	65	95.0
河源	220	24.0	252	0.1	135	0.3	35	0.7	14	33.1	220	36.7	170	0.9	44	96.2

续表

城市 \ 指标	创新产出竞争力		专利授权数		高新技术产业产值		高技术产品出口总额		高技术产品出口比重		全社会劳动生产率		注册商标数		单位工业产值污染排放量	
	排名	得分	排名	得分	排名	得分	排名	得分	排名	得分	排名	得分	排名	得分	排名	得分
肇庆	221	24.0	136	0.4	58	7.5	47	0.2	51	5.3	87	59.1	102	1.7	91	93.5
湖州	222	24.0	37	3.2	45	10.8	46	0.2	57	3.1	125	53.0	54	4.0	93	93.4
铁岭	223	23.9	214	0.2	—	—	—	—	—	—	216	37.2	193	0.6	249	57.8
攀枝花	224	23.9	68	1.4	110	1.4	—	—	—	—	215	37.3	250	0.2	202	79.1
黄石	225	23.8	173	0.3	78	4.3	38	0.4	16	30.0	146	48.4	206	0.5	192	82.8
张掖	226	23.8	135	0.4	136	0.3	—	—	—	—	234	34.4	262	0.1	243	60.2
揭阳	227	23.7	201	0.2	46	10.8	63	0.0	67	0.5	98	58.0	31	9.5	24	97.4
滨州	228	23.7	96	0.7	93	2.6	50	0.1	50	5.4	101	57.4	112	1.6	142	89.7
漳州	229	23.7	120	0.5	104	1.6	42	0.3	49	5.6	61	64.9	53	4.3	159	87.5
宜宾	230	23.6	86	0.9	—	—	—	—	—	—	120	53.7	144	1.2	242	60.8
乌鲁木齐	231	23.6	52	2.1	141	0.1	55	0.1	63	2.3	158	46.3	48	4.7	171	85.9
巴中	232	23.5	188	0.2	—	—	—	—	—	—	266	17.7	231	0.4	5	99.4
白银	233	23.3	128	0.5	—	—	—	—	—	—	217	37.0	256	0.2	251	55.7
汕头	234	23.2	83	0.9	119	1.1	41	0.3	43	6.8	182	42.6	15	16.5	76	94.5
绍兴	235	23.2	42	2.7	38	13.7	36	0.6	58	2.8	203	39.9	32	9.5	101	93.0
江门	236	23.1	71	1.2	60	7.0	30	1.1	36	10.1	145	48.6	49	4.6	146	89.4
孝感	237	23.1	215	0.2	—	—	48	0.2	20	24.3	265	20.0	138	1.3	103	92.9
濮阳	238	23.1	172	0.3	—	—	64	0.0	56	3.2	199	40.3	172	0.8	83	94.0
株洲	239	22.9	56	1.9	52	9.2	—	—	—	—	60	65.0	106	1.7	264	36.6
朝阳	240	22.8	229	0.1	—	—	—	—	—	—	201	40.1	235	0.4	256	50.6

续表

城市\指标	创新产出竞争力 排名	得分	专利授权数 排名	得分	高新技术产业产值 排名	得分	高技术产品出口总额 排名	得分	高技术产品出口比重 排名	得分	全社会劳动生产率 排名	得分	注册商标数 排名	得分	单位工业产值污染排放量 排名	得分
晋城	241	22.8	209	0.2	—	—	52	0.1	9	49.7	237	33.9	213	0.5	255	52.4
大同	242	22.6	177	0.2	—	—	—	—	—	—	249	31.3	209	0.5	247	58.3
湛江	243	22.4	144	0.4	91	2.7	67	0.0	68	0.4	80	60.0	77	2.4	131	90.9
新乡	244	22.2	90	0.8	—	—	59	0.0	40	6.9	232	35.2	85	2.1	151	88.5
陇南	245	22.2	248	0.1	—	—	—	—	—	—	263	21.5	261	0.1	234	67.1
鹤壁	246	21.8	236	0.1	—	—	68	0.0	60	2.5	213	37.6	233	0.4	137	90.3
衢州	247	21.8	102	0.7	83	3.4	49	0.2	41	6.9	41	71.9	82	2.2	232	67.5
毕节	248	21.5	266	0.0	—	—	—	—	—	—	89	59.0	201	0.6	267	26.5
来宾	249	21.4	250	0.1	122	0.9	—	—	—	—	133	51.3	269	0.1	265	34.2
宿州	250	21.3	104	0.6	97	1.9	—	—	—	—	267	17.6	166	0.9	169	86.3
六安	251	20.8	104	0.6	133	0.4	65	0.0	66	0.5	269	8.1	125	1.4	112	92.0
莆田	252	20.6	163	0.3	—	—	—	—	—	—	190	41.4	56	3.7	18	97.8
普洱	253	20.4	253	0.1	—	—	—	—	—	—	223	36.5	194	0.6	261	44.3
金昌	254	19.7	160	0.3	—	—	—	—	—	—	259	23.3	273	0.0	252	55.3
晋中	255	19.4	200	0.2	140	0.2	—	—	—	—	227	35.9	175	0.8	244	59.9
保山	256	19.2	124	0.5	—	—	—	—	—	—	230	35.7	210	0.5	263	40.2
张家界	257	19.2	257	0.1	143	0.0	—	—	—	—	54	66.9	241	0.3	266	28.7

续表

指标 / 城市	创新产出竞争力 排名	得分	专利授权数 排名	得分	高新技术产业产值 排名	得分	高技术产品出口总额 排名	得分	高技术产品出口比重 排名	得分	全社会劳动生产率 排名	得分	注册商标数 排名	得分	单位工业产值污染排放量 排名	得分
舟山	258	18.6	89	0.8	75	4.4	58	0.0	65	1.1	256	27.7	208	0.5	49	96.0
淮南	259	18.4	174	0.3	132	0.4	—	—	—	—	241	33.1	200	0.6	248	57.8
长治	260	18.3	155	0.3	—	—	69	0.0	25	20.5	236	34.0	196	0.6	253	54.2
临汾	261	17.9	193	0.2	—	—	72	0.0	69	0.3	210	38.6	189	0.7	233	67.5
秦皇岛	262	17.6	82	1.0	142	0.0	—	—	—	—	149	48.1	131	1.3	269	20.2
梅州	263	17.5	210	0.2	—	—	53	0.1	52	5.3	196	40.6	101	1.7	222	74.6
吕梁	264	16.6	249	0.1	—	—	66	0.0	35	10.4	247	31.9	174	0.8	250	56.5
运城	265	15.9	161	0.3	—	—	71	0.0	70	0.2	198	40.5	133	1.3	254	52.8
忻州	266	15.6	233	0.1	—	—	73	0.0	—	—	239	33.7	245	0.3	262	44.2
汉中	267	15.0	115	0.6	—	—	—	—	—	—	175	43.9	207	0.5	—	—
阜新	268	15.0	204	0.2	—	—	—	—	—	—	235	34.3	244	0.3	268	25.3
曲靖	269	14.8	230	0.1	—	—	—	—	—	—	270	0.0	169	0.9	246	58.3
临沧	270	13.1	272	0.0	—	—	—	—	—	—	185	42.3	227	0.4	271	9.8
固原	271	12.8	261	0.1	—	—	—	—	—	—	197	40.5	270	0.1	270	10.6
阳泉	272	12.4	251	0.1	—	—	74	0.0	72	0.0	257	25.5	260	0.1	259	48.4
河池	273	10.3	237	0.1	—	—	—	—	—	—	193	40.8	243	0.3	273	0.0
平凉	274	6.3	213	0.2	—	—	—	—	—	—	262	22.3	266	0.1	272	2.6

附表 7　中国城市创新可持续发展竞争力及三级得分和排名

指标／城市	创新可持续发展竞争力		公共教育支出总额		公共教育支出占GDP比重		人均公共教育支出额		R&D人员增长率		R&D经费增长率		城镇居民人均可支配收入	
	排名	得分	排名	得分	排名	得分	排名	得分	排名	得分	排名	得分	排名	得分
北京	1	54.9	1	100	95	5.5	3	76.5	96	27.9	137	19.5	2	99.7
上海	2	50.5	2	89.6	143	4.3	4	62.7	104	27.4	144	19.0	1	100
深圳	3	42.1	5	33.4	257	1.5	1	100	158	21.1	84	21.1	12	75.5
曲靖	4	37.5	58	9.8	1	100	144	9.9	7	52.9	24	28.6	121	24.0
宁波	5	36.3	11	22.0	202	2.9	13	35.3	—	—	130	19.7	5	85.0
天津	6	36.0	4	59.1	144	4.3	5	57.7	70	30.4	73	21.5	40	44.6
东莞	7	35.6	22	14.9	228	2.4	2	81.2	55	32.1	48	23.2	22	61.3
重庆	8	34.7	3	62.5	—	—	—	—	86	28.7	147	18.9	118	24.4
苏州	9	33.8	8	26.6	260	1.4	10	38.0	126	25.3	125	19.7	3	92.4
杭州	10	33.5	10	25.8	215	2.6	14	33.1	—	—	91	20.8	4	86.4
广州	11	32.8	6	33.3	261	1.4	11	36.7	145	23.2	145	19.0	7	81.7
厦门	12	32.1	43	11.5	154	4.0	6	56.1	1	100	19	33.3	17	69.6
防城港	13	29.5	269	1.2	214	2.7	113	11.5	144	23.3	119	19.9	88	28.0
南京	14	28.9	13	20.5	248	1.9	16	28.3	—	—	—	—	8	79.9
绍兴	15	28.7	51	10.6	226	2.4	36	20.1	98	27.8	142	19.2	6	81.7
青岛	16	28.7	7	27.1	192	3.2	15	31.8	69	30.5	98	20.6	19	63.0
珠海	17	28.6	142	5.8	186	3.4	7	54.5	—	—	—	—	26	57.0
温州	18	27.9	17	16.9	130	4.5	53	16.3	—	—	—	—	13	73.8
舟山	19	27.5	235	2.7	199	3.0	19	28.0	—	—	—	—	11	76.2
嘉兴	20	27.2	56	10.0	191	3.2	24	25.8	—	—	146	18.9	9	78.1

续表

城市	创新可持续发展竞争力 排名	得分	公共教育支出总额 排名	得分	公共教育支出占GDP比重 排名	得分	人均公共教育支出额 排名	得分	R&D人员增长率 排名	得分	R&D经费增长率 排名	得分	城镇居民人均可支配收入 排名	得分
无锡	21	27.1	26	14.4	264	1.2	22	27.0	139	24.2	153	18.5	10	77.0
金华	22	26.8	44	11.5	149	4.1	35	20.2	—	—	—	—	15	71.3
铜仁	23	26.4	83	8.0	7	16.4	78	14.0	204	9.5	1	100	239	10.4
佛山	24	26.2	24	14.6	258	1.4	12	35.8	122	25.6	150	18.6	23	61.2
中山	25	25.4	105	7.1	222	2.5	8	46.0	136	24.6	156	18.4	31	53.9
长沙	26	25.2	19	16.5	254	1.6	34	20.3	62	31.3	123	19.8	20	61.8
台州	27	25.1	49	11.2	178	3.7	79	14.0	—	—	—	—	14	71.5
常州	28	24.3	69	8.9	263	1.2	33	20.5	123	25.5	124	19.7	16	69.9
西安	29	24.2	33	13.5	231	2.3	116	11.4	4	57.9	152	18.6	48	41.9
湖州	30	24.1	139	5.8	189	3.3	42	19.0	—	—	—	—	18	68.5
镇江	31	24.1	104	7.1	247	1.9	26	23.6	41	34.5	128	19.7	25	58.0
玉林	32	24.1	82	8.1	49	8.1	218	5.7	5	56.5	11	37.1	80	29.2
济南	33	24.0	35	13.2	240	2.0	48	16.8	68	30.5	121	19.8	21	61.6
鄂尔多斯	34	23.7	131	6.0	271	0.8	9	38.3	114	26.1	175	16.5	28	54.4
包头	35	23.6	150	5.5	270	0.9	29	21.8	64	31.1	29	26.2	27	56.3
威海	36	23.4	90	7.7	209	2.8	18	28.2	95	28.0	55	22.7	34	51.2
南通	37	23.2	14	18.9	182	3.5	32	20.6	129	25.2	115	20.0	35	51.0
成都	38	23.1	9	26.4	224	2.4	49	16.8	89	28.6	67	21.8	46	42.8
东营	39	22.8	152	5.4	267	1.1	23	26.5	103	27.5	160	18.1	24	58.2
昆明	40	22.8	53	10.5	208	2.9	72	14.2	25	40.1	35	24.9	44	44.2

续表

城市 \ 指标	创新可持续发展竞争力		公共教育支出总额		公共教育支出占GDP比重		人均公共教育支出额		R&D人员增长率		R&D经费增长率		城镇居民人均可支配收入	
	排名	得分	排名	得分	排名	得分	排名	得分	排名	得分	排名	得分	排名	得分
廊坊	41	22.8	80	8.3	181	3.6	87	13.5	14	44.9	25	28.2	54	38.2
呼和浩特	42	22.2	154	5.4	259	1.4	39	19.5	92	28.2	36	24.6	29	54.2
武汉	43	22.1	12	21.2	255	1.6	30	21.6	175	16.3	103	20.3	33	51.5
保山	44	21.8	211	3.4	30	9.8	158	8.9	3	58.8	21	30.1	160	19.8
丽江	45	21.7	247	2.0	12	12.3	63	15.1	40	34.6	5	45.6	154	20.2
福州	46	20.8	21	15.4	200	3.0	43	18.5	—	—	120	19.9	39	47.2
泉州	47	20.6	29	14.0	235	2.2	67	14.7	—	—	157	18.2	30	53.9
宜昌	48	20.4	107	7.0	246	1.9	90	13.1	20	41.1	17	34.9	116	24.6
钦州	49	20.3	178	4.5	66	6.9	214	5.9	2	79.8	252	0.3	115	24.6
淄博	50	20.3	61	9.5	230	2.3	44	18.3	108	27.0	89	20.9	45	43.7
萍乡	51	20.2	233	2.7	157	4.0	143	9.9	34	36.0	8	41.1	93	27.7
烟台	52	20.2	30	14.0	241	2.0	47	17.0	152	22.2	182	16.1	36	49.9
郑州	53	20.1	18	16.9	234	2.2	54	16.3	80	29.6	118	19.9	59	35.5
赤峰	54	20.0	70	8.9	74	6.6	65	14.8	13	45.1	30	26.2	175	18.4
沧州	55	19.9	42	11.7	140	4.4	147	9.8	12	47.3	37	24.4	144	21.8
潍坊	56	19.9	15	18.3	142	4.3	56	15.9	131	24.9	108	20.2	58	35.7
乌海	57	19.7	272	1.0	238	2.2	17	28.2	49	33.2	231	9.1	43	44.2
秦州	58	19.6	91	7.7	244	2.0	141	10.1	56	32.0	85	21.0	41	44.6
惠州	59	19.5	50	10.7	145	4.2	20	27.4	149	22.7	136	19.5	65	32.7
沈阳	60	19.5	40	12.2	265	1.2	111	11.7	124	25.4	197	14.5	32	52.1

续表

城市\指标	创新可持续发展竞争力 排名	得分	公共教育支出总额 排名	得分	公共教育支出占GDP比重 排名	得分	人均公共教育支出额 排名	得分	R&D人员增长率 排名	得分	R&D经费增长率 排名	得分	城镇居民人均可支配收入 排名	得分
马鞍山	61	19.5	214	3.4	203	2.9	123	10.9	53	32.3	139	19.4	38	48.0
张掖	62	19.5	253	1.9	40	8.6	100	12.3	10	50.6	7	41.2	271	2.2
盐城	63	19.4	25	14.5	146	4.2	97	12.5	33	36.4	74	21.5	96	27.3
六盘水	64	19.4	149	5.5	78	6.4	102	12.0	21	40.8	10	38.5	221	13.0
合肥	65	19.2	32	13.6	225	2.4	73	14.2	107	27.0	138	19.5	52	38.4
扬州	66	19.0	78	8.4	232	2.3	82	13.8	93	28.1	104	20.3	49	41.2
大连	67	19.0	39	12.4	268	1.1	51	16.6	164	19.0	192	14.9	37	49.9
玉溪	68	18.9	192	3.9	152	4.1	66	14.7	29	38.2	77	21.3	70	31.5
乌鲁木齐	69	18.9	86	7.8	185	3.4	21	27.1	—	—	—	—	56	37.3
百色	70	18.8	115	6.6	27	10.2	114	11.4	215	2.1	2	65.0	182	17.7
益阳	71	18.8	169	4.8	123	4.7	249	4.3	8	52.1	15	36.2	238	10.7
乌兰察布	72	18.8	196	3.8	87	6.0	148	9.7	17	42.1	18	34.2	192	16.7
安康	73	18.6	137	5.9	15	11.8	60	15.5	—	—	6	44.7	201	14.9
临沧	74	18.5	199	3.8	14	12.0	101	12.2	6	54.3	64	22.1	256	6.8
唐山	75	18.1	28	14.0	233	2.2	83	13.8	110	26.8	187	15.7	57	36.3
临沂	76	18.1	23	14.6	113	4.9	195	7.2	63	31.2	58	22.3	84	28.5
丽水	77	18.1	144	5.7	55	7.5	45	18.1	—	—	—	—	50	41.0
柳州	78	18.0	97	7.4	158	4.0	61	15.4	52	32.7	126	19.7	82	28.8
张家界	79	18.0	256	1.9	70	6.8	191	7.5	9	51.1	9	38.8	272	1.6
石家庄	80	17.9	20	15.6	194	3.2	149	9.7	75	29.8	60	22.2	97	27.2

续表

城市＼指标	创新可持续发展竞争力 排名	得分	公共教育支出总额 排名	得分	公共教育支出占GDP比重 排名	得分	人均公共教育支出额 排名	得分	R&D人员增长率 排名	得分	R&D经费增长率 排名	得分	城镇居民人均可支配收入 排名	得分
长春	81	17.9	41	12.1	239	2.1	124	10.9	59	31.6	90	20.9	77	29.9
邵阳	82	17.7	77	8.5	38	8.9	250	4.3	15	42.8	16	35.2	259	6.3
徐州	83	17.5	16	17.5	166	3.9	108	11.8	72	30.2	101	20.5	147	21.5
兰州	84	17.5	96	7.5	131	4.5	38	19.8	77	29.6	133	19.5	122	24.0
武威	85	17.5	232	2.7	22	10.9	122	11.0	24	40.2	20	31.8	248	8.2
北海	86	17.4	240	2.5	179	3.7	120	11.2	16	42.2	143	19.2	107	25.9
淮安	87	17.4	71	8.8	164	3.9	132	10.6	58	32.0	62	22.2	101	27.0
江门	88	17.4	106	7.1	165	3.9	81	13.9	38	35.2	106	20.3	120	24.1
郴州	89	17.4	100	7.2	125	4.6	170	8.5	28	38.3	28	26.2	163	19.4
铜陵	90	17.4	268	1.4	253	1.6	37	20.0	117	25.9	164	17.5	55	37.7
桂林	91	17.3	98	7.3	117	4.9	168	8.6	42	34.3	122	19.8	81	28.9
衡阳	92	17.2	76	8.5	159	4.0	243	4.7	22	40.6	47	23.4	135	22.3
来宾	93	17.2	227	3.0	43	8.3	206	6.4	11	49.7	216	11.8	124	24.0
济宁	94	17.2	36	13.0	170	3.8	152	9.5	105	27.4	51	23.0	104	26.4
株洲	95	17.1	174	4.6	251	1.9	211	6.1	148	22.9	54	22.7	42	44.2
哈尔滨	96	17.0	27	14.2	220	2.5	155	9.3	147	22.9	166	17.3	60	35.4
延安	97	16.9	139	5.8	64	6.9	28	22.2	—	—	76	21.3	86	28.4
洛阳	98	16.9	59	9.6	196	3.1	186	7.7	66	31.0	83	21.1	83	28.7
滨州	99	16.9	119	6.4	197	3.1	104	11.9	45	33.8	158	18.2	91	27.8
吉安	100	16.8	74	8.6	34	9.5	117	11.3	115	26.1	71	21.5	123	24.0

续表

城市	创新可持续发展竞争力 排名	创新可持续发展竞争力 得分	公共教育支出总额 排名	公共教育支出总额 得分	公共教育支出占GDP比重 排名	公共教育支出占GDP比重 得分	人均公共教育支出额 排名	人均公共教育支出额 得分	R&D人员增长率 排名	R&D人员增长率 得分	R&D经费增长率 排名	R&D经费增长率 得分	城镇居民人均可支配收入 排名	城镇居民人均可支配收入 得分
遵义	101	16.6	38	12.6	44	8.3	128	10.7	185	13.9	14	36.3	181	17.9
毕节	102	16.6	37	12.7	11	13.1	169	8.5	218	0.1	4	52.9	224	12.4
赣州	103	16.6	34	13.4	29	9.9	174	8.4	160	20.1	22	30.0	180	17.9
邯郸	104	16.6	45	11.4	132	4.5	240	4.8	30	37.7	39	24.2	191	16.8
衢州	105	16.5	176	4.5	96	5.5	77	14.0	—	—	—	—	47	42.0
芜湖	106	16.5	120	6.4	205	2.9	103	12.0	125	25.4	102	20.4	68	31.9
攀枝花	107	16.3	237	2.6	173	3.8	27	23.3	176	15.9	151	18.6	63	33.6
内江	108	16.1	189	4.2	122	4.7	244	4.6	47	33.4	23	29.4	156	20.2
昭通	109	16.0	89	7.7	6	17.3	190	7.5	170	18.0	12	37.1	247	8.4
蚌埠	110	16.0	163	4.9	99	5.4	178	8.2	44	33.9	70	21.6	142	21.9
连云港	111	15.7	79	8.3	111	5.0	129	10.7	85	28.8	69	21.6	158	20.0
宿迁	112	15.7	65	9.2	90	5.8	131	10.7	32	36.6	59	22.3	242	9.7
嘉峪关	113	15.7	274	0.0	243	2.0	59	15.6	106	27.2	193	14.9	61	34.7
莆田	114	15.7	141	5.8	129	4.5	96	12.5	—	—	34	25.3	73	30.4
莱芜	115	15.7	259	1.8	169	3.9	109	11.8	109	26.9	176	16.5	64	33.2
达州	116	15.6	87	7.8	42	8.3	219	5.6	216	2.0	3	55.4	204	14.6
吕梁	117	15.5	116	6.6	25	10.4	95	12.6	—	—	13	36.4	230	11.7
信阳	118	15.5	66	9.2	71	6.8	252	4.2	19	41.7	86	20.9	240	10.3
九江	119	15.4	64	9.2	73	6.7	89	13.2	196	10.8	27	27.0	110	25.6
宿州	120	15.4	126	6.2	59	7.1	259	3.5	26	38.8	53	22.9	210	13.8

续表

指标 城市	创新可持续发展竞争力 排名	得分	公共教育支出总额 排名	得分	公共教育支出占GDP比重 排名	得分	人均公共教育支出额 排名	得分	R&D人员增长率 排名	得分	R&D经费增长率 排名	得分	城镇居民人均可支配收入 排名	得分
泰安	121	15.4	101	7.2	229	2.3	192	7.4	102	27.5	92	20.8	99	27.1
宣城	122	15.4	195	3.8	94	5.6	154	9.3	132	24.8	110	20.2	85	28.5
龙岩	123	15.3	130	6.0	136	4.5	57	15.7	—	—	52	23.0	95	27.3
日照	124	15.3	182	4.4	198	3.1	134	10.4	67	30.7	68	21.7	148	21.4
呼伦贝尔	125	15.2	157	5.2	148	4.1	52	16.5	35	35.8	242	6.6	129	23.3
咸阳	126	15.2	102	7.2	147	4.1	173	8.4	—	—	31	25.5	72	30.9
庆阳	127	15.2	183	4.4	20	11.3	99	12.4	78	29.6	107	20.2	220	13.2
六安	128	15.2	88	7.8	16	11.6	234	5.0	46	33.5	45	23.5	241	9.8
绵阳	129	15.1	138	5.9	139	4.4	230	5.1	74	29.9	82	21.2	119	24.2
抚州	130	15.1	126	6.2	47	8.1	130	10.7	127	25.3	61	22.2	178	18.1
金昌	131	15.0	273	0.4	135	4.5	93	12.8	179	15.4	32	25.4	69	31.6
新余	132	15.0	252	1.9	227	2.4	88	13.4	153	22.1	159	18.1	67	32.1
永州	133	15.0	111	6.9	69	6.8	231	5.1	23	40.5	72	21.5	243	8.9
泸州	134	14.9	114	6.7	61	7.0	180	8.0	134	24.8	112	20.1	133	22.7
鹤壁	135	14.9	261	1.7	190	3.2	207	6.4	18	41.9	131	19.7	193	16.5
清远	136	14.8	132	6.0	75	6.6	153	9.4	27	38.4	172	16.9	229	11.7
通辽	137	14.6	136	5.9	167	3.9	70	14.4	37	35.4	230	9.3	168	18.9
肇庆	138	14.6	129	6.1	176	3.8	161	8.8	43	33.9	94	20.8	208	14.2
固原	139	14.5	225	3.0	2	24.2	46	17.9	—	—	87	20.9	258	6.5
三门峡	140	14.5	201	3.7	175	3.8	98	12.5	36	35.4	169	17.2	207	14.4

续表

城市\指标	创新可持续发展竞争力 排名	得分	公共教育支出总额 排名	得分	公共教育支出占GDP比重 排名	得分	人均公共教育支出额 排名	得分	R&D人员增长率 排名	得分	R&D经费增长率 排名	得分	城镇居民人均可支配收入 排名	得分
盘锦	141	14.4	258	1.8	262	1.3	110	11.7	141	24.0	236	8.1	51	39.8
南阳	142	14.4	46	11.3	109	5.1	261	3.3	88	28.6	113	20.0	177	18.3
大同	143	14.4	125	6.2	39	8.6	58	15.7	—	—	38	24.3	186	17.2
保定	144	14.4	31	13.9	81	6.2	221	5.6	116	26.0	96	20.7	209	13.9
秦皇岛	145	14.4	175	4.6	115	4.9	121	11.1	157	21.2	170	17.2	98	27.1
阜阳	146	14.3	63	9.3	21	10.9	267	2.6	112	26.4	50	23.1	217	13.5
宝鸡	147	14.3	123	6.3	133	4.5	107	11.8	—	—	162	17.8	71	31.0
新乡	148	14.2	99	7.3	121	4.8	216	5.8	76	29.8	154	18.5	169	18.9
黄石	149	14.1	215	3.3	188	3.3	187	7.7	135	24.6	99	20.6	111	25.3
宜春	150	14.1	72	8.8	52	7.7	151	9.6	159	20.1	135	19.5	167	19.0
驻马店	151	14.1	73	8.6	76	6.5	262	3.0	51	32.9	57	22.4	237	10.8
汕头	152	14.0	81	8.2	86	6.0	145	9.9	101	27.6	129	19.7	222	12.8
普洱	153	14.0	204	3.6	17	11.3	135	10.4	130	25.0	66	21.8	232	11.5
贵港	154	13.9	147	5.6	32	9.7	247	4.4	82	29.4	174	16.5	184	17.5
枣庄	155	13.8	160	5.0	211	2.7	197	7.1	97	27.9	127	19.7	155	20.2
海口	156	13.7	207	3.5	161	3.9	40	19.3	—	—	—	—	87	28.3
湛江	157	13.7	47	11.3	82	6.2	179	8.2	99	27.6	173	16.8	223	12.4
梧州	158	13.7	173	4.6	85	6.1	164	8.7	50	33.1	232	8.9	153	20.5
通化	159	13.6	203	3.7	110	5.1	92	13.0	178	15.7	178	16.4	89	27.9
茂名	160	13.6	57	10.0	102	5.3	199	7.1	61	31.4	100	20.5	254	7.3

续表

指标城市	创新可持续发展竞争力 排名	创新可持续发展竞争力 得分	公共教育支出总额 排名	公共教育支出总额 得分	公共教育支出占GDP比重 排名	公共教育支出占GDP比重 得分	人均公共教育支出额 排名	人均公共教育支出额 得分	R&D人员增长率 排名	R&D人员增长率 得分	R&D经费增长率 排名	R&D经费增长率 得分	城镇居民人均可支配收入 排名	城镇居民人均可支配收入 得分
吉林	161	13.6	124	6.2	206	2.9	150	9.6	162	19.8	205	13.6	78	29.6
承德	162	13.5	122	6.3	77	6.5	106	11.9	65	31.0	202	13.8	231	11.7
商洛	163	13.4	180	4.5	18	11.3	74	14.2	—	—	43	23.7	214	13.5
汕尾	164	13.4	188	4.2	46	8.2	202	6.8	31	36.7	134	19.5	265	5.0
银川	165	13.4	221	3.1	236	2.2	76	14.0	—	—	109	20.2	94	27.5
滁州	166	13.4	156	5.2	97	5.5	208	6.3	87	28.6	141	19.2	198	15.4
亳州	167	13.3	168	4.8	53	7.5	271	1.5	60	31.6	63	22.1	225	12.4
四平	168	13.3	187	4.3	126	4.6	176	8.3	154	21.6	207	13.4	92	27.8
陇南	169	13.3	208	3.5	4	19.0	185	7.7	39	35.1	196	14.5	274	0.0
漳州	170	13.3	109	6.9	213	2.7	166	8.6	—	—	75	21.3	102	27.0
韶关	171	13.3	161	5.0	84	6.1	133	10.6	90	28.4	180	16.2	216	13.5
渭南	172	13.2	95	7.5	57	7.3	177	8.2	168	18.3	148	18.9	165	19.3
南平	173	13.2	170	4.7	124	4.6	139	10.2	—	—	33	25.4	150	21.2
周口	174	13.2	52	10.5	63	7.0	269	2.0	73	30.1	46	23.5	261	6.2
黄山	175	13.2	267	1.4	150	4.1	210	6.3	120	25.7	105	20.3	146	21.5
三明	176	13.2	151	5.4	160	4.0	62	15.3	—	—	177	16.4	114	24.9
漯河	177	13.1	234	2.7	183	3.5	227	5.2	118	25.9	41	24.1	188	17.2
鹰潭	178	13.0	263	1.7	174	3.8	126	10.8	156	21.3	171	17.0	127	23.6
酒泉	179	13.0	249	2.0	93	5.7	50	16.8	192	12.1	188	15.6	105	26.1
安庆	180	13.0	108	7.0	68	6.9	223	5.5	150	22.7	88	20.9	202	14.8

续表

城市	创新可持续发展竞争力		公共教育支出总额		公共教育支出占GDP比重		人均公共教育支出额		R&D人员增长率		R&D经费增长率		城镇居民人均可支配收入	
	排名	得分	排名	得分	排名	得分	排名	得分	排名	得分	排名	得分	排名	得分
南宁	181	12.9	55	10.4	180	3.6	165	8.7	201	10.1	191	15.0	75	29.9
焦作	182	12.9	198	3.8	245	2.0	235	5.0	100	27.6	97	20.6	171	18.6
商丘	183	12.9	85	7.9	89	5.9	270	1.8	91	28.2	117	20.0	213	13.7
岳阳	184	12.9	143	5.8	249	1.9	245	4.5	111	26.7	116	20.0	174	18.5
白城	185	12.8	226	3.0	79	6.3	112	11.6	128	25.2	237	8.0	132	22.8
安顺	186	12.8	179	4.5	19	11.3	125	10.9	143	23.8	198	14.5	227	11.8
邢台	187	12.8	75	8.5	72	6.7	232	5.1	142	23.8	44	23.7	244	8.8
德阳	188	12.7	194	3.9	212	2.7	246	4.5	121	25.6	185	15.8	125	23.9
宁德	189	12.7	148	5.5	114	4.9	115	11.4	—	—	93	20.8	152	20.9
许昌	190	12.7	134	5.9	195	3.2	209	6.3	146	23.0	140	19.3	173	18.5
景德镇	191	12.7	239	2.5	127	4.6	105	11.9	183	14.7	213	12.5	76	29.9
铜川	192	12.7	262	1.7	37	9.1	31	20.8	—	—	214	12.3	162	19.5
贺州	193	12.7	224	3.0	24	10.5	172	8.4	138	24.3	217	11.4	176	18.4
淮南	194	12.7	242	2.3	187	3.4	242	4.7	137	24.3	200	14.2	100	27.0
怀化	195	12.6	121	6.3	60	7.1	201	6.8	151	22.3	26	27.9	263	5.2
乐山	196	12.6	190	4.1	153	4.0	205	6.5	181	14.9	40	24.2	143	21.9
上饶	197	12.6	54	10.4	36	9.2	182	8.0	208	6.8	165	17.5	128	23.5
聊城	198	12.5	110	6.9	207	2.9	224	5.4	54	32.1	111	20.1	251	7.8
太原	199	12.5	112	6.9	210	2.7	69	14.5	—	—	212	12.6	108	25.9
白山	200	12.5	248	2.0	141	4.3	75	14.0	214	3.0	42	23.8	90	27.9

续表

指标 城市	创新可持续发展竞争力		公共教育支出总额		公共教育支出占GDP比重		人均公共教育支出额		R&D人员增长率		R&D经费增长率		城镇居民人均可支配收入	
	排名	得分	排名	得分	排名	得分	排名	得分	排名	得分	排名	得分	排名	得分
晋中	201	12.4	145	5.7	51	8.0	91	13.0	—	—	225	9.9	112	25.3
池州	202	12.4	253	1.9	101	5.3	175	8.3	155	21.5	78	21.3	196	15.8
南昌	203	12.3	60	9.6	223	2.5	80	13.9	217	0.4	229	9.4	53	38.3
宜宾	204	12.3	94	7.5	65	6.9	171	8.4	187	13.6	183	16.1	149	21.4
咸宁	205	12.3	210	3.5	128	4.5	203	6.7	48	33.2	—	—	215	13.5
贵阳	206	12.2	48	11.2	112	4.9	25	25.5	219	0.0	240	7.1	117	24.5
忻州	207	12.2	177	4.5	26	10.3	137	10.4	—	—	56	22.5	218	13.3
平顶山	208	12.2	153	5.4	162	3.9	256	3.8	140	24.2	181	16.1	161	19.6
衡水	209	12.2	171	4.7	107	5.2	239	4.9	84	29.0	79	21.3	249	7.9
揭阳	210	12.1	91	7.7	100	5.4	229	5.1	81	29.5	161	18.0	255	7.1
常德	211	12.1	118	6.5	219	2.5	238	4.9	163	19.2	49	23.2	194	16.4
阳江	212	12.1	231	2.8	216	2.6	241	4.8	71	30.3	132	19.6	226	12.3
菏泽	213	12.0	67	9.0	118	4.8	265	2.8	79	29.6	80	21.2	267	4.3
晋城	214	11.9	191	3.9	105	5.3	68	14.6	—	—	211	13.1	134	22.7
开封	215	11.9	158	5.1	155	4.0	260	3.4	57	32.0	190	15.3	228	11.8
西宁	216	11.8	184	4.4	103	5.3	41	19.0	—	—	—	—	172	18.6
河池	217	11.7	135	5.9	8	15.2	159	8.9	194	11.9	168	17.2	234	11.3
濮阳	218	11.6	166	4.9	116	4.9	213	6.0	180	15.2	81	21.2	183	17.7
松原	219	11.5	212	3.4	237	2.2	188	7.6	166	18.6	238	7.7	79	29.5
淮北	220	11.5	244	2.2	156	4.0	217	5.7	165	18.7	155	18.4	159	19.9

续表

城市 \ 指标	创新可持续发展竞争力 排名	创新可持续发展竞争力 得分	公共教育支出总额 排名	公共教育支出总额 得分	公共教育支出占GDP比重 排名	公共教育支出占GDP比重 得分	人均公共教育支出额 排名	人均公共教育支出额 得分	R&D人员增长率 排名	R&D人员增长率 得分	R&D经费增长率 排名	R&D经费增长率 得分	城镇居民人均可支配收入 排名	城镇居民人均可支配收入 得分
辽源	221	11.4	266	1.6	201	3.0	118	11.3	199	10.3	189	15.6	103	26.7
德州	222	11.4	113	6.7	217	2.6	215	5.9	113	26.1	95	20.8	260	6.2
中卫	223	11.4	251	1.9	23	10.6	71	14.3	—	—	65	21.9	250	7.9
安阳	224	11.3	128	6.1	151	4.1	254	4.1	172	16.8	195	14.6	136	22.3
石嘴山	225	11.3	271	1.2	177	3.7	55	16.1	—	—	114	20.0	197	15.4
营口	226	11.2	250	2.0	269	0.9	257	3.7	193	12.0	194	14.8	62	33.9
湘潭	227	11.1	223	3.0	252	1.7	220	5.6	174	16.5	227	9.7	74	30.3
张家口	228	11.0	102	7.2	54	7.5	136	10.4	177	15.8	218	10.9	206	14.5
潮州	229	11.0	200	3.7	91	5.8	156	9.2	83	29.2	203	13.8	266	4.5
巴中	230	11.0	172	4.6	9	15.0	196	7.2	198	10.5	201	14.1	205	14.5
平凉	231	10.9	197	3.8	5	18.5	94	12.8	202	9.5	210	13.2	253	7.6
定西	232	10.7	185	4.3	3	23.9	146	9.9	173	16.7	233	8.9	273	0.7
自贡	233	10.7	217	3.1	184	3.4	251	4.3	184	14.1	163	17.8	145	21.6
运城	234	10.7	117	6.6	48	8.1	189	7.6	—	—	184	16.0	200	15.1
临汾	235	10.7	146	5.6	67	6.9	181	8.0	—	—	209	13.4	164	19.3
长治	236	10.5	162	5.0	92	5.7	140	10.1	—	—	226	9.8	139	22.0
汉中	237	10.4	133	5.9	45	8.2	127	10.8	—	—	208	13.4	212	13.8
巴彦淖尔	238	10.4	229	2.9	134	4.5	84	13.5	119	25.7	253	0.0	195	15.9
资阳	239	10.4	186	4.3	138	4.5	266	2.7	167	18.4	223	10.4	137	22.1
娄底	240	10.2	193	3.9	171	3.8	263	3.0	94	28.1	206	13.6	245	8.6

续表

指标 城市	创新可持续发展竞争力		公共教育支出总额		公共教育支出占GDP比重		人均公共教育支出额		R&D人员增长率		R&D经费增长率		城镇居民人均可支配收入	
	排名	得分	排名	得分	排名	得分	排名	得分	排名	得分	排名	得分	排名	得分
崇左	241	10.1	206	3.6	50	8.0	138	10.2	186	13.8	235	8.2	190	16.9
白银	242	10.1	237	2.6	28	9.9	119	11.2	190	12.6	222	10.7	219	13.3
云浮	243	10.0	212	3.4	58	7.2	204	6.5	133	24.8	199	14.3	269	3.6
天水	244	9.8	159	5.0	10	14.6	160	8.9	182	14.9	224	10.1	262	5.6
梅州	245	9.8	93	7.6	13	12.2	162	8.8	197	10.7	219	10.9	246	8.5
河源	246	9.7	164	4.9	35	9.2	167	8.6	188	13.3	149	18.9	270	3.2
阳泉	247	9.7	246	2.1	106	5.2	85	13.5	—	—	243	5.5	138	22.0
南充	248	9.6	84	8.0	56	7.5	236	4.9	171	17.7	245	4.5	203	14.8
朔州	249	9.6	236	2.6	163	3.9	86	13.5	—	—	248	2.5	113	25.2
锦州	250	9.4	222	3.1	218	2.6	233	5.1	195	10.9	220	10.8	126	23.9
本溪	251	9.2	257	1.8	256	1.6	157	9.1	203	9.5	239	7.6	109	25.9
鞍山	252	9.0	218	3.1	272	0.8	258	3.6	205	9.3	244	4.8	66	32.4
雅安	253	9.0	264	1.7	108	5.2	194	7.3	213	3.7	167	17.3	170	18.8
丹东	254	9.0	230	2.9	168	3.9	184	7.8	189	12.7	228	9.5	189	17.1
黄冈	255	8.9	62	9.4	41	8.5	200	7.0	—	—	—	—	236	10.9
榆林	256	8.9	243	2.2	273	0.0	273	0.0	—	—	179	16.4	106	26.0
广元	257	8.9	202	3.7	33	9.5	193	7.4	206	8.0	221	10.7	211	13.8

续表

城市\指标	创新可持续发展竞争力		公共教育支出总额		公共教育支出占GDP比重		人均公共教育支出额		R&D人员增长率		R&D经费增长率		城镇居民人均可支配收入	
	排名	得分	排名	得分	排名	得分	排名	得分	排名	得分	排名	得分	排名	得分
朝阳	258	8.8	216	3.2	104	5.3	253	4.2	161	19.9	204	13.7	257	6.7
广安	259	8.8	165	4.9	62	7.0	237	4.9	191	12.5	249	2.3	151	21.0
遂宁	260	8.7	209	3.5	98	5.4	255	3.9	210	5.8	186	15.8	179	17.9
吴忠	261	8.7	241	2.4	31	9.8	64	14.8	—	—	234	8.7	252	7.7
辽阳	262	8.6	260	1.8	250	1.9	212	6.0	207	8.0	215	12.2	141	22.0
孝感	263	8.6	155	5.3	120	4.8	248	4.3	—	—	—	—	157	20.1
荆门	264	8.5	219	3.1	221	2.5	225	5.4	—	—	—	—	131	23.0
十堰	265	8.0	181	4.4	137	4.5	183	7.9	—	—	—	—	199	15.1
眉山	266	7.4	205	3.6	119	4.8	228	5.2	211	5.7	247	3.0	140	22.0
鄂州	267	7.3	270	1.2	242	2.0	163	8.8	—	—	—	—	185	17.2
荆州	268	7.3	167	4.9	172	3.8	272	1.4	—	—	—	—	166	19.0
抚顺	269	6.8	265	1.6	266	1.1	264	2.9	212	5.0	241	7.1	130	23.2
阜新	270	6.7	245	2.1	80	6.2	198	7.1	200	10.2	246	3.9	235	11.0
铁岭	271	6.6	220	3.1	83	6.1	226	5.2	169	18.1	250	2.0	264	5.2
葫芦岛	272	6.6	228	2.9	88	5.9	222	5.5	209	6.3	251	1.7	187	17.2
襄阳	273	6.5	68	9.0	204	2.9	142	10.0	—	—	—	—	268	4.0
随州	274	4.7	255	1.9	193	3.2	268	2.5	—	—	—	—	233	11.4

参考文献

陈博：《公共文化政策指向与城市文化竞争力提升——以宁波经验为例的分析思考》，《宁波经济（三江论坛）》2012年第6期。

杜娟、霍佳震：《基于数据包络分析的中国城市创新能力评价》，《中国管理科学》2014年第6期。

樊向前、范从来：《城市金融竞争力影响因素和评估体系研究——基于金融地理学的信息视角》，《江苏社会科学》2016年第2期。

韩丽、吕拉昌、韦乐章、任远：《广东城市创新空间体系研究》，《经济地理》2010年第12期。

黄天航、刘红煦、曾明彬：《我国三大城市群科技要素分布与科技竞争力比较》，《科研管理》2017年第S1期。

黄志亮：《区域创新系统理论及其应用研究述评》，《当代经济研究》2008年第8期。

李环：《创新网络与城市竞争力》，《商场现代化》2008年第34期。

李建平等：《二十国集团（G20）国家创新竞争力发展报告（2001~2010)》，社会科学文献出版社，2011。

李建平等：《二十国集团（G20）国家创新竞争力发展报告（2016~2017)》，社会科学文献出版社，2017。

李建平等：《世界创新竞争力发展报告（2001~2012)》，社会科学文献出版社，2012。

李健、屠启宇：《全球创新网络视角下的国际城市创新竞争力地理格局》，《社会科学》2016年第9期。

李琳、韩宝龙、李祖辉、张双武：《创新型城市竞争力评价指标体系及

实证研究——基于长沙与东部主要城市的比较分析》，《经济地理》2011 年
第 2 期。

李平、曾国屏：《伦敦"隐性创新"：知识密集型服务活动在城市创新
体系中的作用》，《科技进步与对策》2012 年第 12 期。

李权：《城市信息化与城市创新能力》，《信息化建设》2015 年第 5 期。

李树启：《基于区域合作的长三角城市创新体系》，《科学发展》2013
年第 6 期。

李习保：《中国区域创新能力变迁的实证分析——基于创新系统的观
点》，《管理世界》2007 年第 12 期。

刘嗣明、徐敏：《集聚效应下的城市创新系统探析——以武汉市为例》，
《学习与实践》2007 年第 11 期。

那小红：《产业集群：提升城市竞争力的战略选择》，《经济师》2007
年第 2 期。

倪鹏飞、白晶、杨旭：《城市创新系统的关键因素及其影响机制——基
于全球 436 个城市数据的结构化方程模型》，《中国工业经济》2011 年第 2
期。

隋映辉：《城市创新：山东半岛"城市创新圈"及其构建》，《山东经
济》2004 年第 5 期。

隋映辉：《城市创新圈：战略构建及其思路》，《高科技与产业化》2004
年第 10 期。

孙红兵、向刚：《城市创新系统的创新综合能力评价》，《经济问题探
索》2011 年第 3 期。

陶雪飞：《城市科技创新综合能力评价指标体系及实证研究》，《经济地
理》2013 年第 10 期。

汪点点：《创新型城市竞争力评价指标构建及应用——以安徽省 16 地
级市为例》，《现代商贸工业》2015 年第 16 期。

王宏：《构建城市创新体系提升城市竞争力》，《改革与战略》2007 年
第 7 期。

王永锋、高建华、张智先：《河南省城市创新能力空间差异分析》，《河南理工大学学报》（社会科学版）2007 年第 4 期。

魏守华、吴贵生、吕新雷：《区域创新能力的影响因素——兼评我国创新能力的地区差距》，《中国软科学》2010 年第 9 期。

温婷林静、蔡建明等：《城市舒适性：中国城市竞争力评估的新视角及实证研判》，《地理研究》2016 年第 2 期。

吴爱东、李奕男：《京津冀协同发展背景下天津产业结构升级空间与路径分析》，《现代城市研究》2017 年第 2 期。

谢柯凌：《内陆中小城市核心竞争力理论框架设计综述》，《中共南宁市委党校学报》2006 年第 4 期。

谢玲、顾新、肖进：《四川省创新型城市竞争力集成评价及结构解析》，《世界科技研究与发展》2017 年第 4 期。

徐小钦、贺双瑜：《通过城市创新提升成渝都市经济圈城市的竞争力》，《成都大学学报》（自然科学版）2004 年第 2 期。

许光建、吴岩：《北京市战略性新兴产业竞争力探究——基于钻石模型的分析》，《管理现代化》2016 年第 4 期。

许树辉、王利华：《城市创新与地方产业集群升级的互动关系研究——基于广东韶关制造业的实证分析》，《西北大学学报》（自然科学版）2014 年第 2 期。

叶南客、黄南：《长三角城市群的国际竞争力及其未来方略》，《改革》2017 年第 3 期。

张洁、刘科伟、刘红光：《我国主要城市创新能力评价》，《科技管理研究》2007 年第 11 期。

张永凯、薛波：《上海与深圳城市科技创新能力差异及创新模式比较分析》，《科技管理研究》2017 年第 11 期。

张仲梁、邢景丽：《城市科技创新能力的核心内涵和测度问题研究》，《科学学与科学技术管理》2013 年第 9 期。

章杰宽：《区域创新竞争力评价指标体系的优化与应用》，《学习与实践》2010 年第 10 期。

赵红军、尹伯成：《城市经济学的理论演变与新发展》，《社会科学》2007 年第 11 期。

赵新力等：《金砖国家综合创新竞争力发展报告（2017）》，社会科学文献出版社，2017。

周青、刘志高、朱华友等：《创新系统理论演进及其理论体系关系研究》，《科学学与科学技术管理》2012 年第 2 期。

邹宁、张克俊、孙守迁、徐江：《城市设计竞争力评价体系研究》，《中国工程科学》2017 年第 3 期。

✣ 皮书起源 ✣

"皮书"起源于十七、十八世纪的英国，主要指官方或社会组织正式发表的重要文件或报告，多以"白皮书"命名。在中国，"皮书"这一概念被社会广泛接受，并被成功运作、发展成为一种全新的出版形态，则源于中国社会科学院社会科学文献出版社。

✣ 皮书定义 ✣

皮书是对中国与世界发展状况和热点问题进行年度监测，以专业的角度、专家的视野和实证研究方法，针对某一领域或区域现状与发展态势展开分析和预测，具备原创性、实证性、专业性、连续性、前沿性、时效性等特点的公开出版物，由一系列权威研究报告组成。

✣ 皮书作者 ✣

皮书系列的作者以中国社会科学院、著名高校、地方社会科学院的研究人员为主，多为国内一流研究机构的权威专家学者，他们的看法和观点代表了学界对中国与世界的现实和未来最高水平的解读与分析。

✣ 皮书荣誉 ✣

皮书系列已成为社会科学文献出版社的著名图书品牌和中国社会科学院的知名学术品牌。2016 年，皮书系列正式列入"十三五"国家重点出版规划项目；2013~2018 年，重点皮书列入中国社会科学院承担的国家哲学社会科学创新工程项目；2018 年，59 种院外皮书使用"中国社会科学院创新工程学术出版项目"标识。

权威报告·一手数据·特色资源

皮书数据库
ANNUAL REPORT(YEARBOOK) DATABASE

当代中国经济与社会发展高端智库平台

所获荣誉

- 2016年，入选"'十三五'国家重点电子出版物出版规划骨干工程"
- 2015年，荣获"搜索中国正能量 点赞2015""创新中国科技创新奖"
- 2013年，荣获"中国出版政府奖·网络出版物奖"提名奖
- 连续多年荣获中国数字出版博览会"数字出版·优秀品牌"奖

成为会员

通过网址www.pishu.com.cn访问皮书数据库网站或下载皮书数据库APP，进行手机号码验证或邮箱验证即可成为皮书数据库会员。

会员福利

- 使用手机号码首次注册的会员，账号自动充值100元体验金，可直接购买和查看数据库内容（仅限PC端）。
- 已注册用户购书后可免费获赠100元皮书数据库充值卡。刮开充值卡涂层获取充值密码，登录并进入"会员中心"—"在线充值"—"充值卡充值"，充值成功后即可购买和查看数据库内容（仅限PC端）。
- 会员福利最终解释权归社会科学文献出版社所有。

社会科学文献出版社 皮书系列
SOCIAL SCIENCES ACADEMIC PRESS (CHINA)
卡号：115946619276
密码：

数据库服务热线：400-008-6695
数据库服务QQ：2475522410
数据库服务邮箱：database@ssap.cn
图书销售热线：010-59367070/7028
图书服务QQ：1265056568
图书服务邮箱：duzhe@ssap.cn

S 基本子库
SUB DATABASE

中国社会发展数据库（下设 12 个子库）

全面整合国内外中国社会发展研究成果，汇聚独家统计数据、深度分析报告，涉及社会、人口、政治、教育、法律等 12 个领域，为了解中国社会发展动态、跟踪社会核心热点、分析社会发展趋势提供一站式资源搜索和数据分析与挖掘服务。

中国经济发展数据库（下设 12 个子库）

基于"皮书系列"中涉及中国经济发展的研究资料构建，内容涵盖宏观经济、农业经济、工业经济、产业经济等 12 个重点经济领域，为实时掌控经济运行态势、把握经济发展规律、洞察经济形势、进行经济决策提供参考和依据。

中国行业发展数据库（下设 17 个子库）

以中国国民经济行业分类为依据，覆盖金融业、旅游、医疗卫生、交通运输、能源矿产等 100 多个行业，跟踪分析国民经济相关行业市场运行状况和政策导向，汇集行业发展前沿资讯，为投资、从业及各种经济决策提供理论基础和实践指导。

中国区域发展数据库（下设 6 个子库）

对中国特定区域内的经济、社会、文化等领域现状与发展情况进行深度分析和预测，研究层级至县及县以下行政区，涉及地区、区域经济体、城市、农村等不同维度。为地方经济社会宏观态势研究、发展经验研究、案例分析提供数据服务。

中国文化传媒数据库（下设 18 个子库）

汇聚文化传媒领域专家观点、热点资讯，梳理国内外中国文化发展相关学术研究成果、一手统计数据，涵盖文化产业、新闻传播、电影娱乐、文学艺术、群众文化等 18 个重点研究领域。为文化传媒研究提供相关数据、研究报告和综合分析服务。

世界经济与国际关系数据库（下设 6 个子库）

立足"皮书系列"世界经济、国际关系相关学术资源，整合世界经济、国际政治、世界文化与科技、全球性问题、国际组织与国际法、区域研究 6 大领域研究成果，为世界经济与国际关系研究提供全方位数据分析，为决策和形势研判提供参考。

法律声明

　　"皮书系列"（含蓝皮书、绿皮书、黄皮书）之品牌由社会科学文献出版社最早使用并持续至今，现已被中国图书市场所熟知。"皮书系列"的相关商标已在中华人民共和国国家工商行政管理总局商标局注册，如LOGO（ ）、皮书、Pishu、经济蓝皮书、社会蓝皮书等。"皮书系列"图书的注册商标专用权及封面设计、版式设计的著作权均为社会科学文献出版社所有。未经社会科学文献出版社书面授权许可，任何使用与"皮书系列"图书注册商标、封面设计、版式设计相同或者近似的文字、图形或其组合的行为均系侵权行为。

　　经作者授权，本书的专有出版权及信息网络传播权等为社会科学文献出版社享有。未经社会科学文献出版社书面授权许可，任何就本书内容的复制、发行或以数字形式进行网络传播的行为均系侵权行为。

　　社会科学文献出版社将通过法律途径追究上述侵权行为的法律责任，维护自身合法权益。

　　欢迎社会各界人士对侵犯社会科学文献出版社上述权利的侵权行为进行举报。电话：010-59367121，电子邮箱：fawubu@ssap.cn。

社会科学文献出版社